코로나19 이후의 한류

코로나19 이후의 한류

재난 — 문화 — 인간

일러두기
외래어 표기는 〈국립국어연구원 외래어표기법〉을 기준으로 삼되, 용례집에 없는 경우 브리태니커 백과사전을 참고했습니다.
단행본은 『 』로 묶고, 법령명은 「 」, 신문, 잡지, 음반, 기사, 영화, 노래 제목, 방송 프로그램명은 〈 〉로 묶었습니다.

책머리에

코로나19를 이야기하지 않고 과거를 되돌아볼 수 있을까요? 대중과의 현장 교감을 전제로 했던 문화 생산과 소비는 팬데믹 이후 비대면 형태로 모여들었고, 한류 콘텐츠의 제작과 유통 역시 비말로 감염되는 바이러스를 피해 디지털이 연결하는 온라인으로 더 쏠렸습니다. 한류의 확산 과정에서 디지털 미디어가 중추를 담당한 것이 역사상 처음 있는 일은 아니지만, 처음 목격하는 규모로 파생되고 있음은 분명합니다.

하지만 이러한 변화는 고도의 디지털 환경이라는 일면만을 강조한다는 사실도 배제할 수는 없습니다. 온라인화가 새로운 행동방식의 문화적 징후로 가시화되면서 도전의 기회들도 늘어나고 있지만, 코로나19가 장기화될수록 디지털 자본과 불평등의 문제는 빠진 퍼즐 조각으로 남을 가능성이 농후합니다. 모든 비대면적 조치들이 제기하는 근본적인 통찰과 장기적 전망을 조금은 다른 관점에서, 앞서 제시해보자는 것이 이 책의 기본 문제의식입니다.

1부는 재난 ― 문화 ― 인간에 대한 학제적인 탐구로 문을 열었습니다. 코로나19로 누적 사망자가 200만 명을 넘어선 상황에서 '축복'을 말하는 건 인명을 경시하는 발상으로 여겨질 가능성이 없지 않지만, 그럼에도 한류는 위로·희망·연대의 콘텐츠에 있어서 세계적으로 확실한 비교우위에 있습니다. 이러한 비교우위를 전 세계의 시대적 상황과 연계시켜 진보적 가치로 전환시킨 것이 방탄소년단이며, 재난 속에서도 스스로를 즐겁게 만드는 능력을 지닌 주체가 바로 한국형 팬덤공동체입니다. ^{강준만} 이처럼 성숙해진 한류가 지구촌 시민 삶의 개선과 사회적 개혁을 이끄는 정서적 동력으로 활약하기도 하지만, 매 순간 표피의 모든 지점에서 과열된 감각이 노출되는 케이팝의 육체적 스펙터클은 비단 코로나19가 아니더라도 이미 생과 사의 경제에서 작동하고 있습니다. 그렇기에 책에서는 쾌락의 자본주의에서 번성하는 케이팝이 세상의 젊은이들에게 삶과 죽음을 어떻게 대해야 하는지를 일깨워주는 울림이 되기를 바라는 마음도 담았습니다. ^{김예란} 또 한편으로, 이러한 '인간적 애정'을 팬데믹 이전과 이후를 관통하는 하나의 키워드로 삼는다면, 파편화된 시간과 공간을 연결해주는 힘은 다름 아닌 문화입니다. 그간 한국에 대한 외국의 편견을 불식시킨 가장 중요한 계기가 한류였다는 점에서 사회적 거리두기가 낳은 집단 간, 집단 내 갈등을 치유하는 문화적 백신 역시 한류일 수 있습니다. 하지만 이 대목에서 '코로나19로 인한 경제적 어려움을 한류를 통해 극복하자'는 식의 발상을 한다면 한국에 대한 없던 편견도 생길 것임은 기억해야겠습니다. ^{박한선}

코로나19 이후의 미디어 생산과 유통, 수용, 저작권 등 다각적 논의를 개괄할 수 있는 학술서이자 대중서로의 지향점은 2부에서 발현됩니다. 거개의 논의와는 달리, 지난 1년은 모바일 중심의 숏폼 콘텐츠 시장이 완전히 자리를 잡기 전에 다시 웰메이드의 롱폼 콘텐츠 소비가 지속적으로 늘어난 시기입니다. 웰메이드 콘텐츠의 새로운 공급처인 한국이 제작 면에서 어떠한 특수성을 지니고 있는지, 드라마나 음악, 게임에 비해 국경을 넘기 어려운 예능이 어떠한 면에서 독보적이면서도 고립적인지를 따져봤습니다.^{권성민} 한편 잘 만든 한국 콘텐츠가 글로벌 OTT에 유통되는 일에는 주체마다 입장 차이가 첨예합니다. '넷플릭스는 국내 방송 콘텐츠 제작 환경을 개선시킨다'라는 주장^{이호수}에는 늘 '국내 콘텐츠 시장이 해외 플랫폼의 납품업체로 전락할 것'이라는 맞불이 놓이기 때문입니다. 두 주장 모두 한국 문화산업의 경쟁력 강화를 지향하지만, 당분간은 좀체 접점을 찾기 어려울 것이기에 각각의 입장이 어떠한 이유로 차이를 보이는지를 제대로 알아둘 필요가 있습니다.

그렇다면 유튜브를 필두로 생성된 능동적 시청자론은 어느 위치쯤에 와 있을까요. 알고리즘 시대의 시청자들은 쏟아지는 정보 속에서 데이터 기반의 추천 서비스에 도움을 받고는 있지만, 이러한 데이터화가 시청자의 주체성을 잠식할 수 있다는 부작용을 심각하게 생각하는 사람은 많지 않습니다. 그래도 좋을지를 질문하면서 OTT 시대의 스트리밍 환경과 데이터 논리에 기반을 둔 넷플릭시즘

Netflixism, 그리고 알고리즘 시대의 시청자에 대해 들여다봤습니다.^노창희 나아가 문화산업 전반에서 영상화 작업이 지속적으로 시도되는 가운데 빈번하게 발생하는 저작권 문제를 어떠한 시선으로 바라봐야 하는지도 살펴봤습니다. 전통적 저작권이 와해되고 이용자가 만든 콘텐츠가 포털과 거대 플랫폼 회사에 의해 전유되는 상황 역시 깊게 생각하는 이들이 많지 않을 거라는 예상입니다. 디지털 복제 시대인 오늘날 원작과 혼종 모방물 사이의 경계는 그리 뚜렷하지 않습니다. 어쩌면 코로나19 시대에 우리가 해야 할 일은 기존에 생성된 여러 디지털 아카이브들을 재정비하고, 공적 자금이 투여된 것들을 공공의 것으로 재생산하는 일일 것입니다.^백욱인

3부에서는 공연의 온라인화가 촉발한 변화와 의미를 고찰합니다. 영상 매체로 재매개된 공연에서 라이브니스 liveness 개념은 다양한 차원에서 재구성됩니다. 그 구체적인 양상을 살펴보기 위해 공연과 영상매체는 어떻게 다른지, 라이브니스의 개념이 미디어 환경의 변화를 입고 어떠한 방식으로 확장되는지를 이론적으로 논의했습니다.^지혜원 "공연은 계속돼야 한다"라는 전통적 소명의식이 절박한 생존의지를 뜻하는 말이 된 팬데믹 시대, 공연장 '거리두기' 좌석 논란, 백신여권 도입 등 다양한 이슈도 두루 살폈습니다.^장지영 마지막으로 방송 포맷 저작권이 창작자와 방송사 모두를 향해야 함을 강조하면서 해외 시장 진출을 위한 예능 포매팅의 사례와 조건을 정리했습니다.^김기륜

다양한 영역에서 다양한 필자를 초대한다는 기획 의도 하에 시작된 이 책은 여러 퍼즐 조각이 이루어내는 하나의 그림이 됐습니다. 이 모든 다양성들은 팬데믹 시대를 살아가는 우리를 반영하면서도 한류가 지향하는 혹은 극복해야 할 미래를 가리킵니다. 이 기획에 공감하고 동참해주신 강준만, 김예란, 박한선, 권성민, 이호수, 노창희, 백욱인, 지혜원, 장지영, 김기륜 열 명의 필자들의 노고에 감사드립니다. 이들은 압축적인 재난 경험을 통해 한국 문화산업의 성장 가능성에 의미를 두고, 변화가 지속되는 방향에 주목했습니다. 앞으로도 한류 논의에 더 많은 도움을 주시기를 청하며, 많은 분들의 일독을 권합니다.

2021년 4월
한국국제문화교류진흥원 원장 **정 길 화**

목차

1부 재난 - 문화 - 인간

1. 왜 재난은 때로 '축복'일 수 있는가?   14
   : 코로나19가 부각시킨 한류의 저력
   강준만(전북대학교 신문방송학과 명예교수)

2. 문화는 삶과 죽음을 안고   40
   김예란(광운대학교 미디어커뮤니케이션학부 교수)

3. 코로나19 이후, 연결의 지혜   64
   : 페스트, 대중문화 그리고 한류
   박한선(정신과 전문의·신경인류학자)

2부 코로나19 이후 문화콘텐츠산업의 재구성

1. 한국 예능, 독보적이거나 고립적이거나   96
   권성민(카카오엔터테인먼트 PD)

2. 넷플릭스의 한국 상륙, 그 이후   124
   이호수(SK텔레콤 고문)

3   **스트리밍 시대의 텔레비전 그리고 시청자**   **154**
노창희(미디어미래연구소 센터장)

4   **글로벌 혼종화 시대의 지적재산권**   **186**
백욱인(서울과학기술대학교 기초교육학부 교수)

3부   포스트코로나 시대, 균형의 미학

1   **디지털 시대 라이브니스의 재구성**   **220**
지혜원(연세대학교 커뮤니케이션대학원 객원교수)

2   **"공연은 계속돼야 한다(The Show Must Go On)"**   **250**
장지영(국민일보 문화스포츠레저부장)

3   **포맷 저작권과 창작자의 권리**   **290**
김기륜(한국방송작가협회 저작권 이사)

1부

재난 - 문화 - 인간

1.

왜 재난은 때로 '축복'일 수 있는가?
: 코로나19가 부각시킨 한류의 저력

강준만
전북대학교 신문방송학과 명예교수

1. 코로나19 시대의 한류

팬데믹으로 전 세계 경제가 얼어붙었지만, 케이팝 산업은 승승장구다. 『K-POP 이노베이션』 저자인 이장우 경북대 경영학과 교수는 "K팝은 코로나라는 위기에서 혁신을 통해 전 세계 대중음악 산업의 '퍼스트 무버(선도자)'로 자리매김하고 있다"고 말했다. 무기는 정보기술(IT)이다. 코로나로 전 세계 공연이 취소되자 SM엔터테인먼트는 지난 4월 세계 최초로 유료 온라인 콘서트 '비욘드 라이브'를 시작했고, 6월 방탄소년단은 '방방콘 더 라이브'를 통해 온라인 공연으로 수익을 내는 것이 가능함을 증명했다. 방탄소년단은 지난 10~11일에는 'BTS 맵 오브 더 솔 원'을 통해 증강현실(AR)과 확장현실(XR) 등을 동원한 무대를 선보이며 전 세계 191국 99만 3000명을 끌어들였다. **이혜운, 2020. 10. 14.**

올해 K팝이 역대 최고 수출 기록을 세웠다. 코로나로 세계 음반 시장이 타격을 받았지만, 우리나라 음반류 수출액은 1억 7000만 달러로 지난해보다 94.9% 늘었다. 3년 전인 2017년과 비교하면 네 배다. 17일 관세청이 올 들어 11월까지 집계한 통계다. **최규민, 2020. 12. 18.**

코로나19로 우리 일상의 대부분이 비대면 문화로 바뀌었다. 문화 콘텐츠 산업도 비대면으로 이루어지는 온라인 콘텐츠가 강세다. 위기는 기회였다. 요즘 우리는 매일 기적을 목격하고 있다. 방탄소년단(BTS)의 온라인 공연 동시 시청 접속자 수가 신기록 행진을 이어가며 빌보드 연말 결산 7개 부문을 휩쓸었다. 온라인 동영상 서비스로 세계 어느 곳에서나 쉽게 볼 수 있게 된 한국 드라마도 연일 화제다. 〈킹덤〉, 〈사랑의 불시착〉, 〈비밀의 숲〉은 홍콩·싱가포르·베트남·일본 등에서 선풍적인 인기를 끌었다. **박양우, 2020. 12. 22.**

코로나 팬데믹 속에서 전 세계 K드라마 시청률과 수출액도 증가 추세다. 북미 미디어·방송 전문 매체 바이스(vice)에 따르면, 지난해 3~7월 넷플릭스의 K드라마 시청량 월평균은 같은 해 1~2월 월평균과 비교해 아시아 전역에서 150% 증가했다. 시청량은 공개 후 첫 28일 동안 본 사람들의 수치를 측정한 것이다. 또한 지난해 미국·캐나다·포르투갈·스페인 등 북미와 유럽권 지역의 K드라마 시청량은 2019년과 비교해 250% 증가했다. **이혜운, 2021. 1. 30.**

위에 인용한 4개의 기사는 한류에 관한 한 "왜 재난은 때로 '축복'일 수 있는가?"라는 질문을 던질 만한 근거로 볼 수 있겠다.* 원래 '재난 축복론'은 재난이 갖는 긍정적 측면을 강조하기 위한 수사적 과장법으로 등장한 것인데, 행여 있을지도 모를 오해를 차단하기 위해 미리 한 가지 짚고 넘어갈 게 있다.

찰스 프리츠Charles E. Fritz는 삶은 일종의 재난이며, 실제 재난은 일상적 재난으로부터 우리를 해방시킨다고 주장한다. 사람들은 날마다 고통받고 죽어가고 있는데, 다만 평상시에는 그런 일을 혼자서 겪는다는 점이 재난과 다르다는 것이다. 레베카 솔닛Rebecca Solnit은 프리츠의 그런 관점을 이어받아 재난이 가져오는 '공동체적 일체감'을 적극적으로 긍정한다(Solnit, 2009/2012).** 물론 그렇지 않을 수도 있다. 재난은 가난을 차별하기에 빈부격차가 극심한 사회에선 오히려 정반대의 현상이 일어날 수도 있다(Klein, 2007/2008).***

코로나19에 그 어떤 긍정적 측면이 있다 하더라도 전 세계 코

---

* 모두 〈조선일보〉의 기사다. 〈조선일보〉를 편애해서 이 신문의 기사들만 인용한 건 아니다. 이 신문이 한류의 국익적 가치를 강조하는 데에 가장 적극적이어서 그런 기사가 많다는 것으로 이해하면 좋겠다.

** 솔닛은 이렇게 역설한다. "많은 사람이 위험과 상실, 박탈을 함께 겪음으로써, 사회적 고립을 극복한 생존자들 사이에 친밀하고 집단적인 연대감이 생기고, 친밀한 소통과 표현의 통로가 나타나며, 든든한 마음과 서로를 물심양면으로 도우려는 의지가 샘솟는다. '외부인'이 '내부인'이 되고, '주변인'이 '중심인물'이 된다. 그리하여 사람들은 전에 없던 확신을 가지고 모든 사람이 인정하는 기본적 가치들을 인식하게 된다. 그리고 이런 가치들을 유지하려면 집단행동이 필요하며, 개인과 집단의 목표는 서로 긴밀하게 얽혀 있음도 깨닫는다. 개인과 사회적 필요의 이러한 얽힘은 정상적인 상황에서는 불가능했을 소속감과 일체감을 느끼게 한다."(Solnit, 2009/2012, pp. 166~167).

로나19 누적 사망자가 200만 명(2021년 1월 15일 기준)을 넘어선 상황에서 '축복'을 말하는 건 인명을 경시하는 발상으로 여겨질 가능성도 있겠다. 그럼에도 재난을 넘어서고자 한다면, 우리 모두 재난에서 한 줄기 희망의 빛이라도 찾아내 그걸 키워야 한다는 건 두말할 나위가 없다. 바로 이 점을 짚고 넘어가자는 것이다.

한류가 그런 일에 일조할 수 있을까? 민족주의적 자부심과 경제적 가치의 수준을 넘어 인류애라는 보다 큰 목표를 지향하는 건 주제넘은 일일까? '인류애'라고 말하니 너무 거창한 것 같다. 고통받는 세계인에게 한류를 통해 '위로·희망·연대'의 메시지를 전한다면, 아니 지루한 시간을 즐겁게 즐길 수 있는 기회를 제공하는 역할만 충실히 해내는 것만으로도 족하지 아니한가? 홍콩 일간지 〈사우스차이나모닝포스트SCMP〉가 2020년의 한류를 결산하며 내린 총평이 마음에 든다. "코로나로 힘든 한 해였지만, 선한 메시지와 신나는 선율로 무장한 K팝은 성장세를 이어가며 세계인의 기운을 북돋았다"(최규민, 2020. 12. 18.).

그렇다. 세계인의 기운을 북돋는 것만으로도 충분하다. 나는

*** 예컨대, 하인 마리스(Hein Maris)는 "재난은 사람을 차별하지 않는다는 영원한 허상을 버려라. 그리고 재난은 모든 걸 '사회적으로 평등하게' 쓸어간다는 생각도 버려라. 전염병은 쫓겨나서 위험 속에서 생계를 꾸려야 하는 사람들을 집중 공격한다"고 말한다. 나오미 클라인(Naomi Klein)도 이렇게 말한다. "얼마 전만 해도 재난은 사회적 단합이 일어나는 시기로 여겨졌다. 즉 하나로 뭉친 지역사회가 구역을 따지지 않고 합심하는 보기 드문 순간이었다. 그러나 재난은 점차 정반대로 변하면서 계층이 나뉘어 있는 끔찍한 미래를 보여 주었다. 경쟁과 돈으로 생존을 사는 세상 말이다."(Klein, 2007/2008, pp. 515~524).

이 글에서 그런 일을 잘 해낼 수 있는 한류의 저력에 대해 말하고 싶다. 전망이나 예측은 아니다. 한때 '문화제국주의'와 '한국의 문화종속'을 외치면서 오늘날과 같은 한류를 상상조차 못 했던 내겐 전망이나 예측을 할 수 있는 역량이 없다. 나름의 근거는 밝히겠지만, 내가 말하고자 하는 건 희망에 가깝다. 재난에 강한 '대중문화 공화국', '위로·희망·연대' 콘텐츠의 비교우위, 한국형 팬덤 공동체의 힘이라는 세 가지 측면에서 이야기를 해보려 한다.

2. 고난에 강한 '대중문화 공화국'

나는 한국이 '대중문화 공화국'이라는 사실 자체가 한류를 가능케 한 원동력이었으며, 이는 코로나19 상황에서 한류의 경쟁력을 더욱 높여 줄 것이라고 생각한다. 한국의 압축성장이 대중의 일상적 삶에 흘러넘치는 대중문화를 요구했고, 대중문화는 그런 필요에 부응하는 과정에서 '의도하지 않은' 경쟁력을 갖게 되었다는 가설이다.

한국의 상황을 보자. 한국인의 스트레스지수는 세계 최고 수준이다. 한국인의 자살률도 세계 최고 수준이다. 출산율은 세계 최저 수준이며, 청년들은 '헬조선'을 외치기에 이르렀다. 이런 기록만 살펴보자면 한국은 지옥에 근접한 나라로 보이겠지만, 자세히 살펴보면 지옥과 천국을 수시로 왔다 갔다 할 정도로 나름대로의 대비책이 있다는 걸 알 수 있다. 한국은 세계 50대 교회 중 1위를 포함하여 23개를 갖고 있다. 신앙이 없는 사람들에겐 스포츠·음주·섹스·도박이 있으며, 이 또한 세계 최고 수준을 자랑한다.

여기에 더하여 세계 최고 수준의 대중문화가 있다. 영화는 히트만 쳤다 하면 전체 인구의 5분의 1인 1000만 명의 관객을 끌어들인다. 텔레비전 드라마와 예능을 비롯한 오락 프로그램은 세계에서 가장 재미있다고 말하는 이들이 많다. 가수들은 노래도 잘하고 춤도 잘 춰 케이팝은 세계적인 인기를 누리고 있다. 한국은 인터넷 강국이되 인터넷이 주로 오락용으로 소비된다는 점에선 타의 추종을 불허하는 1등이다. 한국은 스마트폰 강국인 동시에 게임 강국이다. 엔터테인먼트 기능이 강한 각종 방 문화의 발달 수준도 세계 1위다. 심지어 버스마저 방으로 이용한다. 달리는 관광버스 안에서 집단적으로 춤을 추는 나라가 한국 말고 또 있을까? 1970년대 이래로 성행한 이 '관광버스 춤'은 불법임에도 수십 년간 지속돼 오늘날까지도 '관광버스 딜레마'라는 말까지 나오게 만들었다.*

---

* 경북 안동시 풍천면장 김휘태는 '관광버스 딜레마'라는 언론 기고문에서 "신바람 나는 국민성을 살리면서 교통안전을 지킬 수 있는 역발상을 해보자"며 "차량구조를 안전하게 한 후에 제한속도를 낮추고 자유롭게 관광버스 여행을 하게 된다면 온 국민들이 환호할 것 같다"고 했다. 그는 "위험하다는 한 가지만 생각하면 여행도 안 가고 우주탐험도 하지 말아야 하는가?"라고 물으면서 "머지않아서 공중으로 날아다니는 자동차가 나온다는데, 춤추며 달리는 관광버스 하나 만들 수 없을까? 역발상이 필요한 시점이다"고 말했다(김휘태, 2019. 12. 15.).

이렇듯 한국이 '대중문화 공화국'이라는 건 결코 냉소적으로 하는 이야기가 아니다. 우리 자신을 정확히 이해하자는 뜻이다. 세계 인구의 0.7%를 차지한다는 의미에서 '0.7%의 반란' 또는 '단군 이래 최대 이벤트'로 불리기도 한 한류 열풍은 '대중문화 공화국'의 역량을 보여 준 사건이다. 나라를 빼앗긴 일제 치하에서도, 민주주의를 박탈당한 군사독재정권 치하에서도, 엔터테인먼트 문화는 전혀 주눅 들지 않았으며 내내 번성했다. 한국인이야말로 이른바 '호모 루덴스 (Homo Ludens: 놀이하는 인간)'의 전형이라고 해도 과언이 아니다.

'대중문화 공화국'은 한국인의 기질만으로 이루어진 건 아니다. 그럴 만한 역사적 배경이 있었다. 식민통치의 상처에 신음하는, 땅 좁고 자원 없는 나라가 살 길은 근면과 경쟁뿐이었다. 한국은 그냥 생존하는 것만으론 만족하지 못하고 선진국 되는 걸 국가종교로 삼은 나라가 아닌가. 그래서 택한 게 바로 '삶의 전쟁화'였다. 전쟁하듯이 산다는 것이다. 서열체제는 완강하고, 그래서 '서울공화국'이라는 말로 대변되는, 보다 높은 곳을 향하여 집단적으로 질주하는 1극 집중의 '소용돌이' 문화는 수시로 온 사회를 뒤흔든다. 우리는 그걸 '역동성'이라는 말로 포장하고 싶어 한다. 그런 전쟁과 역동성을 지속할 수 있게 만든 조건 중의 하나가 바로 대중문화였다.

한국인의 삶 자체가 드라마다. 우리는 어떤 일에 대해 놀라움을 표현할 때 '드라마틱하다'는 말을 즐겨 쓰는데, 바로 이 말에 '드라마 공화국'의 답이 있다. 한국은 문자 그대로 파란만장波瀾萬丈한 근현대사를 겪으면서 오늘에 이르렀는데, 바로 그 파란만장의 동의어가 '드라마'인 셈이다. "잘살아보세"와 "억울하면 출세하라"는 구호를 외치면서 내달려 온 반세기의 역사 동안 한국인을 사로잡은 삶의 문법은 흥미롭게도 이른바 '대박 드라마' 성공 공식과 같다.*

성공에 대한 열망과 판타지, 고통과 시련의 눈물, 가족을 위해 모든 걸 희생하는 근거라 할 혈통주의, 그러면서 착하게 산 자신을 위로하는 권선징악勸善懲惡의 메시지, 이것들을 담아내 매일 제공하는 게 바로 TV 드라마다. 어찌 그런 드라마를 사랑하지 않을 수 있으랴. 가끔 '드라마 공화국'이 위기에 처했다는 이야기를 듣곤 하지만, 바로 그런 이유 때문에 부침浮沈은 있을망정 '드라마 공화국'은 영원할 것이다.

'대중문화 공화국'에선 삶의 속도가 빠르다. 대중문화는 유행이기 때문이다. 사람을 지루하거나 싫증나게 만드는 건 죄악이다. 한국이 이런 속도전에서 세계적인 경쟁력을 갖고 있다는 건 이미 입

---

* 드라마 작가들이 말하는 성공 공식 5개를 감상해 보자. ① "대중은 판타지, 권선징악, 해피엔딩을 원한다. 지나치게 구체적인 리얼리티는 싫어한다. 숨기고 싶은 자신의 내면과 만나는 것을 싫어하니까."(〈금쪽같은 내 새끼〉의 서영명) ② "가진 것 없는 사람이 잘되는 이야기. 시청자들은 '근사하게 사는 부자의 이야기'를 싫어하는 척하면서도 열심히 본다."(〈그 여자네〉의 김정수) ③ "신분상승을 다룬 성공 스토리, 혹은 가족·도덕관념을 뒤엎는 드라마! 급격한 변화를 겪는 시청자들은 드라마에서도 강렬한 자극을 찾는다."(〈신돈〉의 정하연) ④ "시청자들은 신데렐라 얘기를 보며 '식상하다' 불평하지만, 그러면서도 신데렐라 구도를 제일 좋아한다."(〈올인〉의 최완규) ⑤ "한국 사람은 유난히 성공 스토리를 좋아한다. '대장금'에서도 위기나 갈등보다 명쾌하게 성공을 거두는 장면에서 반응이 더 뜨겁더라."(〈대장금〉의 김영현). (최승현, 2006. 1. 21.).

증된 사실이다. 그러나 동시에 그 속도의 폭력에 치이는 분야가 생겨났다. 인문학(사실상 활자문화)도 그런 분야 중 하나다. 인문학이 이윤 추구에 도움이 되는 창의력의 원천이 된다는 것이 대기업들에 의해 인식되면서 부분적 호황을 누리기도 했지만, 그걸 인문학의 부활로 보기는 어렵다.

인문학자들은 인문학의 위기를 선언하고 나섰지만, 인문학만 위기인 건 아니다. 오락적 가치가 사회의 전 국면을 지배하는 상황에서 오락적 효용이 떨어지는 건 모두 다 위기다. 대중문화가 따로 존재하는가? 그런 의문을 제기해야 할 정도로 대중문화는 우리의 삶 구석구석에까지 파고들었으며, 정치·경제·사회 등 전 분야가 대중문화와 뜨겁게 포옹하고 있다. 게다가 한류로 인해 한국의 대중문화는 그 위상이 재평가되면서 세계적 주목의 대상이 되지 않았는가.

요약하자면, 대중의 일상적 삶에서 뜨겁게 발현되는 놀이문화, 대중문화에 대한 뜨거운 열정, 그런 열정을 쏠림 현상으로 전화시키는 한국 사회의 소용돌이 체제, 생존 본능으로 고착된 치열한 경쟁문화 등으로 대변되는 '대중문화 공화국'이라는 토양이 한류를 만들었으며, 이는 코로나19라는 위기상황에서 더욱 빛을 발할 가능성이 있다는 것이다.

이런 가설은 한국의 근현대사가 험난한 삶을 요구하는 고난의 연속이었다는 사실에 근거하는 것인데, 물론 달리 생각해 볼 수 있는 반론도 없진 않다. 예컨대, 김기철은 "유럽의 20세기는 지옥과 천당을 롤러코스터처럼 미친 듯 오간 격동의 역사"라며 "식민지와 전쟁, 분단을 거친 한국 현대사가 세계 어느 나라도 경험하지 않은 비극의 역사라고 믿는 '우물 안 개구리' 사관史觀에서 벗어나"야 한다고 역설한다(김기철, 2021. 1. 6.).

경청할 만한 주장이지만, 나의 논지를 훼손할 정도는 아닌 것 같다. 예컨대, 유대인 대량 학살과 같은 지옥에서 대중문화가 무슨 소용이 있었겠는가. 한국의 근현대사에도 대량 학살은 있었지만, 나는 대중문화의 위로나 '마취 효과'를 필요로 하는 고난의 기간이 매우 길었다는 점을 강조하려 한 것으로 이해하면 되겠다.

코로나19는 그런 고난을 전 인류가 처한 상황으로 만들고 말았다. 한국언론진흥재단의 코로나19 관련 여론조사에 따르면, 다수의 사람들이 '걱정과 스트레스'(78.0%), '불안과 두려움'(65.4%), '짜증과 화'(60.8%), '분노와 혐오'(59.5%), '무기력과 좌절감'(52.4%), '외로움과 우울감'(46.4%) 증가를 경험했다고 응답했다(정낙원, 2021). 국가별로 정도의 차이는 있을망정, 이는 전 세계인이 겪는 공통의 경험일 것이다. 이게 바로 '위로·희망·연대' 콘텐츠 수요가 일어나는 세계적 상황이다.

3. '위로·희망·연대' 콘텐츠의 비교우위

적어도 1980년대까지 한국의 대중문화에 강요된 이데올로기는 '건전'이었다. 이는 정부가 노골적으로 권장한 것이었으며, 1980년대엔 아예 음반의 마지막 트랙에 건전가요를 삽입하는 것이 이른바 '정화운동'의 이름으로 행해지기도 했다(신현준, 1999). 대중문화 창작자나 연예인이 자기 개성을 자유롭게 드러내거나 다른 세계관을 표현하는 건 철저한 응징의 대상이 되었기에, 모든 대중문화 종사자들은 그런 굴레 속에서도 대중의 사랑을 받을 수 있는 방법을 찾을 수밖에 없었다. 대중도 대중문화에서 고된 삶의 위로를 찾고자 했기에 굳이 강한 개성과 다른 세계관을 요구하지도 않았다. 이를 잘 보여 준 게 다음 노래가 아닐까?

> "종이 울리네 꽃이 피네/새들의 노래 웃는 그 얼굴/그리워라 내 사랑아 내곁을 떠나지 마오/처음 만나 사랑을 맺은 정다운 거리 마음의 거리/아름다운 서울에서 서울에서 살으렵니다//봄이 또오고 여름이 가고/낙엽은 지고 눈보라 쳐도/변함없는 내 사랑아 내곁을 떠나지 마오/헤어져 멀리 있다 하여도 내품에 돌아오라 그대여/아름다운 서울에서 서울에서 살으렵니다"

1969년 길옥윤 작사·작곡, 패티김 노래로 나온 〈서울의 찬가〉다. 이 노래는 원래 서울특별시의 시가市歌였지만, 노래도 좋고 가수도 좋은 탓인지 인기 가요로 널리 불렀다. 그런데 비단 〈서울의 찬가〉뿐만이 아니라, 1960년대 후반엔 이런 건전가요풍의 노래가 많이 나왔다. 역사를 오늘의 기준으로 소급 해석하지 말고, 당대의 기준으로 생각해 보자. 이영미의 다음과 같은 해석이 설득력 있게 다가온다.

> 건전가요가 대중가요 속에서 많이 살아남을 수 있었던 것은, 이 시대의 대중가요에 서민의 희망을 그려내는 작품이 꿋꿋하게 자리를 잡고 있었기 때문이다. 그 희망이 얼마나 실현 가능한 것인지, 정부의 근대화 이데올로기와 '하면 된다' 이데올로기에 의해 얼마나 부추겨진 것인지는 따져볼 일이지만, 적어도 당시의 대중들은 이를 어느 정도까지는 자신의 것으로 받아들여 '그래도 잘돼 갈 것이다', '이렇게 가는 것만도 행복이다'라는 생각들을 하고 있었던 것은 확실하다. 이영미, 1998

한국 대중문화사를 살펴보면, 의외로 자기계발 서사로 볼 수 있는 콘텐츠가 시장에서 큰 히트를 기록하곤 했던 것도 바로 그런 이유 때문일 것이다. 전반적으로 보아 한국 대중문화는 '체제순응성'을 전제로 발전해 왔는데, 이게 오히려 한류에 큰 도움이 되었다. 홍석경은 유럽에서의 케이팝 인기와 관련해 "성과 마약, 폭력이 없는 '소독된' 엔터테인먼트라는 이미지로 보수적인 중산층, 주로 노동자층이 많은 다문화 청소년층, 심지어 30~40대 부모들까지 사로잡았다"고 분석한 바 있다. 그는 "아무리 패션과 스타일이 튄다고 해도 빅뱅과 2NE1에게는 마돈나, 레이디가가에서 보이는 정치적 불온성이 없다"며 "케이팝의 체제순응성은 인기 비결이지만 동시에 한계"라고 지적했다(양성희, 2013. 7. 5.).

이런 체제순응성을 어떻게 보아야 할까? 김수정과 김수아는 케이팝의 생산, 텍스트, 소비를 관통하며 작동하는 특정한 구성 원리이자, 케이팝에 독특한 결을 형성하는 지역 문화적 특성 Locality을 '집단적 도덕주의'로 설명한다. 첫째, 생산조직 차원에선 연예기획사의 '인-하우스 시스템'이 인성교육을 필수적인 존립 기반으로 삼고 있으며, 기획사와 연습생/소속 연예인의 관계는 가부장제적 가족 공동체 성격을 지니고 있다. 둘째, 텍스트 차원에서는, 케이팝 음악의 주요 주제가 성애가 제거된 순수한 사랑으로 한정되고, 팬에 대한 아이돌 스타의 겸손과 헌신이 스타의 퍼포먼스를 구성하는 원리가 되고 있다. 셋째, 소비 차원에선 한국 대중이 케이팝 아이돌들에게 높은 규범성을 요구하며 그들의 행동을 관리하고 있다. 바로 이런 '집단적 도덕주의'가 아이돌의 행위를 포함한 케이팝 생산과 소비를 조직화하는 한국 문화의 특성이라는 것이다(김수정·김수아, 2015).

이런 체제순응성이 자랑스러운 건 아닐망정, 한류의 힘이 된 건 분명하다. 한류는 우리가 자랑스럽게 생각해도 좋은 그런 요소들의 총합으로 이루어진 건 아니다. 한국 대중문화사를 돌이켜보건대, 앞서간 나라들의 대중문화 추종과 베끼기, 영어 열풍, 외모 차별, 성형 붐, 군사훈련식 육성, '코리안 드림'의 도박성, 승자독식형 인력착취, 오락성 심화, 속전속결형 제작방식, 과잉으로 인한 '드라마 망국론', 포털을 비롯한 IT 기업들의 독과점, 방송사의 수직적 통합, 민방과 종편 허가 과정의 문제 등은 결코 자랑스러운 건 아니었다. 하지만 이 또한 한류엔 도움이 되었다. 한류의 성공 이유를 한 문장으로 압축해 비유적으로 말한다면, "연꽃은 수렁에서 핀다"고 할 수 있겠다.

'수렁'이란 표현은 다소 지나칠망정 대중적 인식의 기준으로 부정적으로 볼 수 있는 것들의 총합이 '대중문화 공화국'과 한류를 낳았다는 게 나의 주장이다. 하지만 그런 대중적 인식은 어디까지나 사회적 차원의 것이고, 개인의 영역으로 들어가면 대중문화의 '힐링 효과'를 강하게 요구하는 수요가 존재했다고 볼 수 있다. 내가 여기서 하고자 하는 말은 한류는 '위로·희망·연대' 콘텐츠에선 세계적으로 확실한 비교우위가 있다는 것이다.

그런 비교우위를 전 세계의 시대적 상황과 연계해 진보적 가치로 전환시킨 주인공이 바로 방탄소년단(이하 BTS)이다. 예컨대, 2019년 영국 웸블리 BTS 공연장에서 나온 팬들의 이야기를 들어보자. 런던에 사는 데이지(17)는 4년 전만 해도 친구 하나 없는 외톨이였다. 잦은 괴롭힘으로 학교생활은 공포였다. 그는 우리말로 또박또박 "BTS가 날 구해 줬다"고 말했다. "유튜브를 보다 '나약해지지 마, 이길 거랬잖아'라는데 제 어깨를 토닥이는 것 같았죠. '너 자신을 사랑하라'는 말은 정신적 무기가 됐어요." 네덜란드의 헤이에스(24)는 "대학도 못 가고 취업도 안 돼 방황했을 때 BTS 초기 시절 이야기를 알게 됐다"며 "앞날도 모르고, 힘든데도 최선을 다하는 걸 보면서

'BTS처럼 하자'고 마음을 다잡았다. 얼마 전 직장도 구했다"고 말했다.

최보윤은 'BTS라는 자기계발서'라는 제목의 칼럼에서 위와 같은 이야기를 소개하면서 "BTS는 그들에게 '살아 있는 자기계발서'였다"고 평가했다. 기자회견에서도 영국 SKY뉴스 기자는 BTS에게 이런 질문을 던질 정도였다고 한다. "팬들을 만나보니 힘든 시기를 극복하게 도와주고, 삶의 태도를 긍정적으로 변화시켰다 입을 모은다. 비결이 뭔가"(최보윤, 2019. 6. 10.).

이지행은 BTS가 대변하는 '마이너리티성, 혹은 언더독underdog성'에 주목한다. 신자유주의가 세계 인구의 절대 다수를 스스로 언더독이라고 여기게 만든 상황에서 케이팝계에서도 굉장히 낮은 곳에서 출발한 '언더독 중의 언더독'이었던 방탄소년단이 그런 한계를 극복해 간 과정에 대한 팬들의 동일시와 응원의 심정이 강하다는 것이다(양성희, 2019. 7. 26.). 2019년 3월 알제리에서 대통령 연임 반대 시위에서 한 남성이 들고 있던 플래카드에 BTS 〈Not Today〉 가사 중 일부가 등장한 것도 BTS 세계 모든 언더독들의 친구임을 말해 준 게 아니었을까? "전 세계의 모든 언더독들은 들어라. 언젠가 우리가 질 날이 올지도 모르지만 그게 오늘은 아니다. 오늘 우리는 싸울 것이다"(이지행, 2019).

2020년 가을 미국 빌보드 '핫100' 1위에 오른 〈Dynamite〉와 〈Life Goes On〉은 모두 코로나19 시대를 사는 이들에게 전하는 위로와 희망의 메시지를 담은 곡이었다. 〈타임〉은 BTS를 '올해의 연예인'으로 선정하며, 그 이유를 이렇게 들었다. "그들은 고통과 냉소가 가득한 시기에 친절, 연결, 포용이라는 메시지에 충실했고, 팬덤은 이들의 긍정 메시지를 세계로 전파했다"(김경욱, 2020. 12. 12.).

한류의 '위로·희망·연대' 메시지는 비단 BTS를 포함한 케이팝에만 그치는 게 아니라 다른 장르의 한류에도 많이 스며들어 있다. 한국 대중문화 콘텐츠엔 가족주의를 비롯한 공동체 의식이 큰 비중을 차지하고 있으며, 특히 "가족과 결혼, 사랑에서 빚어지는 갈등과 극복 등 인간 본성을 면밀하게 다루고 있다"는 점에서 탁월하다(최보윤, 2021. 1. 30.).* 코로나19 시대엔 '위로·희망·연대'와 친화성을 갖기 마련이다. 2000년대 초반 한국 드라마가 아시아권에서 큰 인기를 누린 이유도 일본 트렌디 드라마의 개인주의와 대비된 가족주의의 비교우위였음을 상기할 필요가 있겠다.

물론 가족주의엔 두 얼굴이 있다. 코로나19가 요구한 비대면 문화는 사회적 접촉을 줄임으로써 가족 간 갈등을 유발하는 원인이 되기도 하지만, 가족이 개인적인 소외와 고통을 치유할 수 있는 최후의 보호막이라는 점을 부각시킨다. 소규모의 지역 공동체 의식도 그런 양면성을 갖고 있기 마련인데, 코로나19는 이전에 비해 역기능

---

* 인용부호 속의 말은 미국 〈포브스〉지 K콘텐츠 전문기자 조앤 맥도널드(JoAnn McDonald)의 평가다.

보다는 순기능을 살려야 할 필요성을 증대시켰다고 볼 수 있겠다.

코로나19는 글로벌 연대의식을 필요로 하면서 그걸 강화할 가능성이 높다(강수택, 2020). 가족주의는 이런 사회적 연대를 활성화하는 데엔 명백한 한계가 있지만, 이는 기본적으론 가족주의 모델을 따르는 한국형 팬덤 공동체의 세계화를 통해 보완될 수 있다. 이른바 '글로벌 가족주의'라는 새로운 유형의 가족주의가 순기능을 발휘할 수도 있다는 뜻이다. 그런 글로벌 팬덤 공동체는 코로나 이후의 한류를 떠받치는 원동력으로 기능할 것이다.

4. 한국형 팬덤 공동체의 힘

우리는 대부분 어디엔가 소속이 돼 있기 때문에 평소 잘 느끼지 못하고 살지만, 그렇지 못하거나 더욱 강한 소속감을 원하는 사람들이 느끼는 소속 욕망은 상상을 초월할 정도로 강하다. 코로나19의 비대면 문화는 이런 소속 욕망을 더욱 자극할 가능성이 높다. 하지만 이해관계로 모인 집단에 소속되는 데엔 진입 장벽이 높을 뿐만 아니라 '위로·희망·연대'의 가치를 느끼는 데엔 한계가 있다. 이런 문제를 해결해 줄 수 있는 게 바로 팬덤 공동체다.

팬덤 공동체는 다른 일반적인 공동체와는 달리 이해관계로부터 자유롭다. 사회생활이나 경제생활의 외적 조건들과 무관하게 오직 그 관계 자체가 줄 수 있는 보상을 위해서만 존재하는 '순수한 관계'라는 것이다. 한국의 치열한 입시 경쟁 체제는 10대의 소통, 연대, 결속 등과 같은 욕구를 증대시켜 팬덤의 규모와 강도에 큰 영향을 미쳤다. 이는 한국의 팬덤 문화가 긍정적 의미에서건 부정적 의미에서건 세계적으로 유별나다고 할 정도로 잘 발달돼 있다는 것과 맥을 같이한다.

우리는 팬덤을 스타와 팬의 관계에서만 보려는 경향이 있지만, 사실 더 중요한 건 팬덤 내부의 상호작용이다. 학교 공동체는 오직 성적순이고, 명문대를 진학해야 공동체의 영웅이 되는 메커니즘인 반면, 팬덤 공동체는 열정과 그 열정에 따른 노력만으로 인정을 받을 수 있는 공동체다. 아니 인정을 받지 않아도 좋다. 내가 가진 열정과 같은 열정을 가진 또래들과 더불어 열정을 발산하고 공유할 수 있는 것만으로 행복감을 느낄 수 있다.

오래전 이 점을 날카롭게 포착한 김창남은 "팬클럽의 경우, 많은 구성원들이 그 모임으로부터 얻는 즐거움의 가장 큰 부분은 '우리들끼리 모인다'는 사실 자체에 있다"며 이렇게 말한다. "여기에는 부모도 없고 교사도 없다. 여기서만큼은 자신들에게 공부를 강요하고 사회적 고정관념과 질서를 강요하는 어떤 힘으로부터 벗어나, 같은 취향과 같은 욕구를 가진 '우리'들이 모여 있다는 것이다. (…) 중요한 것은 스타가 아니라 모여 있는 우리들이라는 것이다"(김창남, 2003).

또 양성희는 "팬 혹은 팬클럽의 세계는 현존하는 그 어떤 집단과도 다르다. 종교적 열정에 비견될 정도의 순수하고 맹목적인 열정 공동체다. 내부에 좀 더 '고수', 좀 더 '열혈 팬'이 존재하기는 해도, 실제 현실 속 계층·연령·지역·이념 등은 무화된다. '만인의 만인에 대한 투쟁'이라는 적대적 현실 논리가 사라지고 자발성과 헌신과 우애가 앞서는, 공통된 취향과 애호의 세계다"라며 다음과 같이 말한다.

> "이런 맥락에서 보면, 팬클럽이나 팬문화를 팬과 스타의 관계로 한정해 보는 것은 반쪽짜리 이해라 할 수 있다. 팬덤은 스타에 대한 열광과 팬들 간의 연대에 의존해 구축되어진 그 무언가다. 현실의 무한경쟁 논리가 비켜가 타산적 관계에 지친 이들의 탈출구가 돼 줄 만한 새로운 공동체, 새로운 인간관계다. 지난해 '광우병 정국'에서 제일 먼저 거리로 달려 나간 이들이 아이돌 팬클럽이었다는 점은 이런 점에서 의미심장하다. 그다음 달려 나간 이들의 상당수도, 팬클럽은 아니어도 각종 취미를 공유하는 동호회, 인터넷 커뮤니티였다. 취향의 공동체가 가진 막강한 힘이다." 양성희, 2009. 2. 9.

그렇다. "스타는 바뀌어도 '팬질'은 못 그만둔다"는 말처럼(홍상지, 2015. 9. 5.), 추종 대상을 어떤 스타에서 다른 스타로 바꿀 수 있다는 것은 '스타'보다는 '우리들'이 더 중요하다는 것을 시사해 준다. '우리들'보다는 '스타'를 앞세우는 것이 팬덤의 힘을 더 키울 것 같지만, 팬덤의 지속가능성과 단합이라는 점에서 '우리들'을 내세우는 팬덤의 힘이 더 크다. 개인으로선 하기 어렵거나 상상조차 할 수 없었던 일도 집단이 되면 얼마든지 해낼 수 있다. 이게 바로 한국형 팬덤의 독보적인 강점이며, 한국형 팬덤이 전 세계로 수출된 이유이기도 하다.

코로나19로 인해 각광을 받고 있는 OTT에서 물리적으로 떨어져 있는 사람들이 동시간대에 접속해 콘텐츠를 함께 보는 '동시 관람', 와치 파티Watch Party가 유행인 것도 팬덤에 대한 잠재 수요로 볼 수 있다. 이들 와치파티의 핵심은 실시간 채팅인데, 이는 "콘텐츠 자체도 중요하지만, 그를 매개로 한 이용자들의 교류·소통이 핵심"이라는 걸 의미한다(양성희, 2020. 10. 8.).

코로나19를 이겨내는 데엔 이른바 자기오락화역량self-as-entertainment이 중요하다. 자기오락화역량은 "구체적인 여가 활동 맥락이 아니라 자유재량시간이 주어질 때 개인적으로 만족스럽고 적절한 여러 활동을 찾아내서 잘 수행하는 능력 또는 스스로를 즐겁게 만드는 능력 수준"을 말한다(고동우, 2020). 이런 역량을 충분히 갖추지 못한 사람이 코로나19를 맞아 독자적으로 그걸 키우는 건 쉽지 않다. 팬덤이 이런 역량을 키우는 데에 큰 기여를 할 수 있기 때문에 팬덤은 코로나19 시대에 더욱 각광을 받을 것이 분명하다.

한국형 팬덤이 '팬덤 플랫폼' 모델로 진화하고 있는 것도 그런 맥락에서 이해할 수 있겠다. 이는 "단순한 팬카페·팬클럽 수준을 넘어 라이브 방송이나 스타 IP(지적재산권)를 활용한 다양한 콘텐츠 제공, 콘서트 중계와 굿즈 판매 등 '덕질'의 모든 것을 한데 모은" 것이다. 중앙(기획사)의 통제가 커진다는 문제가 있긴 하지만(양성희, 2020. 12. 3.), 일정 선을 넘는다면 그간 자율화의 역량을 축적한 팬덤이 일방적으로 당하진 않을 것이다.

디지털 혁명으로 인한 콘텐츠 폭발로 이용자의 주체적인 이용 능력이 요구되면서 '미디어 리터러시'의 중요성이 강조되고 있다(노창희, 2020). 학교에서 진행되는 '미디어 리터러시' 교육은 꼭 필요하거니와 바람직하지만, 학교 밖에서 개인이 스스로 미디어 리터러시를 갖추길 기대하긴 어려운 게 현실이다. 팬덤 내부에서 미디어 리터러시에 대한 활발한 논의가 이루어지는 걸 기대하는 게 현실적일 것이다.

글로벌 차원에선 '팬덤 플랫폼' 모델은 이미 선택의 문제를 넘어선 것으로 보인다. 코로나19로 오프라인 공연이 전면 중단된 상황에서 최상의 서비스를 제공할 수 있는 다른 대안을 찾기 어렵기 때문이다. '팬덤 플랫폼' 모델은 케이팝 중심으로 이루어지고 있지만, 이는 다른 장르의 한류에도 원용 가능한 모델이다. 경제적 타산을 앞세우기 전에 '글로벌 팬들의 놀이터' 기능을 앞세운다면, 이거야말로 그간 많은 지식인들이 강조해 온 '사심 없는 문화교류'로서의 한류에 한 걸음 다가서는 게 아니고 무엇이랴.

한국국제교류재단의 〈2020 지구촌 한류 현황〉에 따르면 세계 각지(98개국)의 한류 동호회 회원 수가 전년 대비 약 545만 명 늘어난 1억 477만여 명으로 집계됐다. 사상 처음 한류 팬 숫자가 1억 명을 넘어선 것이다. 양적 확대는 질적 변화를 가져오기 마련이다. 이제 한류는 '건전'의 수준을 넘어 세상을 바꾸는 희망과 연대의 산실이 되어야 하지 않겠는가.

5. 결론: '티티테인먼트'의 세계를 넘어서

나는 지금까지 재난에 강한 '대중문화 공화국', '위로·희망·연대' 콘텐츠의 비교우위, 한국형 팬덤 공동체의 힘이라는 세 가지 측면에서 코로나19 및 포스트코로나 시대의 한류에 대해 희망에 가까운 전망을 해 왔다. 그간 산업적·기술적 차원의 전망과 대응책은 많이 제시돼 왔기에,* 나는 콘텐츠 중심의 고유한 경쟁력 중심으로 살펴보았다. 어차피 희망을 말한 김에 글을 맺으면서 더 큰 희망을 하나 말해

---

* 예컨대, 문체부는 2020년 6월 9일 한류지원협력과를 신설해 주요 한류정책으로 비대면 모바일 매체에 적합한 한류 콘텐츠 집중 육성, OTT 플랫폼에 적합한 신유형의 영상콘텐츠 제작 지원, 실감형 공연 제작 전문 스튜디오 구축 등을 제시했다. 2020년 9월 문재인 대통령은 디지털 뉴딜 문화콘텐츠산업 전략 보고회를 통해 "포스트코로나 시대에 있어서 디지털 콘텐츠산업의 르네상스 시대가 열릴 것이며, 향후 한국판 뉴딜로 디지털콘텐츠 산업 생태계를 더 크게 육성할 예정"이라고 발표했다. 최용석은 포스트코로나 시대 디지털 미디어 서비스의 발전방향으로 양방향 실감 감성소통 서비스, 개인 맞춤형 미디어 서비스, 다양한 생활영역으로의 서비스 확대, 가상공간 실감 서비스 등 네가지를 꼽았다(김아영, 2020; 고윤화, 2020. 10.; 최용석, 2020. 10.).

보자. 포스트코로나 시대를 맞아 인류의 삶이 이전보다 더욱 가혹한 상황으로 내몰릴 수 있기 때문이다.

우리가 우려하는 최악의 시나리오는 헨리 키신저 Henry Kissinger 가 예측한 '성곽도시 Walled City 시대의 도래'라는 악몽이다. 키신저 이외에도 많은 전문가들이 코로나19로 인해 각국이 국경을 강화하고 무역과 시민들의 이동을 제한한 조치가 일시적인 것으로 끝나지 않고 '세계화 시대'의 쇠퇴, '보호무역 시대'의 부활로 이어질 수 있다는 경고를 하고 있다. 만약 그런 일이 벌어진다면, 한국처럼 대외 의존도가 매우 높은 나라가 가장 큰 타격을 받게 되겠지만, 이런 국제관계는 국내에서도 그대로 나타나 이미 우리를 괴롭혀 온 승자독식, 빈부 양극화, 세습사회, 각자도생 各自圖生 의 어두운 그림자가 더욱 짙어질 가능성이 높다(이원재·최영준 외, 2020).

이미 세상은 급속한 속도로 기존 '장기근속 체제'를 해체하고 있지만, 코로나19로 인해 단기근속자는 더욱 빠른 속도로 늘어날 것이다. 기존 양극화 체제에서 그런 변화는 최소한의 안전망으로서의 기본소득 체제를 선택이 아닌 당위가 되게 만들겠지만, 문제는 우리 인간이 밥만 먹고 살 수는 없다는 점이다. 여기서 그려지는 또 하나의 시나리오가 바로 티티테인먼트 Tittytainment 의 세계다.

즈비그뉴 브레진스키 Zbigniew Brzezinski 는 이미 1990년대에 '세계화'로 인해 '20 대 80'(부유층 20%, 빈곤층 80%)이 이루어진 세상에선 티티테인먼트가 판치게 될 것이라고 예상했다. 이는 'Entertainment' 와 '엄마 젖'을 뜻하는 속어인 'Titty'를 합한 말인데, 기막힌 오락물과 적당한 먹거리의 절묘한 결합을 통해서 이 세상의 좌절한 사람들을 기분 나쁘지 않게 만들 수 있다는 것이다(Martin & Schnmann, 1996/1997; Breidenbach & Zukrigl, 1998/2003).

코로나19로 인해 티티테인먼트의 가치는 더욱 높아질 것이며, 이는 한류에게도 유리한 시장 환경을 조성하겠지만, 우리가 한류의 비전을 그런 목적과 용도에서 찾을 수는 없는 일이다. 당연히 위로는 필요하지만, 세상을 바꿀 수 있는 희망과 연대의 메시지에도 큰 비중을 두는 콘텐츠로 발전해 나가야 하지 않겠는가.

'K방역'으로 새로운 민족주의적 자부심을 갖게 된 이른바 '코로나 국뽕'에 긍정적인 면이 없는 건 아니지만(송은영, 2020. 9.), 한류의 성장은 그런 '국뽕'의 수준을 넘어서는 세계시민주의적 비전을 가져야 한다는 건 두말할 나위가 없다. 아니 그렇게 할 때 비로소 수시로 등장하곤 하는 '한류 위기론'을 잠재우고 장기적으로 지속 가능한 한류의 발전을 기대할 수 있을 것이다.

"이제 우리는 과거로 돌아갈 수 없다." 이게 바로 코로나19가 우리에게 준 가장 큰 교훈이자 경고일 것이다. 코로나19가 돋보기를 들이대 선명하게 부각시킨 기존 삶의 방식이 안고 있던 문제들을 우리가 코로나19라는 위기를 기회로 해결하려는 문제의식을 갖고 실천을 한다면, 이거야말로 '재난의 축복'이 아니고 무엇이랴. 코로나19가 미디어와 엔터테인먼트 기업들이 이전에는 저항하던 혁신을 스스로 이끌게 만들었듯이, 그런 변화로 인해 성숙해진 한류가 지구촌 시민들의 삶의 개선과 사회적 개혁을 이끄는 정서적 동력으로 활약하기를 빌어 마지않는다.

참고 문헌

강수택 (2020). 글로벌 팬데믹 시대, 연대영역의 변화양상. 〈사회와이론〉, 37, 183~230.
강준만 (2020). 맺는말: 연꽃은 수렁에서 핀다, 『한류의 역사』 (621~652쪽). 인물과사상사.
고동우 (2020). 코로나19의 제약을 견디는 사람들 : 공동체의식, 사회적 책임의식 및 자기오락화 역량을 중심으로. 〈한국심리학회지: 소비자, 광고〉, 21(3), 402.
고윤화 (2020. 10.). 포스트코로나 시대, 3D 입체 사운드 기술과 언택트 공연의 진화. 〈방송과 미디어〉, 25(4), 33.
김경욱 (2020. 12. 12.). BTS의 진짜 성공비결은 '위로'와 '희망' 아닐까요. 〈한겨레〉, 2면.
김기철 (2021. 1. 16.). 히틀러 치하의 유럽을 보라… 우리의 식민·분단만 비극인가. 〈조선일보〉, A18면.
김수정·김수아 (2015). '집단적 도덕주의' 에토스 : 혼종적 케이팝의 한국적 문화정체성. 〈언론과 사회〉, 23(3), 5~52.
김아영 (2020). 비대면 시대, 방송 한류에 관한 현재적 진술. 〈방송문화〉, 422호(가을), 150.
김창남 (2003). 『대중문화의 이해(전면개정판)』 (306쪽). 한울아카데미.
김휘태 (2019. 12. 15.). 관광버스 딜레마. 〈영남일보〉.
노창희 (2020). 이용자 중심 미디어 생태계와 미디어 이용능력: 코로나 이후 이용자의 미디어 이용능력. 〈방송과 미디어〉, 25(4), 18~24.
박양우 (2020. 12. 22.). BTS·킹덤·사랑의 불시착… 코로나가 문화 콘텐츠 산업엔 기회. 〈조선일보〉, A33면.
송은영 (2020. 9.). 재난 민족주의 : '국뽕'과 코로나 시대 한국 민족주의의 질적 전환. 〈문화과학〉, 103호, 117~136.
신현준 (1999). 1980년대 문화적 정세와 민중문화운동. 『1980년대 혁명의 시대』 (221쪽). 새로운세상.

양성희 (2013. 7. 5.). K팝 유럽서 왜 떴나 … 폭력·섹스·마약 없는 '청정 음악'이니까. 〈중앙일보〉.

_____ (2019. 7. 26.). BTS현상의 본질은 아미라는 유례없는 팬덤 자체. 〈중앙일보〉, 26면.

_____ (2009. 2. 9.). "양양의 컬처코드" # 10 – 팬클럽. 〈중앙일보〉.

_____ (2020. 10. 8.). 넌 넷플릭스 보니? 난 '넷플릭스 파티' 한다. 〈중앙일보〉, 20면.

_____ (2020. 12. 3.). 팬 전용 놀이터 '팬 플랫폼'을 잡아라. 〈중앙일보〉, 20면.

이영미 (1998). 『한국 대중가요사』(168~169쪽). 시공사.

이원재·최영준 외(2020). 『코로나 0년 초회복의 시작: 파국을 뛰어넘는 새로운 시대의 상상력』. 어크로스.

이지행 (2019). 『BTS와 아미 컬처』(195쪽). 커뮤니케이션북스.

이혜운 (2020. 10. 14.). 팬데믹을 기회로, IT를 무기로… 빌보드 점령한 K팝. 〈조선일보〉, A20면.

_____ (2021. 1. 30.). 홍콩·태국·페루·카타르… 넷플릭스 시청률 1위는 K드라마. 〈조선일보〉, A4면.

정낙원 (2021). 재난 때 기댈 곳은 '정부'와 '언론': 코로나19 이후 국민의 일상 변화 조사. 〈신문과 방송〉, 601호, 45~55.

최규민 (2020. 12. 18.). 코로나 침체에도… K팝 수출 역대 최고. 〈조선일보〉, A22면.

최보윤 (2019. 6. 10.). BTS라는 자기계발서. 〈조선일보〉.

_____ (2021. 1. 30.). BTS·기생충 성공에 K컬처, 美주류로 이동. 〈조선일보〉, A4면.

최승현 (2006. 1. 21.). '대박 드라마' 성공공식 있다. 〈조선일보〉, A4면.

최용석 (2020. 10.). 포스트코로나 시대 디지털 미디어 서비스 발전 방향. 〈방송과 미디어〉, 25(4), 73~79.

한국국제교류재단 (2021). 〈2020 지구촌 한류 현황〉.

홍상지 (2015. 9. 5.). 조용필 사진 담긴 엽서 → 서태지 열쇠고리 → H.O.T. 우비 → 엑소 이어폰…스타 바뀌어도 팬심은 영원. 〈중앙일보〉.

Giddens, A. (1991). *Modernity and self-identity : self and society in the late modern age*. Stanford Univ Press. 권기돈 (역) (1997). 『현대성과 자아정체성: 후기 현대의 자아와 사회』(162~177쪽). 새물결.

Solnit, R. (2009). *A Paradise Built in Hell: The Extraordinary Communities That Arise in Disaster*. Penguin Books. 정해영 (역) (2012). 『이 폐허를 응시하라: 대재난 속에서 피어나는 혁명적 공동체에 대한 정치사회적 탐사』(166~167쪽). 펜타그램.

Klein, N. (2007). *The Shock Doctrine*. Random House of Canada. 김소희 (역) (2008). 『쇼크독 트린: 자본주의 재앙의 도래』(515, 524쪽). 살림비즈.

Martin, H.-P. & Schumann, H. (1996). *Die Globalisierungsfalle: Der Angriff auf Demokratie und Wohlstand*. 강수돌 (역) (1997). 『세계화의 덫: 민주주의와 삶의 질에 대한 공격』(27쪽). 영림카디널.

Breidenbach, J. & Zukrigl, I. (1998). *Tanz der Kulturen*, 인성기 (역) (2003). 『춤추는 문화: 세계화 시대의 문화적 다원화』(13쪽). 영림카디널.

2.
문화는
삶과 죽음을
안고

김예란
광운대학교 미디어커뮤니케이션학부 교수

1. 케이팝과 죽음

"케이팝K-pop은 자살 없이는 안 되는가?" 나의 수업에 들어온 한 유학생이 쓴 글에서 던져진 질문이다. 또 어떤 한국인 학생은 10대에 겪었던 비극적인 사건, 즉 자신이 무척이나 사랑했던 한 아이돌 멤버의 자살이 평생 지우지 못할 트라우마로 남게 되었다고 괴로워했다. 얼핏 보면 어린 청소년들의 순진한 감성으로 넘겨 버릴 수도 있을 이 말들은, 그러나 오늘날 흔히 케이팝으로 대변되는 한국 엔터테인먼트 문화산업, 그리고 궁극적으로는 한국 사회의 전반에 깔려 있는 삶과 죽음의 우울한 본질을 꿰뚫고 있다. "문자 그대로 죽음이 공기에 퍼져 있다"라는 말로, 코로나19에 포위된 데다가 도널드 트럼프 전 대통령이 강화한 국가주의와 인종차별주의의 공해로 오염된, 미국 사회의 처참한 현실을 주디스 버틀러Judith Butler는 묘사했다. "삶의 호흡이 언제 병들지 모를 죽음의 위협에 둘러싸여 있다"(Butler, 2021).

케이팝을 발동하고 확산하는 정동은 쾌락적이다. 특히나 그 쾌락은 몸에 직접적으로 작동하는 강렬한 자극과 반응의 리듬, 몸짓, 소리와 관련된다. 사유적인 환희보다는 즉각적이고 직접적인 감각과 행동의 열정적 흥분에 가깝다. 그래서인지 그만큼 몰입과 휘발이 강하다.* 쾌락은 본질적으로 생명들에게만 해당하는 문제이다.

---

* 이 구분은 물론 스타일의 문제로, 우열보다는 취향의 다양성 문제로 파악되어야 한다.

때론 죽음에 다다르는 극단이 쾌락의 절정일 수는 있지만, 이는 정점인 동시에 종착이다. 그래서 쾌락적인 것은 본능적으로 죽음을 거부하고 차단한다.

모든 예술은 물론 희열을 추구한다. 그러나 그 스타일은 다양하다. 교향곡처럼 웅장한 하모니와 초월성을 추구하는 장르가 있는가 하면, 요한 세바스찬 바흐Johann Sebastian Bach의 평균율 음악들은, 그 명칭이 상징하듯이(예를 들어, 'Well-tempered'), 완벽하게 조율된 정교함의 깊이를 표출한다. 재즈는 즉흥적인 애수를, 블루스는 음울의 열정을, 트로트는 애절하고 구슬픈 삶의 사연들을 뽑아낸다. 케이팝은 육체적 스펙터클이 감각적으로 발현되는 장르다. 함축된 의미를 향유할 필요 없이, 매 순간 표피의 모든 지점에서 과열된 감각이 노출되기에, 과잉된 자극들로 포화되었다. 그 강렬함은 생生과 사死의 경제economy에서 작동하고 그 경계를 자극한다. 그만큼 쾌락도 강하고 그 쾌락의 위기 역시 극렬할 수 있다.

케이팝의 세계에는 죽음에 대한 거부만큼이나 삶에 대한 욕망 역시 치열하다. 그렇기에 대중으로부터 흥분과 열정 또한 강하게 추출할 수 있다. 마찬가지 이유에서 케이팝의 세계에는 죽음이 들어설 자리가 없기에, 죽음을 부인하며 막강한 삶을 맹목적으로 추구하는 신자유주의 세계관과 친화적이다. 그 결과 케이팝도 신자유주의도, 어느 때이든 불가피하게 직면하게 될 죽음에 대해선—그에 대한 사유도, 이해도, 감수성도 미처 사유되거나 실천된 적조차 없기에—한 없이 취약하다.

죽음을 거부하는 세계에 죽음이 완전히 없는 건 아니다. 다만 그 자체로 성찰되지 않고 오락의 대상으로 가공되어 그마저도 쾌락의 대상으로 소비된다. 이 세계에서 재난이란 언제나 매혹적으로 그려진다— 블록버스터로 성공하는 주요 장르가 재난을 소재로 한다는 점을 상기하라. 그 점에서 어찌 보면 케이팝은 재난을 기획·개발·활용하는 지금의 세계에 최적화된 장르이기도 하다. 케이팝에 대한 탐닉은, 코로나19를 비롯한 각종 재난이 일상화된 세계의 징후이기도 하다. 그래서 케이팝은 팽배한 불행의 적나라한 표상이며, 불멸이라는 환상의 사실주의이기도 하며, 사멸의 절대성을 거부하는 기만의 절정이다. 이로써 케이팝은 신자유주의적 자본주의의 '행복장치'(김예란, 2020)로서 수행된다. 그럴수록 그것은 죽음의 필연성을 확고히 하면서, 그 자체는 죽음에 한없이 허약해진다.

우리는 줄곧 접촉이 금지되고 온라인 교류만이 허용되는 팬데믹의 상황에서 케이팝이 얼마나 가상의 시장을 개척함으로써 신생의 흥행에 성공하고 있는지에 감탄한다. 대형 엔터테인먼트 기획사에서는 온택트Ontact 콘서트라는 새로운 형식을 개척했고 버추얼virtual 아이돌이 출시되었다. 이 끊임없는 시장 개척 시도는 한편으로는 케이팝의 왕성한 개발 욕구와 성공에의 야망을 표출한다. 그러나 다른 한편으로 케이팝에는 언제나 죽음의 그림자가 드리워졌다는 느낌을 지울 수 없다. 물론 앞에서 언급했듯이 죽음이 존재한다고 해서 나쁜 건 아니다. 오히려 어떠한 예술이든 그것이 좋은 예술이라면 영혼을 건드리고, 그것이 향하지 않을 수 없는 죽음의 절대성을 견고하게 지지한다. 문제는 죽음이 깔려 있는데도 그것을 짓밟고 착취해서 살아남으려고 하는 본능과, 그것을 인지하지 못하거나 안 하려는 탐욕스러운 무지에 있다. 죽음을 부정하는 무한한 생존의 욕망은 모든 자본주의의 본능이기도 하다. 왜곡된 죽음을 일종의 원료로 삼아 불타고 있는 쾌락의 자본주의, 그 위험한 경계에 케이팝이 번성한다.

이제 나는 죽음이 드리운 채, 그러면서도 죽음에 무지하고 그것을 거부하는 신자유주의 원리에 따라 철저하게 설계·운영·통제되는 케이팝 생태를 살펴보고, 그것이 아닌 다른 문화로의 생성 가능성을 죽음의 성찰이라는 관점에서 생각해 본다.

2. 소녀, 소년들을 둘러싼 열망 경제

나는 십 년 전에 '소녀산업 Girl Industries'의 개념을 제안한 바 있다(Kim, 2011). '소녀시대'를 비롯한 한국의 걸 아이돌이 세계적으로 부상하는 시점에서 쓴 '아이돌 공화국: 소녀산업의 지구적 출현과 소녀육체의 상업화'라는 글에서였다. 소녀산업이란 "소녀들에 관한, 소녀들을 위한, 소녀들에 의해 소비되는 문화 콘텐츠에 관련된 사회적 실천"으로 '소녀문화'와 '소녀시장'의 형성·육성·홍보·관리를 주요 요소로 삼는다. 여기에는 엔터테인먼트 산업과 문화산업뿐 아니라, 인터넷과 소셜 미디어를 중심으로 하는 디지털 네트워크, 창의산업과 그 밖의 연계된 경제 활동, 나아가 국가와 민족의 이념 체제에 흡수된 경우엔 정치와 외교를 포함한 광범위한 영역들이 포함된다. 나는 이 개념을 통해 소녀를 대상이자 주체로 호명하면서, 전면적인 산업화 및 상업화—문화산업은 물론이고 경제 전반, 교육, 정치의 영역에 이르기까지—를 통해 그들을 육성·착취·규제하는 글로컬 질서를 비판하고자 했다.

이 개념이 제안된 이후 2010년대를 거쳐 2020년대를 넘어선 현재까지 케이팝을 중심으로 하는 한국의 엔터테인먼트 산업은 더욱 격렬하게 고투(!)와 성장을 거듭했고 그 성과 역시 특출했던 점을 우리 모두 잘 알고 있다. 블랙핑크, 레드벨벳 등 웬만한 한국인이라면 누구나 익히 이름은 알고 전 세계적인 규모의 팬덤을 구축한 슈퍼 걸 아이돌이 다수 배출되었다. 방탄소년단처럼 세계 대중 사이에서의 인기와 유명도뿐 아니라, 산업계와 학계를 아울러 대대적인 관심을 끌어모으는 보이 아이돌들은 물론이고, 뉴이스트NU'EST, NCT처럼 어른들은 모르지만 10~20대 사이에서는 크나큰 사랑을 받고 있는 그룹들도 즐비하며 슈퍼주니어, 엑소처럼 고전적인 명예의 반열에 오른 보이 아이돌 역시 건재하다. 이들의 이름에는 '유튜브 1억 ~2억 뷰'나 수입이 얼마고, 어떤 부동산을 지녔고, 어떤 패션을 걸쳤는지 같은 화려한 수식어들이 동반된다. 이렇게 보면 소녀산업 그리고 그것이 지시하는 케이팝 분야는 나날이 발전해 왔다고 말할 수 있다. 그리고 이 주목할 만한 성장은 아이돌 멤버나 기획사뿐 아니라, 그들을 따르고 선망하면서 자신의 감정과 육체를 그러한 감각으로 형성하고 현재는 물론 미래의 삶의 모습을 그 영역에서 체화시켜 나가는 다수의 젊은 인구들이 존재하기에 가능했다.

따라서 소녀산업의 성장 사례는 단지 몇몇 유명 스타들에서만 발견되는 건 아니다. 소녀산업은 글로컬 차원의 열망경제 aspiration economy 를 열었다. 즉 소녀산업의 젠더 경계를 넘어선 파생 효과는 수많은 청(소)년의 여성과 남성들이 한국 특유의 엔터테인먼트 산업 분야에 자신의 삶을 연결시키도록 이끈 현실에서 찾아진다. 소녀산업의 후광이 젊은 대중을 관통하고 그들의 삶의 지평을 포화시켰다고 말할 수 있다.

아이돌이 되기를 꿈꾸는 10대 '연습생'들의 물결, 그 치열한 경쟁에서 이기거나 지면서 밟게 되는 복잡하고도 기이한 삶의 경로들이 편재한다. 또한 직접 아이돌이 되지 않거나 못하더라도, 많은 젊은이들은 다른 어떠한 분야보다도 급성장하고 있으며 장래도 밝아 보이는 미디어 산업 분야, 특히 엔터테인먼트 영역에서 노동을 하며 전문인으로 활동할 수 있기를 바란다. 주지하듯이 지상파 방송사에서 신입 직원을 채용하지 않는 관행은 이미 익숙한 현실이 되었고 케이블 방송은 시장 규모가 상대적으로 작으며, 독립 프로덕션이나 중소 규모의 광고 홍보 회사들은 노동 강도는 세지만 그 환경이나 조건이 불안정하다. 이 모든 상황을 고려할 때, 멋진 아이돌 상품으로 전 세계적인 '빅히트'를 산출하고 거대 수익을 거둔다고 알려진 엔터테인먼트 분야는 이제 곧 사회 진출을 앞둔 젊은 세대들에겐 새로운 삶과 노동의 세계로 오로지 멋질 따름이다.

    이런 경제적인 계산뿐이 아니다. 다분히 환상이 가미된, 엔터테인먼트 상징자본에 대한 선망, 열의, 선의도 가득하다. 아이돌을 만들어 키우는 엔터테인먼트 기업은 무엇보다도 신나고 재밌어 보인다. 내가 그토록 좋아했던 아이돌들의 후보를 직접 선발하고, 그들의 퍼포먼스를 기획하고, 콘텐츠를 홍보하고, 팬덤을 관리하며, 때로는 감정노동에 시달리는 아이돌에게 따뜻한 말로 위로와 애정을 베풀어 줄 수도 있다. 이들이 바라는 장래의 꿈은 그 문자 그대로 '크러시 Crush'다 — 걸크러시 Girl Crush 에 대한 매혹이 엔터테인먼트 영역에 동반되는 현상은 단지 우연이 아니다. 공연히 조국을 불러들여 민망한 애국주의를 요구하거나(한국 방송은 물론이고 조선, 한겨레, 한국, 국민, 서울 등 역사를 가로지르는 국가 정체성의 이름들), '문화'라는 이름으로 고상한 척하거나(MBC, 문화 등 다수의 크고 작은 미디어 기업들), 중앙·세계 등 확장주의적이면서 중심화 도식에 갇힌 일련의 '고리타분'한 이름들과 달리 SM, YG, 빅히트 등은 얼마나 신선하고 쿨하며 자유로운가!

표준화된 코드에 따라 품질이 기획·개발·관리되고, 한 대상에 지루해지면 빠르게 속속 개발되는 상품군들에서 무한정 고를 수 있고, 친절한 추천까지 해 주며, 향유하는 과정에 힘든 수고나 사유를 요구하지 않는 아이돌 산업은 인간을 특정한 모드의 '상품'으로 '소비'하는 것을 당연하게 여기도록 만들었다. 물론 유행하는 상품에 지속적으로 빨려 들어가도록 만드는 것이 대중 소비사회의 근본 원리이다. 그런데 오늘날 엔터테인먼트 산업의 특기할 점은, 그것에 대한 환상과 욕망이 단지 '소비자'의 위치에서 발현되는 것이 아니라, 그 영역에서 일하고자 하는 '노동자' 정신으로 대량 산출·투자된다는 사실에 있다. 이처럼 편안한 소비와 화려한 노동을 총괄적으로 아우르며, 청소년기에 누렸던 팬덤과 성인 이후 직업 노동의 필요를 총합적으로 흡수하면서, 엔터테인먼트 산업을 주축으로 하는 열망 경제가 나날이 확장되고 있다.

뤽 볼탄스키와 이브 치아펠로Luc Boltanski & Eve Chiapello가 *The New Spirit of Capitalism*(새로운 자본주의의 정신)(2007)에서 역설했듯이, 20세기 중반을 거치면서 자본주의가 인간을 유혹하면서 통치하는 방식은 본질적인 변화를 겪게 된다. 대량적인 생산과 소비의 원리로 강제하던 과거의 뭉뚝한 방식이 한층 더 정교하고 세련된 형태로 진화했다. 관료적인 집단주 대신 유연한 조직화의 네트워크 구성을, 저항을 적대시하는 태도 대신 비판마저도 가공해서 활용하는 상품화 논리를 발전시켰고, 이에 덧붙여 당시 왕성하게 발전하고 있었던 개인주의와 자율의 태도까지 흡수하며, 이전보다 훨씬 더 강력한 흡입력과 민첩성을 갖춘 자본주의 체제로 다시 태어난 것이다. 한국에서는 유럽에서의 1970년대보다는 한 세대 정도 늦는 시차를 두며 1990년대 후반부터 문화화의 흐름이 본격화되었다. 산업사회의 노동 양식 대신 문화노동 및 창의노동이 부상했고 그 핵심에 '미디어 노동'(Deuze, 2007)이 위치한다. 더욱이 오늘날에는 언론과 방송이 이른바 '레거시' 미디어 분야로 전통적인 의미를 지니게 되면서 그것을 대체하며 한층 더 화려하게 등장한 초신성 영역이 '엔터테인먼트' 분야다.

엔터테인먼트 분야는 정해진 출퇴근 시간 없이, 탈위계적이고 유연한 조직의 외양을 띠며, 개인의 자율과 자유를 보장할 뿐 아니라 심지어 이 같은 개인주의의 미덕을 자신의 업무와 성장에 마음껏 활용하도록 독려하는 전략적 제스처를 취한다. 또한 얼마 전 대학생들이 가장 취업하기를 선호하는 기업으로 '배민(배달의민족)'이 선정되었던 사례에서 알 수 있듯이 첨단 디지털 플랫폼과 결합된 미디어 기업은 '젊어' 보인다(한 학생과의 대화에서). 더욱이 엔터테인먼트 산업이 배민을 비롯한 일반 플랫폼 기업들과 차별적으로 지니는 중요한 장점은, 결국엔 배달 노동자와 물류가 관리 대상이 되는 무미건조한 물류 영역의 플랫폼 노동과 달리, 엔터테인먼트 기업에는 자신이 사랑하여 마지않는 아이돌과, 자신이 그 일부분이기도 한 팬들이 함께한다는 매혹성을 지녔다는 사실이다.

　　잠깐 하나

　　케이팝 아이돌의 공연을 볼 때마다 신기한 점은, 이들은 한시도 카메라에서 눈을 떼지 않는다는 사실이다. 그들은 정면으로 옆으로 혹은 뒤돌아보며 카메라 뒤에 있는 수많은 이들에게 한시도 쉼 없이 애정을 뿌리고, 유혹하고, 구애한다. 자신의 목소리와 악기에 몰두하고 자신의 세계에 빠져들어 카메라 같은 것엔 신경 쓸 틈조차 없어 보이던, 오만함으로 청중을 제압하던 고전적인 뮤지션들과 정반대다 ― 한 학생이 나에게, 지금 그런 식으로 한다면 "촌스러운" 거라고 귀띔해 주었다. 고전적인 '나홀로' 뮤지션들이 야생동물 같다면, 지금의 '애교쟁이' 아이돌은 애완동물 같다.

3. 축복의, 그러나 강요된 친밀성

젊은 세대들이 아이돌을 사랑하는 큰 이유 중 하나는, 아이돌들의 화려한 퍼포먼스만큼이나 그들이 아낌없이 주는 사랑에 있다. 나의 수업에서 자신이 아이돌을 좋아하는 이유를, 거의 모든 학생들이 하나같이 '친밀성'이란 단어로 설명했다. 학생들은 음악성이 뛰어나고 독자적이며 자유로운 영혼을 뿜어내는 전설적인 아티스트들을 잘 알고 있다고 했다. 그러면서 자신이 '최애'하는 아이돌들은 어쩌면 그렇게 탁월한 뮤지션이 되지 못한다는 점에도 동의한다고 했다. 이같은 취약성에도 불구하고 자신이 사랑과 숭배의 대상으로 지금의 이러저러한 아이돌을 택한 이유는 그들이 끊임없이, 어디에서나 발휘하는 친밀성에 있다고 설명했다. 물론 여기서 자신의 일상과 멀리 떨어진, 완전히 다른 세계에 존재하는 아이돌이 그들이 항상 함께 있을 수 있(다고 느끼도록 만드)는 방법은 소셜 미디어를 통한 접속에 있다.

케이팝 아이돌이 소셜 미디어를 매우 효과적이며 전략적으로 활용한다는 사실은 잘 알려져 있다. 역사적으로 서구 중심으로 구축된 글로벌 뮤직 씬에 포함되지 않는 멀고 먼 지역이었던 한국의 싸이가 〈강남스타일〉로 세계적인 인기를 획득할 수 있었던 비결은 인터넷과 소셜 미디어의 힘이었다. 실제로 내가 북아프리카의 한 도시에 머물렀던 2018년, 작은 상점의 주인이 아시아에는 한 번도 방문한 적이 없는 자신도 서울을 잘 안다며 인터넷에서 '강남'의 풍경을 찾아 보여줬다. 이어 방탄소년단이 이른바 IT 강국의 최고 인기 스타답게 소셜 네트워킹에도 탁월한 역량을 발휘한다는 점은 워낙에 유명하며, 이처럼 디지털 네트워크와 엔터테인먼트 산업이 결합한 문화기술력이 한류의 성공 동력으로 설명되기도 한다.

이 같은 문화기술력의 효과에 동의하면서도 더 깊이 생각하게 되는 점은 이 안에서 배양되는 친밀성 체제의 본질이다. 디지털 네트워크는 애초에 주목경제 attention economy에 근간을 두고 있다. 이 기술경제 체제에서는 특정한 재화를 구입하거나 자본을 투입하지 않아도, 그것을 시각적으로 접속하고 소비하는 무수한 대중의 행위만으로 가치가 창출된다. 보기의 행위가 경제적인 수익을 낳는다는 점에서, 보기가 노동으로 환원된다고 볼 수 있다. 그리고 보기의 행위를 노동으로 환원하고, 그 행위를 데이터화해서 수집·처리·분석·활용하는 복잡한 데이터 공정 작용이 플랫폼에서 진행되고 축적된다는 점에서 '플랫폼 자본주의'(Srnicek, 2016)의 핵심 영역이라고 이해할 수 있다.

시각을 통한 연결과 교류는 정동적인 접촉과 감염 contagion, 나아가 모방과 확산의 효과를 매우 잘 만들어 낸다. 샘슨 Sampson이 제안한 바이럴리티 virality는 인간의 비의식적인 non-conscious 관계와 행위가 디지털 네트워크에서 현실화한 현상을 가리킨다(Sampson, 2012). 샘슨에 의하면 인간의 정동적 관계, 연결, 접촉, 행위, 효과는 인간 집단 본연의 특성이지만, 디지털 네트워크에 기반을 둔 현대사회에서 현저하게 발달한 특성이기도 하다. 바이럴리티의 관점에서 개별적으로 정체화된 개인 각각은 그다지 중요하지 않다. 그 대신에 분자화된 입자들이 거대한 무리를 이루고 N차 연결을 통해서 네트워크를 맺으며 이들이 (주체의 합리적인 판단이나 의도를 따르는 대신) 정동과 감각을 통해 상호작용하며 영향력을 주고받아 거대한 흐름과 변화를 창출하는 현상이 훨씬 큰 무게를 지닌다. 20세기 초반부터 인간과 사회에 주목하는 연구들은 이처럼 대규모의 익명화된 덩어리, 그리고 그 덩어리의 상호교류와 상호작용 및 그것이 발생시키는 효과에 주목했다. 그로부터 한 세기가 지난 오늘날, 이 같은 가상적인 집합성은 디지털 네트워크의 미시적 행위인 동시에 거시적인 흐름으로 가시화된다. 그리고 그 거대한 동시에 미세한 데이터 네트워크의 작동은 이미 우리 삶의 구석구석까지 자연스럽게 파고들어 일상을 관통하고 있다. 이제 우리는 엄청난 수의 사람-기계들이 작동한 결과를 클릭과 스크롤 몇 번으로 접한 후, 그 영향권 안에서 자신의 생각, 관계, 행동의 방향을 결정하는 삶의 방식에 익숙하다.

오늘날 케이팝 아이돌은 이 같은 시스템과 생활세계에서 자연스럽게 배태된, 혹은 그것을 적극적인 의도로 활용한 디지털 자본주의의 산물이다. 그리고 친밀성은 그 투기적인 상품이 사회에서 계속 인지·유지·확장되도록 이끄는 정동적 동력이다.

아이돌 문화에 그리 친숙하지 않은 사람들일지라도, 네이버 포털 사이트에서 생방송되고 있는 아이돌 스타의 방송을 피할 수 없다. 그만큼 유비쿼터스ubiquitous하다. 그 외에도 디지털에 능한 동시에 아이돌 팬덤의 주요 집단인 젊은 세대들은, 자신이 사랑하는 아이돌을 개인적으로 팔로하는 것은 물론이고, 그들의 소속 기획사가 제공, 운영하는 팬덤 네트워크를 비롯해 각종 플랫폼마다 촘촘하게 개발된 팬덤 시스템에 적극적으로 뛰어든다. 그들의 일상엔 항상 아이돌이 접속되어 있으며 이 가상적인 세계 안에서라면 항상 사랑해 마지않는 그 또는 그녀와 동거하는 셈이다. 물론 온라인 세계가 몇몇 포털 중심의 인터넷 사이트로만 구성되어 상대적으로 소박하던 2000년대 초반에도 팬카페를 포함한 팬덤 네트워크는 존재했다. 그러나 이 팬 동호회는 정회원으로 등극하기 위해선 해당 스타에 관한 어려운 지식 테스트를 통과해야 하고, 일단 그 난관을 넘어 카페에 진입한다고 해도 까다롭고 위계적인 조직성 안에 배치되어야 할 만큼 폐쇄적이면서 그만큼 집결력이 강했다. 이와 달리 오늘날 다양한 미디어 아웃렛마다 마련된 팬 공간에는 누구나 뛰어들어 오거나 나가버릴 수 있도록 열어 놓는 유연한 질서 및 느슨한 분위기가 구성되어 있다. 예전처럼 구차스럽고 답답한 결속 따윈 요구하지 않는다. 그 대신 '언제-어디서나-누구나'로 무한 확장을 꾀하며 체계적인 데이터 논리로 양화된 인간관계가 서비스 상품처럼 무한정 산출, 제공, 향유된다.

그 공간에서 스타 아이돌은 팬 한 명 한 명마다 친절하게 말을 걸고 들어 주며, 어쩌면 방송에서는 접하기 어려운 그의 '리얼'한 모습을 보여 준다는 믿음이 확보되어 있다. 어디까지가 솔직하고 투명한 그들이고, 어디부터가 미리 작성된 극본에 따른 연출인지를 따져 보려는 노력은 애초에 시도되지 않는다. 따지기로 하면 여기에 만연한 친밀성이란 전략적으로 설계된 이미지 수사이고 상품논리라는 점을 알아채지 못할 리 없건만, 그런 계산 자체는 아예 할 필요도 없고 해서도 안 될 것으로 '공모'된 듯하다. 사적인 공간에서, 서로 진정한 관계를 나눈다는 친밀성의 계약이 아이돌이 되고 팬이 되기 위한 우선 조건이기 때문이다. 친밀성의 신념에 금이 가는 행위는 팬 각자에게는 물론이고 주인공 아이돌에게도 금지된다. 조금이라도 실수를 하면(연애를 한다든가 불친절한 태도를 보인다든가 도덕에 어긋나는 행위를 한다든가), 잘못을 저지른 팬은 물론이고 아이돌마저 무서운 비난을 피할 수 없다. 맹목적인 애정과 규율로 응집된 친밀성이 통제 원리가 되는 기이한 마력 공간이다.

따라서 오늘날 아이돌과 팬들을 지배하는 경제는 여러 겹의 모순을 가지고 있다. 한편으론 모든 존재·관계·행위를 정교한 데이터 체계로 환원·수집·분석·활용하여 가치창출하는 반인간화된 anti-human 디지털 테크놀로지 권력이 작동한다. 다른 한편으론 엄격한 도덕 규율과 절대적인 복종 원칙에 의거한 맹목적인 친밀성의 원칙이 극도의 인간화 far-humanising 규범으로 작동한다. 이 두 개 요소가 소셜 미디어로 매개되고 연결되며 최적화 시스템을 이룰 때 마침내 성공적인 케이팝의 '친밀성 자본주의'가 건설된다.

잠깐 둘

나는 이 글을 쓰는 지금, 더도어스The Doors의 짐 모리슨Jim-Morrison 이 부르는 〈라이트 마이 파이어Light My Fire〉를 듣고 보고 있다. 그의 멀리 바라보는, 혹은 아무것도 보지 않는 시선, 그리고 똑바로 세운 고정된 가죽바지의 다리, 세계의 평범한 소리들보다 반음 정도 높고 맑으며 강한 그의 목소리. 고정된 몸과 날아오르는 듯한 목소리는 이 지겨운 세계를 가볍게 꿰뚫는다. 그에 아랑곳없이 각기의 악기 연주에 빠져든 더도어스의 멤버들. 아무도 타인들로부터의 찬양도 저주도 개의치 않는다. 오로지 장례식의 화염처럼 상실하며 사랑하는 영혼. "Try now we can only lose, And our love become a funeral pyre".*

4. 동형성의 끔찍함

나는 지금까지 아이돌을 매개로 하는 열망경제, 그리고 그 기저에 작동하는 친밀성 자본주의의 문제를 비판했다. 그럼에도 그것에 이끌리고 그 안에서 삶의 의미와 용기를 찾으며, 또래 친구와 우정을 쌓고, 앞으로 다가올 날들의 사회에 대한 감각을 키우는 젊은 세대들의 경험을 존중한다는 점을 강조하고 싶다. 어떤 이 또는 어느 세대의 고

---

* The Doors의 〈Light My Fire〉 가사의 한 구절.

유한 문화적 경험을 탓할 권한은 그 누구에게라도 없으며, 특히 그것을 공유할 시간대를 오래전에 지난 사람으로서는 싱싱하게 떠오르는 낯선 것에 대해 무례하지 않도록 그리고 가능하다면 호기심 어린 애정을 가지도록 '일부러라도' 애써야 한다.

아울러 단지 개인의 예의 차원이 아니라 사회적 인식에 바탕을 두어, 현재의 젊은 세대가 케이팝에 몰두하여 환호하는 현상은 더욱 섬세하게 이해될 필요가 있다. 앞에서 언급했듯이, 소녀·소년들이 케이팝의 아이돌을 선호하는 이유는 표준화된 상품성으로서 그것이 제공하는 편리성, 안정성, 신속한 교체성에 바탕을 둔다. 각 기획사는 브랜드화된 스타일의 아이돌들을 상품화 주기에 따라 민첩하게 제작해 낸다. 소비자는 자신이 선호하는 기획사 브랜드에 맞춰 조직화된 상품라인을 순환적으로 소비하면 되고, 보다 총괄적으로 응용된 방식을 원한다면 특정 플랫폼(예를 들어 유튜브)이 추천하는 상품들이 자동 플레이되는 대로 즐기면 된다. 따라서 이 소비의 과정에는 주체가 굳이 자신의 미적 기준을 생성하며 새로운 것을 탐색하여 훌륭함이나 진부함을 분별하고, 감동하거나 좌절하는 식의 물리적-감정적-인지적 노력을 들일 필요가 없다. 어차피 매달 정액제의 구독 시스템 안에서 이뤄지기에 설사 발생할 수 있는 소비의 실패에 따른 비용 손실 우려도 없다. 대량의 콘텐츠가 특정한, 그러나 우리 자신은 결코 알지 못하는 알고리즘에 따라 선별되어 제공되므로 이 흐름과 리듬을 잘 따르기만 하면 된다—'팔로잉', '트렌드를 따른다'라는 말이 왜 젊은 세대들의 습관이 되었는지 알 수 있다. 더군다나 '추천'이라는 개념은 얼마나 친절하고 전문적인가!

    오늘날 문화 영역에서는 선택과 전달에 이르는 전 과정이 자동화되었다. 기획사가 자신의 브랜드에 맞는 상품들을 시시각각 출시하면 플랫폼은 그런 브랜드 상품들을 대거 수집해서 말단부에 위치한 소비자 각각의 입맛에 딱 맞아떨어지는 요리를 해 주고 배달까지 해 주는 식이다. 이것이 더욱 왕성해지면 아예 선호의 취향까지가 플랫폼의 선제적 방식에 따라 미리 유도되고 미리 확정된다—당신을 위한 추천 상품이 나오는 순간, 나도 모르게 그 추천에 응하고 나의 감각기관으로 흡입한다. 이 모든 과정은 습관이 되고 자연이 되고 세상의 모든 것이 된다.

    나는 10대를 막 벗어난 대학생들과 이야기하는 과정에서, 이들이 케이팝 아이돌 시스템을 즐기는 논리는 그들이 받은 입시 교육의 그것과 똑같다는 점을 깨달았다. 유명 학원은 유명 기획사에, 1타 강사는 슈퍼 아이돌에, 팬은 입시생에 상응한다. 학원과 강사의 유명성과 지도력에 걸려 있는 자신의 운명은 유명 기획사와 다수 가공 전문 업자들이 산출해 낸 아이돌의 승패에 동일시된다. 엔터테인먼트 산업과 교육을 관통하는, 동질적인 획일화 및 무한 경쟁 논리에 의한 표준화와 상품화 시스템이다.

아이돌과 아이돌 연습생의 훈련 및 노동 시스템의 문제점을 깨달은 몇몇 학생들은 자신이 기획사에 취직하면, 그들을 기획하고 교육하고 상담까지 해 주는 개발·기획자가 되어 진정한 아이돌 복지에 기여하겠다고 다짐한다. 나는 그들의 결심이 진심이라고 생각한다. 마치 자신들이 힘들 때 상담과 치유 서비스를 찾아다니며 도움을 청했듯이. 그러나 아쉬운 점은 이들이 표피적인 상처는 연민하면서도 시스템 자체의 왜곡을 수정하고, 더욱 근본적으로 문화라는 것이 시스템이라는 것에 예속된 상황 자체에 대한 질문을 던지지는 않는다는 사실이다.

이 점에서 몇몇 아이돌의 사회비판적인 제스처를 가리키며 이들이 신자유주의에 저항하는 젊은 영혼인 양 찬미하는 해석은, 이해심 넓은 오해에 불과하다. 개별 아이돌마다 부여된 세계관은 자신의 신념과는 무관하게 지정된 찬반 위치에 따라 훈련받은 방식으로 수사$_{rhetoric}$ 스킬을 발휘하여 높은 점수를 받고 토론 대회에서 승리하는 입시생과 마찬가지다. 신자유주의에 대한 지지이든 반대이든 또 다른 무엇이든 자신의 시각을 구성하고 발언하는 기회 자체가 애초에 박탈된다. 애초에 자신의 시각을 지운 채 그때그때 부여된 입장과 역할을 순순히 수용하고 던져진 역할에 순발력 있게 적응하여 팔릴 만한 소재를 공식화된 리듬과 동작으로 가공하여 휘발하고, 실증나기 전 빠르게 교체되는 운명에 충실할 뿐이다. 그래서 이를테면, 어제는 피땀눈물로 세상을 탓하지만 오늘은 그와 똑같은 논리에서, 아이스크림같이 달콤한 세계를 예찬하는 변신이 가능하다.

이렇듯 이미 확정된 취향을 조제하고 전달하는 방법을 '교육' 혹은 '훈육' 받게 된다면, 문화가 지닌 본질적인 가치, 즉 실험과 기억의 고유한 좌절과 기쁨을 누릴 기회는 박탈된다. 예를 들어 (초국적 플랫폼으로 노출되는 보편화된 채널 대신) 좁고 깊은 굴곡들을 모험하는 신비감과 불안, (주류가 아닐지라도) 반짝이는 무언가를 우연히 조우하는 기쁨과 기다림, (유행이 아닐지라도) 나만이 고유하게 몰입하는 희열과 절망, (다른 사람들은 전혀 모를지라도) 내가 좋아하는 사람과 나만 공유하는 고요한 충만감. 이러한 모험, 우연, 희열, 충만, 그 고유함을 사랑하는 문화적 경험에는 보편성 못지않게 특이성이, 규범화 못지않게 이탈의 자유로움이, 사회적 학습 대신 독창적인 영감이, 전략적인 개발을 뛰어넘는 위태와 전복이 싹튼다.

교육에서부터 문화에 이르기까지, 현재의 일상부터 미래에 대한 상상까지, 아니 삶의 모든 부분이 자본주의적 시스템 안에서 설계·제공·소비되고 결국엔 노동하게 되는 이 세계 전체가 숨 막히는 동형 시스템으로 구축되어 작동하고 있다. 이 이유에서, 아이돌 세계엔 팬데믹이 시작되기 이전에 이미 죽음의 그림자가 드리워져 있었다.

어울림
삶은 영혼을 때리고 부순다. 그리고 예술은 당신이 하나의 영혼을 가지고 있음을 일깨워 준다. **Stella Adler, 1901~1992.**

나는 그것이 시각이든 음악이든 춤이든, 하나의 예술적 양식이 어울림에 대한 감각과 기쁨을 일깨워준다면—그것이 없다면 굳이 어울릴 필요가 있을까—이는 그것이 삶에 대한 희망과 더불어 죽음의 절대성을 느끼게 하기 때문이라고 생각한다. 살고 죽는 것은 어쨌거나 영혼의 문제니까. 이는 케이팝 아이돌에 있어서도 예외가 아닐 테다. 그러나 케이팝은 죽음에 의해 폭력적으로 포획되어 있지만, 막상 죽음을 느끼고 의미를 부여하는 영혼의 목소리는 막혀 있다.

죽음을 생각하고 표현할 때 그 예술에 역사성이 생긴다. 반대로 불사의 디지털 코드로 포맷된 분절적인 데이터로 이뤄질 때, 그 행위에서는 시간도 삶도 영혼도 증발한다.

처음으로 돌아가서, 케이팝에 드리운 죽음의 그림자는 어떻게 거둬질 수 있을까. 우선 성공이 아니라면 죽음이라는 거친 이분법이 사라져야 할 것이다. 그 이유가 대중의 폭력(악플)이든 개인적인 불행이든 간에, 프로그램에 의해 미리 설정된 성공과 예찬의 이미지에서 조금이라도 벗어나면 죽음을 맞닥뜨리게 되는 시스템은 애초에 삶을 위한 것이 아니다. 치명적일 정도로 탐욕스럽고 쾌락적일 때 발생하는 병리 현상일 따름이다.

더욱 큰 우울은 이것이 단지 아이돌 산업에만 한정된 건 아니리라는 깨달음에서 비롯된다. 케이팝 엔터테인먼트 산업은 한국의 모든 사회적 현실, 삶과 죽음의 무/질서와 놀라우리만큼 동형적이다. 역설적이게도, 아이돌의 엄청난 인기는 바로 그러한 사회적 동형성 덕분에 온다. 이 끔찍한 동형성이 깨질 때, 우리는 비로소 삶과 죽음이 함께 내재한 문화의 본질을 경험할 수 있다.

죽음의, 죽음을 위한 문화란 무엇일까. 그것은 죽음에 갇힌 문화라기보다는, 죽음을 알고 느끼고 의미화할 수 있는 문화가 될 것이다.

그 역할을 훌륭하게 수행한 대중문화인들은 이전에도 무수히 존재했고 아마도 많은 케이팝 아이돌 역시 앞으로 그러하기를 바란다. 그들은 그렇게 나타나고 사라진다. 그리고 그들의 사라짐은 대중문화의 공간에, 죽음이 아름답게 의미화되고 표현될 수 있도록, 사람들이 죽음의 의미를 깨달으며 그 안에서 살아갈 수 있도록 이끌었다. 제임스 딘James B. Dean의 갑작스러운 죽음, 김현식의 투병과 마지막으로 불렀다는 노래, 전설처럼 남은 여러 인물들의 암살과 자살들…. 그들은 여느 누구와 마찬가지로, 죽.었.다. 이들의 죽음이 현재 케이팝 아이돌 산업에 편재한 죽음의 기운과 달리 느껴지는 이유는, 무한한 생명을 추구하며 죽음을 거부하는 신자유주의적 시스템에 '의한' 죽음인 후자와 달리, 살아 있는 이들로 하여금 문화의 근원적인 그리고 궁극적인 조건인 죽음을 울려 알려주었기 때문이다. 그들은 죽음은 단지 멀리 있을 뿐이라고 막연히 알고 있을 뿐인 십 대, 이십 대의 젊은 영혼들에게 죽음의 불가피성, 그렇기 때문에 비로소 삶이 지닐 수 있는 절대성의 무게를 느낄 수 있도록 했고 그 경험들을 거치며 스스로 어른이 되어 가도록 도와주었다.

　나는 떠난 지 이십 년이 되어 가는 지금도, 장국영(張國榮, 장궈룽)이 홍콩 만다린오리엔탈호텔 건물에서 뛰어내려 세상을 떠난 4월 1일이 되면 그를 기억한다. "나는 너무 지쳐서 세상을 사랑할 힘이 없다." 이 남겨진 말과 그 던져진 몸처럼 에로스와 타나토스의 분리불가능성, 그리고 삶만큼이나 죽음에도 충실한 사랑을 분명하게 알려주는 사건은 없는 듯하다. 나는 케이팝이 세상의 젊은이들 누구에라도, 삶과 죽음을 어떻게 사랑하고 떠나야 하는지를 일깨워 주는 울림이 되길 바란다.

참고 문헌

김예란 (2020). 『마음의 말: 정동의 사회적 삶』. 컬처룩.
Butler, J. (2021). Why Donald Trump will never admit defeat. *The Guardian* (2021. 1. 20.). https://www.theguardian.com/commentisfree/2021/jan/20/donald-trump-election-defeat-covid-19-deaths
Boltanski, L. & Chiapello, E. (2007). *The New Spirit of Capitalism*. London: Verso.
Deuze, M. (2007). *Media work*. Polity.
Kim, Y. (2011). Idol republic: The emergence of girl industries and commercialization of girl bodies. *The Journal of Gender Studies*, 20(4), pp. 333–345.
Sampson, T. (2012). *Virality: Contagion theory in the age of networks*. The Press of Minnesota University.
Srnicek, N. (2016). *Platform Capitalism*. Polity.

3.

코로나19 이후, 연결의 지혜
: 페스트, 대중문화 그리고 한류

박한선
정신과 전문의·신경인류학자

코로나19 팬데믹으로 전 세계가 몸살을 앓고 있다. 정말 심한 몸살이다. 2021년 1월 말 기준, 확진자가 1억 명이 넘었다. 절반 이상이 완치되었지만, 사망자도 200만 명이 훌쩍 넘는다. 한국의 상황도 좋지 않다. 지난해 5월경, 일일 확진자가 2명까지 감소하면서 'K방역'에 대한 자부심이 한껏 고조되기도 했다. 그나마도 해외 유입 환자였다. 그러나 기쁨도 잠시, 이후 두 번이나 대유행이 찾아왔다. 4차 대유행이 온다는 예측도 있다. 8만 명 가까이 확진되었고, 1400여 명이 사망했다.

앞으로의 상황도 녹록지 않다. 2019년 10월 18일, 코로나19가 세상에 모습을 드러내기도 전에 이미 팬데믹 상황을 예측한 연구가 있었다. 세계경제포럼 WEF: World Economic Forum 과 빌앤드멜린다게이츠재단 Bill & Melinda Gates Foundation 은 존스홉킨스 보건안전센터 Johns Hopkins Center for Health Security 와 함께 이벤트-201 Event-201 이라는 팬데믹 시나리오를 발표했다. 시나리오에 따르면, 결국 대략 6500만 명이 사망한다. 전 인구의 80% 이상이 노출되어야 비로소 기세가 꺾인다. 물론 백신이 나온다면 상황이 달라지겠지만 말이다.

십여 종의 백신이 개발되었거나 개발 중이다. 화이자-바이오엔테크 Pfizer-BioNTech 와 모더나 Moderna 의 백신은 이미 미국에서 승인을 받았고, 아스트라제네카 AstraZeneca 와 얀센 Janssen, 노바백스 Novavax 의 백신도 최종 임상 단계에 있다. 몇 개월 만에 일궈낸 일이다(2021년 1

월 말 기준).

이런 엄청난 속도전은 지금까지 역사상 한 번도 없었다. 심지어 미국 정부는 백신 개발 프로젝트의 이름을 '워프 스피드 오퍼레이션Warp Speed Operation'이라고 붙였다. 워프 스피드는 추억 속의 미드, 〈스타트랙〉에서 나오는 말이다. 우주 함선 USS 엔터프라이즈호는 최대 워프 9의 속도로 항속할 수 있는데, 광속의 729배다.

정말 감개무량한 일이지만, 그래서 백신의 효과나 지속 기간, 부작용에 대한 걱정이 끊이지 않는다. 일부 국가에서는 이미 접종이 시작되었지만, 아직도 효과와 부작용에 대해서 논란이 이어지고 있다. 임상 데이터가 충분하지 않다. 아마 실제로 써 봐야 모든 것이 분명해질 것이다.

전대미문의 재난 상황이다. 그러나 상황이 어렵다고 되뇌기만 해서는 아무것도 해결되지 않는다. 의사와 과학자는 밤을 새워 가며 백신과 치료제를 개발하고 있고, 여러 보건의료인은 헌신적인 노력으로 코로나에 감염된 환자를 돌보고 있다. 많은 시민이 자발적으로 사회적 거리두기에 동참하고 있으며, 자영업자 상당수는 경제적 손해를 감수하고 방역에 협조하고 있다. 정부도 곳간 문을 활짝 열고 어떻게든 초유의 감염병 재난을 극복하기 위해 안간힘을 쓰고 있다. 모두 최선을 다하는 만큼, 곧 터널의 끝이 보이기를 기대한다.

그러나 어려운 상황이 1년 넘게 지속되고 있다. 앞으로도 몇 년이나 더 코로나 대유행이 지속될지 아무도 모른다. 후유증은 훨씬 더 오래갈 것이다. 코로나19로 사랑하는 가족과 친지를 잃은 사람의 슬픔은 영원히 지워지지 않을 것이다. 감염자의 신체적, 정신적 후유증도 아주 오래갈 것이다. 과로에 혹사당한 의료인의 어려움은 이미 감내할 수 있는 수준을 넘어선 지 오래다. 공동체 전체가 나눠진 경제적, 사회적, 문화적 충격의 상처가 아물려면 오랜 시간이 필요할 것이다.

그런데 한류라고? 대중문화라니! 오늘도 수많은 사람이 죽어 나가는 판국에 너무 한가한 소리처럼 들린다. 많은 이가 코로나19의 직격탄을 맞았다. 분통이 터질지도 모른다. 그러나 훌륭한 외과 의사는 자신의 역할이 수술뿐이라 생각하지 않는다. 수술 전부터 재활 치료를 준비한다. 건강하게 사회에 복귀할 수 있도록 도와줄 채비를 '처음부터' 챙기는 것이다. 필요하면 정신과 의사에게 의뢰하여 상담도 부탁하고, 종종 목사님이나 신부님의 도움도 찾는다. 종합병원 로비에서 종종 열리는 무료 음악회를 본 적이 있을 것이다. 환자의 상태를 가볍게 보기 때문에 한가하게 노래나 부르고 바이올린이나 켜는 것이 아니다. 오히려 사경을 헤매는 중환자가 많을수록, 이러한 '문화적' 처방이 더 절실해진다.

아직 코로나19 대유행은 현재진행형이다. 그러나 위드 코로나 with COVID19 시대에 우리가 겪을 고통과 슬픔을 보듬어 낼 사회적 대책과 문화적 전략을 지금부터 준비해야 한다. 대중문화는 상처받은 마음을 어루만지고, 공동체를 결속시키며, 집단적 어려움을 승화시킨다. 코로나19를 극복하려면 과학적 연구에 기반을 둔 의학 논문과 보건의료 보고서가 필요하겠지만, 다른 것도 필요하다. 소설, 영화, 드라마, 그리고 음악과 춤이다. 심지어 만화와 비디오게임도 필요하다.

감염병 대유행이 지속되면 대중은 어떤 반응을 보일까? 여러 학술 논문과 전문 서적이 발표되어 왔지만, 1947년 알베르 카뮈가 발표한 소설 〈페스트〉만한 것이 없다. 감염병으로 봉쇄된 오랑시(市)의 여러 시민이 보이는 다양한 심리적 반응과 행동, 관계에 대해서 예리하게 다루고 있다. 대중 소설이라고 우습게 보지 말자. 그냥 '지어낸 이야기'라고 치부할 일도 아니다. 인간의 마음을 정확하게 읽어 낸다. 책임 있는 시민으로서 우리는 각자 무엇을 해야 하는지 알려 준다. 소설을 읽는 것만으로도 감염병 유행에 지친 마음이 조금은 달래질 것이다. 믿어도 좋다.

소설 〈페스트〉는 너무 어려운 '문화'가 아니냐고? 더 익숙한 대중문화도 요긴하다. 장기간의 재택근무로 지친 마음을 달래 주는 것은 사실 보건 당국의 '코로나 극복 정신건강 캠페인'이 아니다. 작은 스피커에서 흘러나오는 잔잔한 대중가요다. 사회적 거리두기 속에서 외로운 정서를 다독여 주는 것은 난해한 정신의학 논문이 아니다. 모니터에 반짝이는 경쾌한 '한드'다.

과연 코로나19 이후에는 어떤 세상이 펼쳐질까? 우리는 평생 마스크를 벗지 못하게 되는 것은 아닐까? 공상과학 소설처럼 점점 화상으로 모든 이를 만나고, 소통하게 될까? 해외여행은 이제 먼 과거의 이야기로 남을까? 국가 간의 교류가 끊어진 세상은 이전보다 더 위험할까? 혹은 더 안전할까? 영화관과 공연장이 문 닫고, 놀이공원과 야구장이 사라진 세상은 어떤 모습일까? 한류를 매개체로 세계의 젊은이 수만 명이 모여 합창하던 콘서트장에서의 감동은 이제 역사책에서만 보게 될까? 그리고 … 우리는 여전히 이전과 같은 방법으로 서로 만나고, 사랑할 수 있을까?

> 그는 이런 것들에 어떤 의미가 있을지 없을지는 중요하지 않지만, 사람들의 희망에 주어진 답만큼은 알아야 한다는 생각을 하고 있었다. (…) 리외는 이제 주어진 답을 알고 있었고, 거의 인적이 없는 변두리의 어귀에서 그것을 더 잘 이해할 수 있었다. 보잘것없던 자신으로 만족하기 때문에 사랑의 보금자리로 돌아가는 것만을 간절히 바랐던 사람들은 종종 보답을 받기도 했다. 그래도 분명 그들 가운데 몇몇은 기다려 온 사람을 빼앗긴 채 고독하게 시내를 계속 걸어 다니고 있었다. (…) 이제 그들은 언젠가 갖고 싶어 할 수 있고 또 가끔은 얻을 수 있는 것이 있다면, 그것은 인간적 애정이라는 것을 알게 되었다. **Albert Camus, 1947/2014, p. 173.**

팬데믹 이전과 이후를 관통하는 하나의 키워드가 있다면, 바로 인간적 애정이다. 아마 세상은 코로나 이전과 이후로 나뉠 것이다. 국가는 서로의 빗장을 걸어 잠근 지 오래다. 활짝 열리려면 오랜 시간이 필요할 것이다. 단속된 세상, 분절화된 세계는 이미 우리 앞으로 다가왔다. 인류가 꿈꾸던 미래는 아니지만 그래도 우리에게는 희망이 있다. 카뮈의 말처럼, 파편화된 시간과 공간을 연결해 주는 힘은 바로 사랑이다.

이 글을 통해 전통적 의미의 K방역을 살펴보고, 거리두기가 불러온 사회문화적 역습을 들여다보자. 그리고 위드 코로나 시대에 한류가 어떤 의미를 가질 수 있는지, 진정한 K방역을 위해 무엇을 해야 할지 이야기해 보자.

1. 조선의 거리두기

먼저 우리 조상의 이야기, 굳이 따지자면 '전통적 K방역'에 대해 이야기해 보자. 감염병에는 국적이 없고, 나라와 지역에 따라 다른 감염병이 생기는 것도 아니다. 기후나 지리에 따라 호발하는 감염병이 다르지만, 그뿐이다. 한국인도 아프리카에 가면 황열병에 걸릴 수 있고, 미국인도 한국에 오면 한탄바이러스에 의한 유행성 출혈열에 걸릴 수 있다. 지위도 신분도 상관없다. 빈곤한 사람은 감염병에 걸릴 위험성이 높지만, 어디까지나 상대적이다.

조선의 왕도 그랬다. 만인의 존엄을 받는 군주였지만, 감염병은 피할 수 없었다. 문종은 즉위 2년 만에 종기가 나서 죽었다. 세종은 죄인을 모두 사면하기도 했는데, 아들 문종의 건강을 위한 것이었다. 혹시 억울하게 갇힌 죄인의 한이 서려 아들에게 종기가 난 것이 아닌가 걱정한 것이다. '도죄 이하의 죄를 저지른 자는 이유와 판결 여부를 막론하고 모두 사면하라.' 아니, 종기가 난다고 죽기까지 야? 그러나 문종의 등에 난 종기는 작은 여드름이 아니었다. 무려 지름이 한 자에 달했다. 정조도 종기가 난 지 24일 만에 승하했다. 왕의 건강을 돌보는 의원이 주변에 상시 대기 중이었지만, 감염병에는 손을 쓰지 못했다. 조선은 종기만을 치료하는 치종의를 양성하고, 종기 치료에 관한 책, 치종학서도 펴냈다. 하지만 큰 효과는 없었다. 왕이 이런 지경이니 백성은 말할 것도 없었다.

19세기 아시아콜레라 Asiatic Cholera 가 유행했다. 1817년에 시작한 팬데믹인데, 흔히 제3차 팬데믹으로 불린다. 인도 콜카타에서 시작해 중동, 동부 아프리카, 지중해 연안 남부, 동남아시아 등을 덮쳤다. 수많은 사람이 설사병으로 죽었다. 8년을 끌다가 1824년 약간 수그러들었다. 그러나 끝이 아니었다. 5년 후 유럽과 북미를 덮쳤다. 그리고 또 9년을 끌었다. 잠깐 주춤하다가 1846년 북아프리카와 남미를, 1863년 나폴리와 스페인을, 1881년 유럽과 아시아, 남미 전역을, 1899년 이집트, 페르시아, 인도, 필리핀, 독일을 초토화했다. 거의 100년 동안 주기적으로 유행했다.

물론 조선도 예외가 아니었다. 기록에 의하면 한성에서만 무려 13만 명이 콜레라로 죽었다. 1821년 7월부터 1822년 10월까지 콜레라, 즉 호열자虎列刺가 대유행했다. 당시에는 그냥 괴질怪疾이라고 불렸다. 평안도에서 시작한 콜레라는 황해도와 경기도를 거쳐 한양을 공격하고, 이내 영남으로 다시 퍼졌다. 그리고 다시 한양으로 올라오더니 전라도와 제주도, 함경도까지 덮쳤다. 조선에는 감염병 유행의 기록이 잘 남아 있지 않지만, 구한말부터는 제법 자료가 충실하다. 1894년, 1904년, 1908년에 콜레라가 재유행했다. 헤아리기 어려울 정도로 수많은 백성이 죽었다.

'염병할 놈'이라는 말이 이때 시작되었다고도 한다. 당시에는 장티푸스나 콜레라, 이질을 제대로 구분하지 못했다. 겉으로 드러나는 열과 설사, 발진이 유일한 진단법이었다. 돌림병이 한번 돌면, 수많은 이가 죽어 나갔다. '염병할 놈', 즉 열병을 앓을 놈이라는 말은 결국 '죽일 놈'이라는 말이다. 지금은 욕쟁이 할머니의 구수한 입담으로 여겨지지만, 당시에는 정말 무시무시한 저주였다.

조선은 성리학에 기반한 나라다. 그러니 전염병에 대해서도 합리적인 원인을 찾으려고 했을까? 별로 그렇지는 않았다. 내로라하는 조선의 지식인도, 의학에 대해서는 일자무식이었다. 뭐, 조선만 그런 것이 아니라 당시에는 어느 나라나 마찬가지였다. 그러므로 역병이 유행하면 하늘에 그 이유를 물을 수밖에 없었다. 임금이 지은 죄를 용서해 달라 빌기도 하고, 이런저런 귀신에게 제사도 지냈다.

특히 제사를 받지 못하는 귀신 혹은 비명횡사한 자로 인해 전염병이 생긴다는 믿음이 있었다. 죽은 자의 밥이 산 자의 밥만큼이나 중요하던 때다. 역병을 막기 위해서 여러 제사를 별도로 치렀다. 불교에서는 수륙제 水陸齋를, 유교에서는 여제 厲祭를 지냈다. 하지만 뜻밖의 결과를 낳기도 했다. 대규모 제사를 지내면 많은 사람이 모인다. 그리고 제사가 끝나면 제사 음식을 나누어 먹는다. 아마 적지 않은 사람이 이러한 제사 음식을 통해서 콜레라에 걸렸을 것이다. 조선 방역의 흑역사다.

이러한 원시적 믿음은 고종 무렵까지 지속되었다. 1895년이 되어서야 이른바 '호열자 예방 규칙'이 제정되었다. 콜레라 환자를 정부에서 집계하고, 감염자가 나온 가옥에는 외부인의 출입을 금하는 등의 조치가 시행되었다. 아주 과학적이라고 하기는 어렵지만, 최선이었다. 물론 상하수도를 개선하고, 물을 끓여 먹으면 콜레라는 쉽게 통제할 수 있다. 그러나 강물이나 우물물을 길어 먹고, 재래식 변소를 쓰던 시기다. 조선이 망할 때까지, 우리 조상에게 돌림병은 하늘에서 내린 형벌이었다.

감염된 환자는 동정을 받을 수 없었다. 하늘의 벌을 받는 사람이니, 마땅히 인간 세상에서도 멸시를 받아야 했다. 세종 27년 무렵 제주도에서 나병, 즉 한센병이 크게 유행했다. 환자들은 마을에서 쫓겨나 바닷가에 움막을 짓고 살았다. 천형에 걸린 환자들은 종종 스스로 목숨을 끊었다. 가족에게 살해당하는 일도 적지 않았다.

> 아들을 잃은 영감은 날로 더 거칠어져 갔다. 밤마다 술에 취해 와서는 아내를 때렸다. 때로는 여러 날씩 아내의 밥을 얻어다 줄 것도 잊어버리고 노상 죽어버리라고만 졸랐다.
>
> '그만 자빠지라문.'(…)
>
> 아내는 이 말을 들을 때마다 몹시 울었다. 몇 달 전까지만 해도 그는 아내와 함께 남의 집 행랑살이에서 쫓겨나와 마을 뒤의 조그만 토막을 지어 아내를 있게 하고, 자기는 집집마다 돌아다니며 날품도 들고 술집 심부름도 하여, 얻어 온 밥과 술과 고기 부스러기 같은 것을 그녀에게 권하며, '먹기나 낫게 먹어라.' 측은한 듯이 혀를 차곤 하던 그가 아니던가. 김동리, 〈바위〉 중에서.

김동리의 소설 〈바위〉(1936)에서 문둥병에 걸린 여자 주인공은 산속에 토막을 짓고 살아간다. 나병에 걸린 아내를 안타까워하던 남편은 점점 아내를 구박하기 시작했다. 아들은 집을 나가 행방도 알 수 없다. 급기야 남편은 독약이 든 떡을 아내에게 주고, 아내는 설움 속에 그 떡을 삼키지만 죽지 못한다. 여자는 남편이 지어준 토막을 나와 정처 없이 떠돌아다닌다. 아들을 기다리다 결국 소원을 들어준다는 복바위를 끌어안고 죽었다. 아마 조선의 수많은 한센병 환자가 이처럼 비참하게 죽어갔을 것이다.

사실 감염병의 정체는 19세기까지 아무도 몰랐다. 대영제국 왕실의 주치의도, 청나라의 어의도 마찬가지였다. 미생물이 발견되고, 백신이 개발된 후에야 감염병과의 전쟁에서 겨우 작은 승리를 거둘 수 있었다. 그럴듯한 백신이 개발된 것은 약 200년 전이다. 항생제가 개발된 것은 아직 100년도 안 된 일이다. 그러니 당시 조선으로서는 뾰족한 수가 없었다. 하지만 조금씩 감염병의 생리에 대해 알게 되었다. 항생제와 백신은 없었지만, 감염병을 막으려면 어떻게 해야 하는지 어렴풋한 지식이 쌓여 갔다.

1437년, 세종 9년 기아에 시달리는 백성을 위한 진제장賑濟場이 열렸다. 곡식이나 죽을 나누어 구휼하는 것이다. 당연히 수많은 사람이 몰려들었다. 영양실조에 걸린 백성이 한곳에 모이니 감염병이 유행하기 좋은 상황이 되었다. 먹을 것을 구하러 주린 배를 움켜쥐고 모여들었던 백성은 이제 감염병에 걸려 쓰러져 갔다. 하지만 비극은 반복되지 않았다. 깨달음이 시작되었다. 27년 후 다시 기아가 발생하자, 임금 세종은 사람들을 한곳에 모이지 못하게 하명했다. 아픈 이와 건강한 자를 나눠 지내도록 했다. 조선의 사회적 거리두기였다.

사실 그 이전에도 우리 선조는 감염병의 생리에 대해서 오랜 전통을 통해 이미 알고 있었다. 아기를 낳으면 삼칠일을 격리하고, 또 백일을 격리했다. 가까운 가족이 아니면 아기와 산모를 볼 수 없었다. 가장 취약한 시기에 외부인의 접근을 막은 것이다. 문에는 숯을 꽂은 새끼줄을 쳐서 출입을 막았다. 이를 금줄禁—이라고 한다. 범죄 영화에서 흔히 'POLICE LINE, DO NOT CROSS'라고 쓰인 노란 테이프를 본 적이 있을 것이다. 범죄 현장을 보존하려는 것이지만, 우리 선조는 좀 다른 의미로 출입 금지 테이프를 사용했다.

금줄은 어떻게 만들까? 아기가 태어나면 볏짚 두 가닥을 새끼손가락 굵기로 꼬아 만드는데, 남도의 해안 지방에서는 미역이나 다시마를 끼우기도 했고, 조약돌이나 짚 뭉치, 칼 등을 끼우는 지방도 있었다. 모양은 다양하지만, 목적은 같았다. 출입 금지! 금줄을 넘을 수 있는 사람은 가족뿐이다. 형제도 안 되고, 출가한 딸도 안 된다. 21일, 49일 혹은 100일이다. 외부인은 출입을 삼갔다.

이뿐 아니다. 1432년, 세종 14년의 일이다. 한성에서 건물을 보수하는 공사가 한창이었는데, 하필이면 역병이 돌았다. 세종은 공사를 중단하고, 인부를 집으로 돌아가도록 했다. 재택근무의 원조일까?

> 이 무리들이 아마 집을 떠난 채 전염병에 걸린다면 반드시 죽음을 면하지 못할 것이다. 그 중 내월의 역사에 나가기 위하여 올라오는 도중에 있는 선군은 통첩을 내어 돌아가게 하는 것이 어떠할까. 이에 김종서는 착하신 은전을 받들어, 당번 선군들을 물러가 제집에서 쉬게 하였다. 『세종실록』 56권, 세종 14년 4월 22일 중에서.

단지 거리두기에 의존했던 것만도 아니다. 『세종실록』(1437)에는 이러한 이야기도 전한다.

금년 각 고을 여염에 염병이 성한가 아닌가와, 백성이 서로 전염되어 죽는 형상 및 금년에 병든 사람의 수효가 지난해와 비교해서 어느 해가 많은가를 대략 계산하여 아뢰도록 하라. 염병을 구제하는 것은 '육전' 내에 구활(救活)하는 조건 및 병이 잇달아 옮겨지는 데에 따라, 구활하는 약방문에 의하여 증세에 따라 구제하여서 염병으로 죽는 근심이 없게 하라. 『세종실록』 79권, 세종 19년 11월 24일 중에서.

세종 19년의 일이다. 과학적 역학 조사와 대중 커뮤니케이션의 중요성을 이미 알고 있었다. 조선의 K방역은 한편으로는 원시적이었지만, 한편으로는 상당히 과학적이었다. 그러나 이러한 조선 시대의 방역은 큰 성과를 거두지 못했다. 결정적인 문제가 있었다. 치료 방법이 없었다. 한의학서에는 감염병에 관한 다양한 처방이 등장하지만, 효과가 별로 없었다. 심지어 세종대왕은 백성의 코에 참기름을 바르라고 했는데, 물론 아무런 도움이 되지 않았다.

조선이 '현대적' 의미의 예방법을 알게 된 것은 비교적 최근의 일이다. 다산 정약용이 실학자 박제가와 함께 『마과회통 麻科會通』을 펴내면서 인두법이 조선에 처음 소개되었다. 인두법이란 천연두 환자의 고름을 직접 접종하는 것이다. 물론 위험률이 높다. 그런데 이 책에는 '우두법'에 대해서도 간단하게 적혀 있다. 『마과회통』의 부록, 〈신증종두기법상실 新證種痘奇法詳悉〉이다. 에드워드 제너 Edward Jenner가 처음으로 우두법을 적용한 것이 1796년인데, 〈신증종두기법상실〉이 출간된 것은 1828년이다. 불과 30년도 안 되어 신의료 기술이 소개된 것이다.

우리 조상은 감염병 유행을 막기 위해서 모두 합심하여 노력해야 한다는 사실을 알고 있었다. (비록 효과는 미심쩍지만) 다양한 약방문을 보급하고, 의서를 편찬하고, 역병이 유행한 지역으로 의원을 파견했다. 원시적 거리두기는 비록 감염자에게 큰 차별과 편견을 안겨 주기도 했지만, 당시로서는 해 볼 수 있는 유일한 대처방법이었다. 이러한 거리두기 전략은 점차 대중의 문화적 전통으로, 국가적 방역 관행으로 공고하게 굳어졌다.

코로나19 대유행 상황에서 모두를 위한 방역 지침을 세워야 한다는 우리의 문화적 믿음, 그리고 시민은 그러한 지침에 최대한 협조해야 한다는 집단적 공감대는 아마 조선 시대부터 시작된지도 모른다. 여러 가지 어려움이 없진 않지만, 치료제도 백신도 없는 상황에서 우리가 그나마 선방하고 있는 배경에는 이러한 역사적 전통이 한몫하고 있는지도 모른다. 새끼줄을 걸쳐 놓은 집에는 출입하면 안 된다는 것을, 온 국민이 수백 년 전부터 알고 있었지 않았는가?

> 그 순간부터 페스트는 우리 모두의 문제였다고 말할 수 있다. 그때까지는 그 기이한 사건들이 야기한 놀라움과 걱정에도 불구하고 우리 시민들 각자는 보통 자기 자리에서 가능한 한 자기 일을 계속해 오고 있었다. 또한 계속 그랬으면 분명 좋았을 것이다. 하지만 일단 관문들이 폐쇄되자 나를 포함해 그들 모두가 같은 자루에 들어 있는 처지였고, 또 거기에 잘 적응해야 한다는 것을 깨닫게 되었다. 이렇게 해서 첫 주부터 갑자기 예컨대 사랑하는 사람과의 이별이라는 개인적 감정이 공포와 더불어 모든 사람의 감정이자 긴 귀양살이 시절의 주된 고통이 되었다. **Albert Camus, 1947/2014, p. 42.**

2. 거리두기의 역습

알베르 카뮈는 페스트로 인해 오랑시가 폐쇄된 상황에 대해서 이렇게 썼다. 감염병이 유행하면 가장 먼저 시행되는 조치, 즉 지역 봉쇄다. 나라의 경계, 마을의 경계를 굳게 닫는 것이다. 코로나19 유행 초기에도 그랬다. 먼저 우한이 폐쇄되었다. 이어서 중국 각지가 봉쇄되었고, 세계 각국은 중국인의 입국을 막았다. 덩달아 아시아인의 입국도 막혔다. 우한과 중국의 교민이 특별기를 타고 '탈출'하는 일이 벌어지기도 했다.

논란이 이어졌다. 과연 교민이 탈출하도록 돕는 것이 옳은 일일까? 그러다 감염병까지 옮겨 오면? 점차 봉쇄는 대규모로 이루어졌다. 외국에서 오는 모든 사람을 전수 검사하고, 심지어 입국 시 무조건 2주간 격리하도록 조치하기도 했다. 위험한 외부로부터 우리를 안전하게 지키려는 것이었지만, 동시에 우리 스스로 독 안에 든 쥐 꼴이 되었다. 카뮈의 말처럼 우리 모두 '같은 자루에 들어 있는 처지'가 된 것이다.

사실 전근대 사회에서 도시 봉쇄나 국경 폐쇄는 그리 큰 문제가 아니다. 도시를 넘나들고, 국경을 가로지르는 사람이 극히 드물었다. 국가의 사절단이나 장거리 상인 정도다. 대부분의 사람이 자신이 태어난 마을 밖에 나가 보지도 못하고 평생을 살았다. 그러니

국경 폐쇄로 고통받는 사람도 별로 없었을 것이다. 그러나 이제는 아니다. 매년 7억 명이 해외여행을 하는 시대다. 코로나19는 느닷없이 우리의 삶을 수백 년 전의 과거로 돌려놓았다. 주변 사람 중에서, 지난해에 해외여행을 한 사람이 있는가? 아마 거의 없을 것이다. 2019년만 해도 상상조차 하기 어려웠던 일이다.

세계가 하나라는 믿음. 모든 사람이 공동의 가치를 추구할 수 있다는 기대. 그리고 한국의 문화도 세계로, 세계의 문화도 한국으로 비빔밥처럼 섞여들 수 있다는 소망은 물거품처럼 사라지고 있다. 불과 1년. 그러나 국가 간의 문화 교류나 스포츠 경기는 아예 없어진 것이나 다름없는 상황이다.

자주 보지 않으면, 서로에 대한 편견이 생긴다. 편견은 분노와 증오를 낳는다. 그래서 팬데믹 상황은 이민자에 대한 편견을 증가시킨다. 아예 국외자 전체에 대한 갈라치기가 일어난다. 사실 원시 사회 상당수에서 오직 '자신의 부족원'만 인간이 될 수 있다. '세계'란 그들 부족의 영역이다. '사람'이란 그들 부족원이다. 나머지는 다 하등한 존재, 동물 같은 녀석이다. 무리짓기를 하는 인간의 어두운 본성이다.

> 신문들은 외출 금지령을 갱신하고 위반자를 투옥하겠다는 시행령을 계속해서 보도했다. 시내에 순찰병이 돌아다녔다. 황량하고 이글대는 거리에서, 포장도로를 밟는 말발굽 소리로 먼저 예고된 기마 경비병들이 줄을 지어 닫힌 창문들 사이로 지나가는 것을 자주 볼 수 있었다. **Albert Camus, 1947/2014, p. 67.**

감염병이 유행하면 두 번째로 시행되는 조치는 사회적 거리두기다. 사회적 거리두기의 어감이 좋지 않다면서, 물리적 거리두기를 제안하는 경우도 있다. 세계보건기구의 권고다. 그러나 냉정하게 말하면 단지 물리적 거리두기는 아니다. 모든 사람이 예전과 다름없이 사회 활동을 활발하게 하면서, 오로지 2m 거리 유지만 지키는 것이 아니다. 사람 사이의 관계는 상당히 줄어들었다. 재택근무를 하는 직장인은 물론이고, 거의 1년째 재택 수업을 받는 초·중·고등학교 및 대학교 학생도 그렇다. 연세가 많은 분들은 다양한 지역사회 활동에 참여하고 있었지만, 이제 완전 중단된 것이나 다름없다. 노인에게 특히 위험한 코로나19다. 수백만 명의 노인이 말 그대로 각자의 집에 유폐된 상태다.

거리두기는 단지 정부의 방역 지침에 따른 행동 수준의 변화가 아니다. 대부분의 시민은 정부가 발표한 거리두기 지침에 대해서 자세한 내용은 모를 것이다. 보건복지부는 지난해 11월, 223쪽에 달하는 '거리두기 지침'을 발표했다. 읽어본 사람이 있는지? 본능적인 거리두기는 우리 마음속에서 시작되는 자발적인 감정이자 능동적인 행동이다. 한밤중에 낯선 사람을 보면 적당한 거리를 두고, 그래도 불안하면 가던 길을 되돌아가는 것이 인간의 심리다. 길바닥의 분변이나 토사물을 보면 멀리 돌아가고, 쓰레기 처리장이 동네에 들어서면 머리끈을 매고 반대하는 마음이다.

그런데 코로나19는 이러한 오염 회피의 원초적 심리를 엄청나게 부풀려 놓았다. 이제 마스크를 쓰지 않은 사람은, 바지를 입지 않은 사람보다 더 가혹한 취급을 받는다. 공공장소는 물론이고, 어떤 매장에도 들어갈 수 없다. 심지어 길에서도 마스크를 쓰지 않으면 10만 원의 과태료를 받을 수 있다. 기침을 하는 사람, 열이 나는 사람, 감염자와 접촉한 사람도 마찬가지다. 어디를 가나 온도계가 있고, 사람들은 순간순간 이름과 주소, 그리고 체온을 적어야 한다. 이러한 조치에 반대하는 사람은 법적 처벌은 물론이고, 사회에서 거의 매장당하는 정도의 대우를 감수해야 한다.

조선의 방역은 물론이고, 우리 인류는 수천 년 전부터 강력한 방역 조치를 고안해서 실천하고 있었다. 외부자의 출입을 차단하고, 내부자의 외출을 막는 것이다. 〈레위기〉에 의하면 진단을 받은 자는 옷을 찢고 머리를 풀며 윗입술을 가린 채 큰 소리로 소리쳐야 했다. 그리고 진영 밖으로 몸을 옮겨, 혼자 외로이 죽어가야 했다. 외국의 선박이 들어오면 40일간 정박을 금한 이탈리아의 전통에서 검역quarantine이라는 말이 생겼다. 17세기 베네치아의 방언인 쿠아란타지오르니quaranta giorni에서 유래한다. 우리말의 검역檢疫도 비슷하다. 역병을 검사한다는 뜻이다. 흔히 수입이 금지된 식품이나 동물을 검역한다고 생각하는데, 검역의 원래 목적은 '사람'이다. '병든 사람'을 우리나라에 들어오지 못하게 하는 것이다.

해외여행 후에 노란색 건강상태 질문서를 써 본 독자가 있을 것이다. 그러나 드문 일이다. 오염지역 방문자에 한해서 진행하는 검역 절차다. 사실상 최근까지 사람에 대한 검역은 거의 진행하지 않았다. 입국장의 적외선 체온측정기가 전부였다. 그러나 2020년 이후 모든 상황이 바뀌었다. 아마 전 세계 검역소 직원은 그 어느 때보다도 바쁜 해를 보냈을 것이다. 아? 혹시 입국자가 줄어서 오히려 한가해졌을지도….

감염병이 크게 유행하면 모든 사람의 이동을 제한한다. 경찰이나 의사, 군인 등을 제외하면 누구도 집 밖을 나갈 수 없다. 초강력 대책인데, 유럽과 미주 여러 나라에서 '정말로' 시행되었다. 한국은 아직까지 다소 완화된 수준의 이동 제한, 즉 시간이나 장소를 적당하게 조정한 셧다운을 시행하고 있다. 물론 상황이 안 좋아지면, 무조건 이동 제한이 발령되지 말라는 보장이 없다.

사실 이러한 거리두기의 두 원칙, 즉 외부자의 유입을 막는 원칙과 내부자의 이동을 막는 원칙은 제법 효과적이다. 낮은 재생산지수를 가진 감염병은 이러한 조치만으로도 잡을 수 있다. 2015년에 한국 사회에 짧고 강렬한 상흔을 남긴 메르스MERS가 대표적인 사례다. 메르스, 즉 중동호흡기증후군Middle East Respiratory Syndrome 도 신종 코로나바이러스에 의한 질병인데, 재생산지수가 낮았다. 백신도 없고 치료제도 없었지만, 코호트 격리와 접촉자 역학 조사를 통해서 성공적으로 막아낼 수 있었다.

그러나 재생산지수가 높으면 영 곤란하다. 아무리 사회적 거리두기를 해도 좀처럼 막아내기 어렵다. 물론 모든 사람이 방 안에 틀어박혀 한 달 정도 지낸다면, 코로나19는 박멸할 수 있다. 그러나 이런 식의 조치는 불가능하다. 외부자 유입 차단도 마찬가지다. 유행병의 초기에는 효과가 있지만, 집단 내부에 유행이 시작되면 별 의미가 없다. 내부자 이동 제한은 효과적이지만, 장기간 유지하려면 엄청난 희생을 감수해야 한다. 그 후유증도 아주 오래간다.

K방역을 자축하던 때가 불과 반년 전이다. 그러나 말짱 도루묵이다. 매일 1000명 넘게 감염자가 폭증했고, 지금도 수백 명씩 신규 확진자가 발생하고 있다. 경제는 심대한 타격을 받았고, 사회문화적 행사는 대부분 중단되었다. 건강한 문화를 경험하고, 집단과 소통할 기회는 원천 차단되었다. 고립된 삶 속에서 원시적인 정서가 꿈틀대고 있다. 외부자를 혐오하고, 소수자를 증오하는 원시의 인간성이다.

코로나19의 재생산지수는 1.0을 기준으로 오르락내리락한다. 1보다 높으면 감염이 확산하고, 1보다 낮으면 유행이 수그러든다. 강력한 셧다운을 해야 겨우 1 미만으로 줄어들고, 잠시만 방심하면 금세 1을 넘어 버린다. 코로나19가 영원히 계속되리라는 부정적인 전망이 나오는 이유다. 만약 백신 접종을 통한 집단 면역 전략이 실패하면, 우리는 무한정 사회적 거리두기를 해야 할 것이다. 마스크는 의복의 일부가 되고, 인류의 새로운 드레스 코드가 될 것이다. 소통의 시대는 종지부를 찍고, 우리는 외집단을 혐오하고 소수자를 증오하던 수천 년 전의 세계로 돌아갈 것이다.

3. 위드 코로나 시대의 한류

우리는 특정 집단을 평가할 때, 그 집단에 속하는 지인을 토대로 판단을 내린다. 단 한 명뿐인 일본인 친구를 떠올리며, '일본인은 이렇다'라고 평가하기도 하고, 어학센터 원어민 교사에 관한 경험을 바탕으로 '미국인은 이렇다'라고 결론짓기도 한다. 이러한 심리적 경향에 대해 심리학자 아모스 트버스키 Amos Tversky와 대니얼 카너먼 Daniel Kheneman은 "대표성 휴리스틱 Representativeness heuristic"이라고 부른다. 특정 범주에서 대표적이거나 전형적이라고 생각하는 사실이 실제 있을 확률을 과대평가하는 경향이다. 신속하고 효율적이지만, 오류에 빠지기 쉽다. 대니얼 카너먼은 이런 류의 심리적 편향에 관한 실험 연구로 2002년 노벨경제학상을 받았다.

　인간은 대부분 대표성 휴리스틱에 근거하여 집단에 대한 입장을 정한다. 맨날 햄버거를 먹고, 아무 데나 총을 쏘는 미국인. 늘 종종걸음으로 걸으며, 본심을 슬쩍 숨기는 일본인. 아무하고나 바람을 피우는 프랑스인. 그들보다 바람을 더 많이 피우는 이탈리아인. 왠

지 집에서도 각 잡힌 자세로 생활할 것 같은 독일인. 대충 이런 식이다. 집단 내부의 소수집단에 대한 판단도 마찬가지다. 의료인에 대한 판단, 공무원에 대한 판단, 자동차 정비사에 대한 일반적 판단은 모두 그동안 겪어본 소수의 의사, 공무원, 정비사에 대한 경험이나 주변에서 들은 이야기에 근거한다.

나는 한센병 환자를 한 번도 만나본 적이 없는데, 그래서 한센병 환자에 관한 인상은 단편적인 영화나 소설에 근거하고 있다. 아주 흉측한 외모를 하고 있거나, 혹은 정말 가련하고 불쌍한 삶을 살고 있거나…. 아니면 아이의 간을 호시탐탐 노리는 나쁜 사람이다. 의대에서 피부과 수업을 들으며, 이러한 편견이 사라졌다. 수많은 질병 중 하나에 불과했고, 치료법도 간단했다. 아마 한센인을 직접 만날 수 있었다면 더 좋았을 것이다.

이누이트족을 만나 본 적도 없고, 야노마미족도 만나 보지 못했다. 알고 있는 유대인은 한 명도 없다. 그래서 그들에 대한 나의 판단은 온통 단편적인 편견과 선입관으로 채워져 있다. 그러나 수단 사람을 만나 보았고, 케냐인이나 마다가스카르인과도 지내 보았으며, 친하게 연락하는 호주인, 남아프리카공화국인도 있다. 여전히 편견이 적지 않겠지만, 그래도 직접적인 경험은 편견과 선입관을 불식시키는 가장 강력한 방법이었다.

코로나 이야기, 거리두기 이야기를 하다가 갑자기 뚱딴지 같은 소리냐고? 코로나19는, 장기간의 사회적 거리두기는, 외국인은 물론이고 우리 사회의 여러 영역에 있는 다양한 사람을 접할 기회를 앗아가 버렸다. 친척이라도 5인 이상은 모이지 말라는 판국이다. 사회적 접촉의 감소는 편견과 선입관을 강화하는 부작용을 낳는다. 안 그래도 동양과 서양이, 유럽과 중국이, 한국과 일본이, 미국과 유럽이 코로나19의 책임을 서로에게 묻는 시대다. 온 세계가 힘을 합쳐도 팬데믹을 극복할까 말까 싶은데, 서로 의심하고 미워하고 있다.

이미 징조가 보인다. 처음에는 중국을 욕하는 소리가 크게 나더니, 곧 화살은 대구 시민을 향했다. 대중의 분노는 이태원을 향했고, 개신교로 방향을 틀었다가, 정신병원으로, 요양원으로, 계속 대상을 달리하며 힘을 키워 가고 있다. 시간이 지나면 지날수록 점점 더 괴물처럼 커질 것이다.

집단 간의 갈등을 줄이고, 집단 내의 분열을 봉합하려면 어떻게 해야 할까? 자주 만나고 자주 이야기하고 서로 어울려야 한다. 그러나 당분간은, 아니 상당히 오랫동안은 전혀 불가능하다. 백신 접종이 성공하고, 팬데믹이 종식되려면 최소 몇 년은 더 걸릴 것이다. 여권 전문 사진관이나 여행 가방 전문점은 상당히 어려운 시기를 견뎌야 할 것이다. 국가 간의 교류도 쉽지 않을 것이다. 일부 국가는 2021년 초부터 코로나 종식을 선언하기 시작하겠지만, 애써 이룬 성과를 성급한 국경 개방으로 물거품으로 만들고 싶지 않을 것이다. 모든 것이 확실하게 안전해질 때까지 국경은 아주 천천히 열릴 것이다.

　게다가 전 세계 70억의 인구가 접종을 다 받으려면 얼마나 시간이 걸릴까? 아니 그보다도, 과연 전 인류 접종이 현실적으로 가능한 일일까? 한번 접종 받으면 얼마나 오랫동안 효과가 지속될까? 이에 대한 긍정적 예측을 아직 듣지 못했다.

　여기에서 대중문화로서의 한류를 다시 들여다본다. 한국에 대한 외국의 편견을 불식시킨 가장 중요한 계기가 바로 한류다. 온사마를 보면서 한국인에 대한 일본인의 편견이 줄어들었고, 케이팝을 들으며 아시아와 중동, 미주로 한국의 긍정적 이미지가 널리 퍼졌다. BTS의 음악을 들으며 우리에 대한 서양인의 선입관이 줄었다.

　물론 대부분은 영상과 음악에 한정되어 있다. 잘 꾸며지고, 포장된 정보다. 당연히 직접 만나 소통하는 것에 비할 수 없다. 그러나 지금은 전 세계가 거리를 두고 있는 상황이 아닌가? 효과적인 대안을 찾아야 한다. 한류는 가장 효과적으로 문화를 소통시키고, 정서를 교류하며, 서로를 묶어 줄 수 있는 방법이다.

　파편화되고, 분절화된 세상을 연결해 줄 수 있는 '인간적 애정'은 대중문화라는 도구를 통해서도 효과적으로 전달될 수 있다. 서로 만나고 싶고, 이야기하고 싶고, 접촉하고 싶다. 직접 만날 수 없지만, 대중문화는 이러한 욕구를 채워 줄 수 있다. 다양한 방법으로 우리는 서로 교감할 수 있다. 사실 집단 간의 교류는 정상회담을 통해서 이루는 것이 아니라, 일상 저변의 문화적 소통을 통해서 더 잘 이뤄 낼 수 있다.

'한류를 통해 코로나19로 인한 경제적 어려움을 딛고 일어서자'는 이야기는 이해타산적이고, 근시안적인 이야기가 아니다. 수백만 명이 죽었는데, '이참에 한류로 GDP를 높이자'라는 식의 발상을 한다면 한국에 대한 없던 편견도 생길 것이다. 다만 코로나19로 신음하는 세계인에게 다양한 문화적 콘텐츠를 전달할 수 있다면 좋겠다. 그리고 우리 자신을 위한 한류 문화도 더 많이 제공되기를 바란다. 사실 한류의 가장 큰 팬은 한국인 아닌가? 사회적 거리두기가 낳은 필연적인 집단 간, 집단 내 갈등을 치유하는 문화적 백신이다.

> 나는 우리나라가 세계에서 가장 아름다운 나라가 되기를 원한다. 가장 부강한 나라가 되기를 원하는 것은 아니다. 내가 남의 침략에 가슴이 아팠으니, 내 나라가 남을 침략하는 것을 원치 아니한다. 우리의 부력은 우리의 생활을 풍족히 할 만하고, 우리의 강력은 남의 침략을 막을 만하면 족하다. 오직 한없이 가지고 싶은 것은 높은 문화의 힘이다. 문화의 힘은 우리 자신을 행복되게 하고, 나아가서 남에게 행복을 주기 때문이다. 지금 인류에게 부족한 것은 무력도 아니요, 경제력도 아니다. 인류가 현재에 불행한 근본 이유는 인의가 부족하고 자비가 부족하고 사랑이 부족한 때문이다. 이 마음만 발달이 되면 현재의 물질력으로 20억이 다 편안히 살아갈 수 있을 것이다. 인류의 이 정신을 배양하는 것은 오직 문화이다. (…) 우리의 적이 우리를 누르고 있을 때에는 미워하고 분해하는 살벌, 투쟁의 정신을 길렀거니와, 적은 이미 물러갔으니 우리는 증오의 투쟁을 버리고 화합을 건설을 일삼을 때다. **김구, 1947/2002, 『백범일지』, 430쪽.**

4. 진정한 K방역을 향해서

이론적으로, 백신이 없다면 코로나19는 전 세계 모든 사람에게 감염될 것이다. 물론 감염력은 높지만, 증상은 경미한 변종이 생기면 기적적으로 사라질 수도 있다. 스페인독감이 2년 만에 갑자기 사라진 것은 이러한 '약한 변종'이 강한 변종을 압도했기 때문인지도 모른다. 그러나 기적은, 말 그대로 자주 일어나지 않는 일을 말한다. 오히려 지금 보고되는 여러 변종의 특성을 보면, 미래가 더 암울하다. 지금까지 영국과 남아프리카공화국, 브라질에서 변이가 발생했는데, 기존 코로나19 바이러스보다 훨씬 더 전염성이 높고 감염력도 높은 것으로 보인다. 특히 영국공중보건국 PHE: Public Health England 은 영국 변이 바이러스의 전염성이 30~50% 더 높다는 연구 결과를 발표했는데, 일부에서는 최대 70%까지 높아질 것으로 추정하고 있다.

한국 사회는 지속적인 감염병 유행에 시달릴 것이다. 불굴의 의지나 한국인 특유의 저력, '고추장 정신'은 물론 소중한 가치지만, 감염병을 막는 데는 그리 믿음직한 가치가 아니다. 기존의 방법에 의존해서는 코로나19를, 그리고 앞으로 찾아올 새로운 팬데믹을 이겨낼 수는 없다.

그러면 어떻게 해야 하는가? 누구도 뾰족한 해답을 주기 어렵다. 어떻게든 확진자 폭증을 막아 의료기관의 치료 역량을 넘어서지 않도록 조절하는 것이 지금으로서는 최선이다. 느닷없이 '한국, 세계 최초로 코로나19 완전 종식' 같은 뉴스가 나올 일은 없다. 세계가 힘을 합쳐야 한다. 우리만의 방역이, 우리만의 성공을 가져올 가능성은 없다.

물론 달이 차면 기울듯 감염병도 사라질 것이다. 언젠가 과거의 이야기가 되겠지만, 우리의 바람보다는 훨씬 먼 훗날에나 찾아올 '불확실한' 미래다. 우리는 코로나19와 같이 살아야 한다. 그리고 앞으로도 새로운 감염병 유행과 같이 살아가야 한다. 새로운 일상이다.

> 그 사람은 허튼 이야기는 하지 않았어요. 여하튼, 나는 그 사람이 마음에 들었어요. 정말 그랬다니까요. 다른 사람들은 '페스트, 우리가 페스트를 이겨 냈어'라고 말하고 있겠네요. 그런 작자들은 조그만 일로 훈장을 달라고 할지 몰라요. 허나 페스트라는 게 대체 뭐겠어요? 살다 보면 생기는 일일 뿐이죠. Albert Camus, 1947/2014, p. 177.

인류의 역사는 감염병의 역사다. 우리의 조상은 최선을 다했지만, 도무지 감염병을 이길 수 없었다. 200년 전부터 작은 희망이 보이기 시작했다. 그러나 아직 미약하다. 백신과 항생제가 널리 쓰이고 있지만, 여전히 매년 100만 명이 결핵으로, 다른 100만 명이 말라리아로 죽는다. 수천만 명이 인간면역결핍바이러스HIV: Human Immunodeficiency Virus에 감염되어 있다. 40년이 지났지만, 여전히 HIV 백신은 개발되지 못하고 있다.

감염병 유행은 집단 내부를 분열시키고, 집단 간의 갈등을 유발한다. 감염병은 언젠가 사라지지만, 이러한 분열과 갈등은 오래도록 남아 충돌을 일으킨다. 인류사의 비극 대부분이 이런 식으로 일어났다. 그러나 그렇게 분열하고 갈등하던 조상은 감염병이 아니더라도, 결국 서로를 죽이며 사라져 갔다.

우리의 조상은 감염병에도 불구하고 어떻게든 살아남았다. 이웃과 칼부림을 벌이지 않고, 다른 부족과 전쟁을 벌이지 않았던 원시인이, 지금 우리의 조상이 될 수 있었다. 다시 말해서, 이러한 인간적 비극을 피할 수 있는 강력한 윤리와 건강한 문화가 있었던 집단이 감염병 유행에도 불구하고 번성할 수 있었던 것이다.

감염병 유행이 물러가면, 역설적으로 일시적인 번영의 시기가 찾아오곤 한다. 사실 2차 대전 이후, 서구 사회가 누린 번영은 페니실린에 이은 항생제 혁명에 의한 것인지도 모른다. 아마 코로나19 이후의 세상도 그럴 것이다. 언제 올지 모르지만, 분명 언젠가 우리는 광장에 모여 코로나 극복을 자축하며 축배를 들 것이다. 그때를 위해서 샴페인을 아껴 두어야 한다.

그러니 확진자 숫자를 가지고 K방역 운운하는 것은 근시안적인 일이다. 진짜 K방역은 어떤 의미에서 한류여야 한다. 국가의 경계를 뛰어넘어 모든 문화권에서 사랑받는 한류, 그리고 남녀노소 모두 공감하는 한류다. 집단 내 분열과 집단 간 갈등을 풀어내는 한류식 방역이다.

한류로 대표되는 높은 수준의 대중문화는 코로나19로 지친 우리의 몸과 마음을 달래 줄 수 있을 것이다. 그러나 더 중요한 것은 언어와 민족, 국가, 연령, 성별, 신분, 지위, 빈부와 상관없이 높은 소구력을 지닌 한류의 보편성 universality이다. 우리의 K방역은 어느 외부 집단을 공격하거나 우리 내부의 어느 하위 집단을 배제하며 이루어지는 뺄셈의 방역이 되어서는 곤란하다. 누군가를 미워해서, 누군가를 희생해서 얻는 방역은 잠깐의 성공을 거둘 수 있겠지만, 오래가지 못한다. 부작용이 더 크다. 모든 구성원을, 모든 집단을, 모든 연령을, 모든 직역을 아우르는 의미의 방역이 될 때, 정말 세계가 부러워하는 한류 방역, K방역이 될 것이다.

> 어두운 항구로부터 공식적인 축하 행사의 첫 불꽃이 올라갔다. 도시는 길고 귀를 먹먹하게 하는 함성으로 이 불꽃을 반겼다. (…) 사람들은 항상 같다. 하지만 이것이 그들의 힘이자 무고함이었고, 바로 여기에서 리외는 모든 고통을 넘어 그 자신이 그들과 하나가 되었다는 것을 느꼈다. (…) 의사 리외는 이렇게 여기에서 끝나가는 이야기를 쓰기로 결심했다. (…) 그들에게 가해진 불의와 폭력의 기억을 남겨 재앙의 한복판에서 배우는 것, 즉 인간에게는 경멸해야 할 것보다 찬양해야 할 것이 더 많다는 것만큼은 말하기 위해서였다. **Albert Camus, 1947/2014, p. 178.**

참고 문헌

김구 (1947). 『백범일지』. 도진순 (역) (2002). 돌베게.
김동리 (1936). 바위. 〈신동아〉. 5월호.
국사편찬위원회. 『세종실록』, 56권, 세종 14년 4월 22일. http://sillok.history.go.kr/id/kda_11404022_004
국사편찬위원회. 『세종실록』, 79권, 세종 19년 11월 24일. http://sillok.history.go.kr/search/inspectionDayList.do?id=kda_11910024
Camus, A. (1947). *La Peste*. 변광배 (역) (2014). 『페스트』. 더클래식.

2부

코로나19 이후 문화콘텐츠산업의 재구성

1.
한국 예능, 독보적이거나 고립적이거나

권성민
카카오엔터테인먼트 PD

1. 비대면에 역행하는 콘텐츠 시장

비대면 시대. 이제는 일부러 다시 언급하는 것도 새삼스러운 단어다. 원격으로 모든 것을 해결하는 세상은 오랫동안 SF적 상상력의 영역에 머물러 있었다. 'SF적 상상력'이란 표현이 기술의 한계부터 떠올리게 만들지만, 이미 충분한 기술이 갖추어지고 나서도 한참을 일상 깊숙이 들어오지 못한 것이 비대면 생활이다. 사람들은 기술이 있음에도 비대면으로 수행할 일과 대면으로 직접 수행할 일을 나누어 왔다. 사실상 모든 업무를 온라인으로 처리할 수 있지만, 러시아워 지옥을 무릅쓰고 기어이 사무실로 출근했다. 영상 통화와 일상적인 카카오톡이 가능해도 약속을 잡고 만나 직접 온기를 나누어야 했고, 유튜브YouTube와 넷플릭스Netflix에 온갖 콘텐츠가 범람해도 일부러 영화관과 공연장을 찾았다. 우리는 관성에 약한 존재이며, 물리적인 실체이기 때문이다. 디지털만으로는 우리의 삶을 온전히 영위할 수 없었다.

 코로나19 팬데믹은 모든 조건이 갖춰져 있음에도 유예되었던 비대면 기술의 일상화를 강제로 구현했다. 정말 어쩔 수 없는 경우가 아니면 사용할 일이 없었던 화상 미팅이 우선순위로 떠올랐고, 영상으로 보는 공연은 사라진 열기를 조금이라도 재현하기 위해 각자 집에 있는 관객들의 얼굴을 수백 개의 스크린 위로 띄웠다. 모든 것이 과거의 익숙한 방식으로부터 멀어졌다. 하지만 비디오 콘텐츠만큼은 거꾸로 움직였다. 과거의 방식으로 회귀한 것이다.

극장에서 상영하는 영화가 아닌 이상 레거시 미디어의 콘텐츠는 원래 비대면이었다. 한국에 가정마다 텔레비전이 보급되지 않았던 1970년대 이전까지는 마을 단위의 시청이, 가정마다 한 대씩 보급되기 시작한 이후로는 가구 단위의 시청이 이루어졌다. 2000년대 중반 이후 PC와 인터넷의 보급으로 콘텐츠를 감상할 수 있는 스크린이 개인 단위로 분화될 때까지 텔레비전은 가장 오랫동안 가구 단위의 미디어였다. 그래서 아직도 TV시청률은 '가구'가 기본 단위이며, 이제는 큰 의미가 없어졌음에도 불구하고 '편성 시간에 따른 장르의 분화' 역시 화석처럼 남아 있다. 이는 가구 단위로 시청이 이루어지던 때 채널 결정권을 가지고 있는 가족 구성원의 권력 관계를 고려한 결과다.

이 시절 TV콘텐츠 공급을 독점했던 방송사에게 가장 중요한 것은 9시에 시작하는 메인 뉴스였다. 뉴스의 시청률이 방송사의 위상을 보여 준다고 믿었던바, 9시 뉴스로 시청 흐름이 집중될 수 있도록 뉴스 앞뒤에 시청률 견인 효과가 높은 드라마를 편성하는 것이 공식이었다.* 당시에는 3세대가 함께 사는 가구도 흔했는데, 뉴스가

---

* 이것을 '해먹 편성(hammock programing)'이라고 하는데, 인기 프로그램 사이에 시청률 상승을 원하는 프로그램을 편성하여 동반상승 효과를 노릴 때 이용하는 전략이다. 흔히 알려져 있는 '텐트 폴링(tent-polling)'과는 반대에 해당한다.

시작하기 전 8시에 방영하는 연속극은 중장년층 부모 세대 혹은 조부모 세대가 채널 결정권을 가진 시간이었다. 이는 드라마의 내용에도 영향을 끼쳤다. 드라마 속에 등장하는 주인공 가족 또한 3세대가 함께 살고 있으며, 조부모 세대의 캐릭터 비중이 크고 충분한 권위를 갖고 있는 것으로 그려진다. 장남이나 며느리 역시 전통적인 가치관을 적절하게 행사하는 캐릭터이며 이를 위반하고 문제를 일으키는 것은 보통 차남, 차녀로 그려진다. 그래야만이 채널 결정권을 지닌 보수적인 시청자의 심기를 거스르지 않기 때문이었다. 심지어 이런 드라마에서는 악역이 입체적이어도 안 된다. 가족들이 모두 모여 보는 드라마에서 가족 구성원마다 욕하고 공감하는 지점이 다르다는 이유로 싸움이 나면 안 되기 때문이다. 나쁜 놈은 누가 봐도 나쁜 놈이어야 했다.

  이러한 보수적인 시청자는 9시 뉴스까지 시청한 뒤 대부분 잠자리로 이동한다. 젊은 세대가 비로소 채널 결정권을 넘겨받는 10시에는 이들을 겨냥한 드라마가 편성되었다. 이런 드라마에는 8시에 편성되었던 연속극에 비해 등장인물의 수가 대폭 줄어든다. 젊은 시청자는 스타 배우의 출연에 영향을 많이 받는데, 이러한 인기 배우를 섭외하는데 제작비의 상당 부분이 투입되기 때문이다. 오랜 기간 '탤런트'란 이름으로 불러온 중견 배우들은 호봉 체계와 유사하게 활동 기간에 따라 출연료가 결정되었는데, 8시 연속극에서 큰 비중을 차지했던 부모 세대 배우의 경우 활동 연차가 높은 만큼 분량이 적어도 많은 출연료를 지급해야 했다. 이 때문에 10시대 드라마에서는 중장년 연기자가 대폭 사라졌다. 많은 주인공들의 배경이 부모가 없는 소년소녀가장 출신이거나, 해외에 부모가 있었던 이유다.

이렇게 매체가 소비되는 방식은 콘텐츠의 형식뿐 아니라 내용에도 영향을 끼친다. CD로 앨범을 듣던 시대의 음악과, 스트리밍으로 곡 단위 감상이 이루어지는 최근의 음악이 다른 것과 마찬가지다. 감상의 방식은 곡의 길이, 형식, 서사구조에까지 영향을 미치며 음악의 다양성에도 변화를 준다. '가구'가 시청의 기본 단위였던 텔레비전 콘텐츠는 이러한 소비 맥락에서 형성된 구조들을 오랫동안 DNA처럼 지녀왔다. 개인 단위의 PC, 노트북이 활용되기 시작하면서 콘텐츠 시청 단위 역시 개인으로 분화되었고, 스마트 기기와 초고속 통신망의 보급에 따라 집에 머무르지 않아도 콘텐츠를 소비할 수 있게 된 것은 극히 최근에 일어난 급격한 변화다.

기술과 환경의 변화는 또다시 콘텐츠의 본질에 영향을 끼친다. '가구'가 시청의 기본 단위일 때 가장 중요한 타깃은 항상 집에 머무는 시간이 긴 주부들이었다. 대부분의 시간을 학교에서 보내거나, 집에서 채널을 자유롭게 선택할 수 없는 10~20대는 콘텐츠 제작자들로부터도 상대적으로 소외되었다. 하지만 모두가 모바일 기기를 소유하게 되면서 시청의 기본 단위는 개인이 되었다. 콘텐츠 하나당 소비자의 단위가 3~4인에서 1인으로 줄어들었으니 시장은 4배 커진 셈이다. 확장된 시장에서는 기존에 소외되었던 이들의 비중이 커지고, 다양해진 타깃만큼이나 콘텐츠의 스펙트럼도 넓어졌다. 집을 벗어나 콘텐츠를 감상할 때에는 대부분 긴 시간 집중할 수 없는 환경이 주어진다. 따라서 모바일 콘텐츠는 10~20대 취향과 감상환경에 맞추어 짧고 가벼운 형식과 내용을 획득했다. 콘텐츠 산업에서는 광고수익이 거대한 비중을 차지하는데, 광고 재원의 증가가 따라갈 수 없는 속도로 시장은 확장되고 미디어는 다양해졌다. 기존의 TV 사업자들은 독과점으로 나눠 먹던 파이를 갑자기 엄청나게 많은 이들과 나누어야 하는 상황에 이르자 더 이상 자신들의 플랫폼에만 머무를 수 없게 되었다. 이들은 기존 시장에 대한 공급은 유지하면서 새롭게 확장된 시장에 뛰어든다. 더 짧게, 더 가볍게. 제작비를 적게 들여도 더 친근하고 트렌디하게.

    이러한 모바일 콘텐츠 시장의 흐름은 거스를 수 없는 현상이었다. '요즘 누가 TV를 봐'라는 말은 오래 전부터 당연한 수사가 되어가고 있었다. 하지만 코로나19 팬데믹이 이 흐름을 뒤집어 놓았다. 야외활동이 극도로 제한되고 경제활동이 위축되면서, 집에서 할 수 있는 가장 저렴한 여가인 TV 시청이 재부상한 것이다. 2020년 전 세계적으로 급증한 TV 판매량은 5년 만에 최대치를 기록했고(손봉석, 2020. 12. 23.), 지속적으로 감소하던 TV 이용시간도 모든 연령대에서 증가했다(김석, 2020. 12. 30.). 다만 이제 TV의 이용이 반드시 방송사 프로그램 시청을 가리키지는 않는다. 각자의 스마트 기기로 보던 콘텐츠를 집에서까지 굳이 작은 화면으로 볼 이유도 없어졌다. 유튜브를 보더라도 집 안에서, 더욱 크고 선명한 화질로 보는 것이 보다 좋은 경험이니까. 집에 머무르는 시간이 길어지면서 TV에 큰 비중을 두지 않던 사람들도 더 좋은 TV를 구매하기 시작했다.

여기서 또다시, 감상 환경이 콘텐츠의 형식을 결정한다. 콘텐츠에 긴 시간 몰입할 수 있는 환경이 되면서 짧은 호흡으로 가볍게 소비할 수 있는 모바일 콘텐츠보다는 많은 제작비를 들인 양질의 콘텐츠에 대한 선호가 올라갔다. 좋은 TV를 구입하면 그 TV의 성능을 체감할 수 있는 콘텐츠를 보고 싶어진다. 급증한 TV 판매량은 이러한 선호를 동반했다.

기존의 변화되는 흐름에 따라 선제적으로 '모바일 전용'을 선언했던 '퀴비'의 참담한 실패는 2020년 콘텐츠 시장의 가장 큰 뉴스 중 하나였다(김정은, 2020. 10. 20.). 퀴비가 '모바일 전용'을 선언했음에도 정작 콘텐츠는 기존 TV 시리즈와 큰 차별점 없이 진부했다는 것이 실패의 주요한 원인으로 지적 받지만, 팬데믹으로 인해 사람들이 집에 머무르게 된 것도 빼놓을 수 없는 이유였다. 모바일과 TV 애플리케이션을 동시에 제공하는 대부분의 OTT(Over The Top: 인터넷을 통해 볼 수 있는 TV 서비스)와 달리 '모바일 전용'을 외친 '퀴비'는

TV로 자신들의 콘텐츠를 볼 수 있는 경로를 막아 놓았다. 코로나 팬데믹으로 집에 머무르는 소비자들의 원성이 커지자 부랴부랴 뒤늦게 멀티스크린을 제공했지만 역부족이었다. 출퇴근길에 감상하라며 10여 분 단위로 끊어 만든 드라마 역시 역효과였다. 집에서 몰아보기엔 너무 자주 끊기는 호흡이 시청자들의 짜증을 유발했다.

반면 집에서 볼 수 있는 양질의 콘텐츠를 고화질로 제공한 OTT는 급격한 성장 발판을 마련했다. 넷플릭스로 대표되는 OTT 시장에 다수의 플레이어가 난립하면서 혼전이 예고됐지만, 2020년 전 세계 시청자의 47%가 새로운 서비스에 가입(김우용, 2020. 10. 15.)하며 수요 또한 큰 폭으로 증가했고, 늘어난 공급을 적절하게 포용했다. 여기에 코로나 팬데믹으로 가장 큰 타격을 입은 영화계가 여러 블록버스터의 극장 개봉을 포기하고 최소한의 수익이라도 보전하고자 스트리밍 독점 공개를 결정하면서 OTT는 더욱 고품질의 콘텐츠를 확보하게 됐다.

콘텐츠 소비는 습관 형성이 중요하다. 사람들은 긴장을 풀고 편안하게 보내고 싶을 때 관성적으로 움직인다. 여가 시간마저 인지자원을 쓰고 싶어 하는 사람은 많지 않다는 뜻이다. TV 방송 편성 전략이 하나의 학문으로 발달한 것은 사람들의 관성적인 성향을 활용해 시청습관을 형성하는 것에 대한 오랜 고민이 있어 왔기 때문이다. 모바일 중심의 짧고 가벼운 숏폼 short-form 콘텐츠 시장이 완전히 자리를 잡기 전에 다시 웰메이드의 롱폼long-form 콘텐츠 소비가 지속적으로 늘어난 지난 1년은 새로운 시청 습관 형성으로 이어지기 충분한 시간이었다. 고가의 TV를 구매한 이들의 '본전 생각'을 고려해도 그러하다. 양질의 롱폼 콘텐츠가 지속적으로 공급되기만 한다면 말이다. 코로나 팬데믹으로 인해 콘텐츠 시장의 흐름은 아무도 예상하지 못했던 새로운 국면으로 접어들고 있다.

2. 웰메이드 콘텐츠의 새로운 공급처, 한국

관건은 이렇게 증폭한 수요를 안정적으로 충족시킬 수 있는 양질의 콘텐츠가 지속적으로 공급되는 데 있다. 얼마 전까지만 해도 콘텐츠 공급을 두고 걱정하는 사람은 없었다. 유수의 기업들이 콘텐츠 시장에 뛰어들면서 오히려 공급의 과열을 우려했다. 그러나 TV 이용자의 증가를 불러온 코로나 팬데믹은 동시에 세계적으로, 대대적인 콘텐츠 공급의 위기를 함께 불러왔다. 콘텐츠 시장의 주류였던 북미와 유럽은 팬데믹 관리의 실패로 심각한 위기 상황에 처했다. 2020년 제작 중이거나 공개가 예정되어 있던 인기 시리즈들이 잇달아 제작 중단을 선언했으며(이유나, 2020. 3. 16.) 사태가 진정될 기미가 보이지 않아 재개 일정 또한 불투명한 상황이다.

이러한 상황 속에서 상대적으로 팬데믹이 잘 관리되고 있는 아시아 시장으로 관심이 이동하는 것은 자연스러운 일이다. 넷플릭스 같은 글로벌 OTT의 경우 각국의 로컬 시장에 좀 더 깊숙이 진입하기 위해 자사 콘텐츠의 현지화를 꾸준히 시도해 왔는데, 완전한 현지 제작보다는 국제적인 협업을 활용하는 경향이 강했다. 미국에서 제작하는 콘텐츠에 한국 배우를 섭외한다거나 혹은 촬영의 일부를 한국에서 진행하는 방식이 가장 쉽게 상상할 수 있는 형태다.

최근의 콘텐츠 제작 시스템은 한 국가 안에서만 이루어지지 않는다. 제작의 많은 과정이 국경을 넘나들며 다양한 형태로 공동 제작되고 있다. 그러나 코로나 팬데믹은 이러한 국제 협업을 요원하게 만들었다. 결국 각국의 로컬 시장을 만족시키기 위해서는 제작 또한 로컬에서 이루어져야 하는 상황이 되었으며, 이렇게 제작된 콘텐츠가 로컬을 벗어나 글로벌 시장에서도 유효하게 소비될 수 있도록 로컬 제작에 충분한 역량과 재원이 뒷받침되는 일이 중요해진 것이다. 이러한 조건들을 수용할 수 있는 곳으로 한국 시장이 부상하고 있다.

'한류'는 오래된 단어다. 하지만 이 단어가 처음 유행했을 때는 다소 자아도취가 섞여 있었음을 부정할 수 없다. 특정 국가에 한해, 특정 콘텐츠가 예외적으로 큰 성공을 거두었던 현상 앞에서 우리는 조금 들떴던 것 같다. 일본에서 신드롬을 일으켰던 〈겨울연가〉나 아시아 시장을 뒤흔든 〈대장금〉의 사례는 충분히 그럴 만했지만 예외적인 현상이었고, 서구 사회로 통칭되는 유럽, 남북미에서 국지적으로 형성된 케이팝K-pop 팬덤은 과대평가된 경향이 있었다. 물론 이러한 현상들은 한국의 콘텐츠가 국제적으로 소비되는 데 있어 충분한 초석이 되었고, 그 뒤로도 여러 드라마가 범아시아 시장에서 꾸준히 존재감을 드러내었기에 한류를 '예외적인 현상'만으로 치부할 수 없게 되었다.

최근 들어 빌보드와 아카데미에서 잇달아 눈부신 성과를 내고 있는 한국 콘텐츠들은 미국 시장에서도 충분히 주류에 진입했으며, 객관적으로도 그 성과를 언급하는 것이 '도취'라고 할 수 없는 단계가 되었다. 'BTS'와 〈기생충〉의 성공일 뿐이라고 말할 수도 없다. '블랙핑크'로 이어진 케이팝의 인기는 당분간 하나의 장르로 안착할 것으로 보인다. 〈기생충〉으로 존재감을 알린 한국의 영상 콘텐츠 역시 글로벌 서비스인 넷플릭스에서 지속적으로 순위권에 오르는 상황이다. 일례로 〈킹덤〉, 〈#살아있다〉, 〈스위트홈〉, 〈사이코지만 괜찮아〉 등 넷플릭스에 올라탄 다수의 작품들이 범아시아를 넘어 서구권에서도 인기를 얻고 있다. 한류라는 단어의 시작이었던 일본에서는 〈사랑의 불시착〉, 〈이태원 클라쓰〉처럼 국내 로컬 방송을 위해 제작된 콘텐츠들까지 큰 인기를 끌었다. 이제 사람들은 '한류'란 단어를 쓰지 않는다. 국제 시장에서 한국 콘텐츠가 적극적으로 소비되는 모습이 더 이상 특별하지 않게 된 것이다. 어떤 단어들은 그 쓰임이 사라질 때 비로소 진정한 의미를 얻는다.

한국의 콘텐츠 제작자들 입장에서는 새로운 시장이 열린 셈으로 이는 대단히 고무적인 일이다. 한국 방송 콘텐츠의 한계는 줄곧 시장의 크기에 있었다. 내수 시장이 안정적인 다양성을 확보하려면 인구가 1억은 되어야 한다는 이야기는 오래된 견해다. 그래야 정규분포 그래프 양끝을 차지하는 소수의 소비자로부터도 유의미한 수익을 얻을 수 있기 때문이다. 하지만 5000만 인구에 겨우 턱걸이를 했다가 이제 다시 감소세에 접어든 한국 시장에서는 이러한 다양성을 제고하기가 어려웠다. 마치 가구 단위 시청자들이 서로 싸우지 않도록 내용을 고려해야 하는 일일연속극처럼, 정규분포 곡선의 평균에 최대한 가까이 소구해야 안정적인 수익을 얻을 수 있었다. 제작비가 커질수록 '대박'이 보장되지 않으면 본전도 찾기 어려운 규모의 시장인 것이다. 인터넷에서 이른바 'CJ감성'으로 불리며 희화화되는 '한국형 블록버스터' 영화들이 너무나 익숙한 흥행공식을 따르는 것도, 특정 방송 포맷이 인기를 얻으면 순식간에 아류가 쏟아져 나오는 방송가의 풍경도 모두 이러한 구조적 한계가 만들어 낸 결과다.

한국 콘텐츠 수출액에서 압도적으로 '효자' 노릇을 하고 있는 분야가 게임인 것도 같은 이유다. 게임은 다른 영상 콘텐츠에 비해 문화적 할인*이 비교적 낮게 일어나는 분야다. 특히 수출액 거의 전체를 차지하는 온라인·모바일 게임의 경우 서사보다는 경험에 좀 더 방점이 찍혀 있는 만큼 문화적 맥락이나 언어의 비중이 상대적으로 훨씬 낮고, 그만큼 해외 소비가 용이하다. 게다가 영상 콘텐츠는 해외에서 소비가 되려면 말 그대로 '수출'을 해야 한다. 이를 방영해 줄 미디어를 찾고 계약을 체결해야 하며, 이는 해당 미디어의 한정된 슬롯을 두고 이루어지는 경쟁 안으로 진입해야 한다는 뜻이기도 하다. 반면 게임을 서비스하며 해외에서 접속할 수 있는 온라인 서버를 운영하는 것은 전혀 다른 방식의 일이다. 내수 시장의 한계를 잘 알고 있는 게임 회사의 해외 서비스 운영은 기본 값이 된 지 오래다.

영상 콘텐츠 시장 또한 이러한 한계를 극복하려는 노력은 꾸준히 있어 왔다. 최초의 '한류'는 우연의 산물이었을지 모르나, 국내 콘텐츠가 해외 시장에서도 유효할 수 있다는 것을 깨달은 제작자들은 꾸준히 해외 시장을 염두에 두기 시작했다. 드라마, 예능 할 것 없이 한국의 방송 콘텐츠가 중국에서 지속적인 인기를 얻으며 정착한 것도 이러한 노력이 있었기에 가능했다.

아이러니하게도 안정적인 내수 시장이 세계 시장에서의 고립을 만들어 버린 나라가 일본이다. 1억이 넘는 인구의 일본은 1980년대 버블경제 성장을 거치며 콘텐츠 시장에서도 압도적인 경쟁력

---

* 한 문화권의 문화상품이 다른 문화권으로 진입할 때 문화적 차이 때문에 상품의 가치가 떨어지는 현상.

을 갖추었다. 충분한 크기의 내수 시장과 제작 역량, 재원까지 갖추어진 일본의 콘텐츠 제작자들은 아주 마니악한 콘텐츠에도 충분한 제작비를 동원할 수 있었고, 이것은 다시 틈새 시장에서도 안정적인 소비가 이루어지는 구조를 갖추었다. 내수 시장의 다양한 수요와 이를 충족시키는 공급의 순환이 폐쇄적으로 이루어지자 점차 해외로 콘텐츠를 수출할 필요도, 수입할 필요도 없어졌다. 결국 일본은 〈어벤져스〉나 〈겨울왕국〉보다 〈명탐정 코난〉과 〈날씨의 아이〉의 흥행 수익이 더 높은, 전 세계에서 유일한 나라가 되었다(김현록, 2018. 5. 4.). 세계 시장을 일방적으로 독점하는 미국 영화로부터 한 발짝 벗어나 드물게 내수 콘텐츠의 방어가 이루어지는 곳이라고 긍정적으로 평가할 수도 있겠지만, 그만큼 소비감성이 세계적인 흐름으로부터 고립되고 있다는 뜻이기도 하다. 한때 세계적인 콘텐츠 강국이었던 일본은 이제 몇몇 닌텐도 IP를 제외하면 세계 시장에서 대단히 마니악한 취급을 받게 되었으며, 그마저도 애니메이션과 게임을 벗어나 방송, 영화에 이르면 존재감이 극도로 미약한 시장이 되었다.

한국은 일본과 정반대의 길에 접어든 듯하다. 내수 시장의 한계를 체감해 온 제작자들은 꾸준히 범아시아 시장으로의 활로를 개척해 왔고, 그렇게 확대된 저변을 기반으로 서구 시장에서도 존재감을 드러내고 있다. 이러한 맥락에서 한국은 상당히 독특한 케이스인데, 이 정도 규모의 내수 시장을 기반으로, 이 정도 수준의 콘텐츠를 꾸준히 만들어 내고 세계 시장에서도 소비되는 경우는 거의 없기 때문이다. 대만이나 태국의 영화들이 간혹 존재감을 드러내기도 하나, 특정 장르의 영화에 한정된 편이다.

글로벌 OTT에서 한국 콘텐츠가 유의미한 성공을 거두고, 이러한 성공이 지속적인 투자로 이어질 것이라는 전망은 한국의 콘텐츠 제작자들에게 새 시장이 열렸다는 신호다. 잠재적 시장의 크기만큼이나 제작비의 규모도 달라질 것이며, 더 이상 내수 시장에서의 손익 판단을 위해 안전한 선택을 하지 않아도 된다. 전 세계에서 시청 순위 상위권을 차지했던 〈킹덤〉이나 〈스위트홈〉 같은 작품들이 바로 그 정확한 예이다. '시대극 좀비', '크리처물'로 불리는 이런 장르는 기존의 국내 방송 시장이었다면 기획 단계에서 이미 선택받지 못했을 것이다. 특수분장, 시각효과, 다양한 의상이 장르의 필수적인 요소이기 때문에 제작비가 많이 드는데, 과감하게 많은 제작비를 투자해도 할리우드에 맞춰 눈이 높아진 시청자들을 만족시키기란 어렵기 때문이다. 설령 제대로 만들어 냈다 하더라도 마니악한 소재 때문에 주 시청층인 중장년 여성들의 눈길을 끌 수 있을지 장담할 수 없다. 높은 제작비만큼 손익분기점도 높아지기 때문에 더욱 위험한 시도인 것이다. TV 드라마가 로맨스 일색인 이유는 낮은 제작비와 높은 성공률이라는 황금공식이 있기 때문이었다. 이로부터 벗어날 수 있는 길을 글로벌 OTT가 열어 준 것이다.

물론 반대로 생각하면 그동안 꾸준히 키워온 국내의 제작 역량이 해외 자본과 시장의 파급력 앞에서 무력해진다는 뜻이기도 하다. 국내 방송사 및 제작사가 자체적으로 아무리 공을 들여 만들어도 글로벌 시장을 무대로 하는 넷플릭스와는 제작비의 기본 단위부터 달라진다. 이러한 현상이 이어진다면 한국의 콘텐츠 경쟁력이 해외 자본에 잠식되고 독립성을 잃어버리는 것도 시간문제일 것이다. 단기적으로는 한국의 제작자들이 그동안 시도하지 못했던 콘텐츠의 다변화를 일구어 내는 효과가 있겠지만, 장기적으로는 해외 자본 없이도 해외 시장에 소구할 수 있는 판로를 개척해야 할 것이다. 넷플릭스 자본이 들어간 작품 외에 국내 자본으로 제작한 〈이태원 클라쓰〉 같은 드라마도 해외에서 소기의 성과를 거두긴 했지만, 이 역시 결국 넷플릭스를 통해 유통되었다. 넷플릭스는 제작자로부터 콘텐츠를 한번 구매하면 그 이후의 성과에 대한 보상은 지급하지 않는다. 결국 넷플릭스 플랫폼에 띄워 성공한 콘텐츠는 넷플릭스 좋은 일만 시켜준다는 이야기다. 시장의 확장이 콘텐츠의 다변화를 만들어 냈지만, 해외 플랫폼에 지속적으로 종속되는 현상은 결국 국내 콘텐츠 시장이 납품업체로 전락되는 결과로 이어질 것이다.

3. 한국 예능, 독보적이거나 고립적이거나

드라마, 대중음악, 게임에 비해 한국에서는 꾸준히 인기를 끌고 있으나 국경을 넘기 어려운 콘텐츠가 예능이다. '예능'이란 말부터가 마땅한 번역어가 없다. 한국의 방송 산업은 그 초기부터 일본에서 지대한 영향을 받으며 발전해 오다가 최근에서야 그 영향에서 벗어나고 있는데, '예능'이란 표현도 일본 특유의 한자 조어 방식으로 만들어진 말로 다른 나라에서는 사용하지 않는다. 한국에서도 예능 프로그램이 범람하게 된 근래 십여 년 이전까지는 '예능' 대신 주로 '연예·오락'이란 표현을 사용했다. 장르적으로도 그 경계가 불분명한데, 대중음악을 다루는 음악쇼, 호스트가 진행하는 토크쇼, 다큐멘터리에 가까운 관찰 카메라, 픽션과 논픽션이 뒤섞인 캐릭터 버라이어티까지 장르적 유사성이 전혀 없는 콘텐츠들이 전부 '예능'이란 분류로 묶인다. 지금은 거의 사멸했지만 드라마타이즈Dramatize 장르의 하나인 시트콤도 한국에서는 예능으로 분류되어 예능본부에서 제작해 왔다. 사실상 보도, 시사, 드라마처럼 구분이 명확한 콘텐츠들을 장르로 분류하고 남은 것들에 대한 여집합인 셈이다.

영어로는 통상 'entertainment'로 번역하나, 이는 영어권 TV 관계자들에게는 잘 통용되지 않는 표현이다. 국제 콘텐츠 마켓에서 한국의 '예능'에 해당하는 콘텐츠는 보통 'show'나 'non-scripted'라는 단어로 찾아야 한다. 'show'에는 음악쇼, 토크쇼, 퀴즈쇼, 게임쇼처럼 전통적인 포맷을 가진 콘텐츠들이 포함된다. 'non-scripted'는 '대본 없는' 콘텐츠를 이르는 말로, 대본이 있는 드라마에 대한 여집합을 가리킬 때 쓴다. 한국 예능과 유사한 콘텐츠가 있기도 하지만, 많은 경우 다큐멘터리도 포함한다. 한국처럼 '예능'이라는 광범위한 분류 아래 다양한 형식과 소재를 콘텐츠로 다루는 시장은 거의 없다는 뜻이다.

'예능'이란 말을 수입해 온 일본의 방송 시장이 그나마 비슷한 양상이다. 사실 2000년대 초반까지만 해도 한국의 많은 예능 프로그램이 일본의 인기 방송을 베껴 왔다는 것은 공공연한 사실이었으며, 당시 지상파 예능PD들은 기획 아이디어가 막히면 부산에 출장을 다녀오라는 말까지 하곤 했다. 부산에서는 일본의 방송을 수신할 수 있기 때문에 이걸 보고 아이디어를 베낀다는 뜻이었다. 그러나 인터넷의 발달로 일반 대중도 손쉽게 일본의 방송을 접할 수 있게 되면서 노골적인 표절은 불가능해졌고, 이와 더불어 국내 방송 제작의 역량과 감각도 발달하면서 한국만의 새로운 예능 콘텐츠들이 자리 잡기 시작했다.

'예능'이라는 장르 분류뿐 아니라 제작 방식에 있어서도 세계 시장에서 한국의 예능은 대단히 독특한 위치에 있다. 한국에서는 방송 콘텐츠를 만드는 사람을 'PD'라고 부른다. 한국인에게는 대단히 익숙한 단어이지만 실제 영어에서 'PD'에 해당하는 'Producer'는 한국어의 'PD'가 가리키는 역할과 상당한 차이가 있다. 'Producer(프로듀서)'는 번역하면 '제작자'로, 보통은 이미 존재하는 기획안을 구매하고, 이를 실제 콘텐츠로 만들어 줄 사람과 돈을 모으고 관리하는 역할을 한다. 그렇게 섭외된 연출자가 실제로 현장에서 제작을 하며, 이 사람은 '감독Director'으로 불린다. 한국의 'PD'는 직접 기획안을 구상하고, 사람을 섭외하며, 연출과 편집까지 콘텐츠가 만들어지는 모든 과정을 혼자 책임진다. 즉 'PD'의 정확한 번역은 'Producer & Director'에 가까운 셈이다. 영어권 관계자들에게는 'Producer'보다 'Director'라고 했을 때 좀 더 실제의 역할에 가깝게 이해시킬 수 있다.

이러한 이해의 차이가 존재하는 이유는, 방송 콘텐츠 제작의 세계적 추세가 시스템화되어 가고 있기 때문이다. 한국에서는 방송사의 PD 개인이 기획안을 직접 구상하지만, 해외 방송사의 상당수는 '포맷사'로 불리는 에이전시로부터 기획안을 구매해서 제작한다. 이렇게 판매되는 기획안은 특정 국가에서 큰 인기를 얻은 콘텐츠를 포맷으로 정리한 것도 있지만, 대형 포맷사들이 역량을 갖추면서 직접 개발한 것도 있다. 상품화된 포맷은 기본적인 구성안, 재생시간, 기술적·시각적 구성요소 전반을 포함하고 있으며, 이를 구입한 해당 방송사에 충분한 제작역량이 없을 경우 인력을 지원해 주기도 한다. 한국도 해외의 포맷을 구입해 제작한 사례들이 있는데, 네덜란드의 〈The Voice〉를 수입해 제작한 〈보이스 오브 코리아〉, 미국의 〈America's Next Top Model〉을 수입한 〈도전! 수퍼모델 코리아 GUYS & GIRLS〉, 영국 BBC의 〈MasterChef〉를 수입한 〈마스터셰프 코리아〉 등이 그 예이다. 제목에서 알 수 있듯이 특정 포맷의 한국판이라는 사실을 표시하기 위해 '코리아'가 붙어 있는 경우가 많다.

포맷의 특징은 제작에 있어서의 '일관성'과 '예측가능성'이다. 어떤 국가의 어떤 연출자가 맡더라도 콘텐츠의 핵심은 동일하게 유지되어야 하며, 연출자의 재량이 끼어들 여지가 클수록 포맷으로 판매하기 어려워진다. 드라마와 대중음악에 비해 예능 콘텐츠가 수출이 어려운 이유는 동시대의 사회문화적 맥락, 언어의 뉘앙스 등이 콘텐츠의 재미에 영향을 많이 끼치기 때문이다. 한국에서 꾸준한 인기를 끌고 있는 〈나 혼자 산다〉나 〈놀면 뭐하니?〉, 〈아는 형님〉과 같은 사례들을 보아도 동시대 한국 사회의 관심사, 출연진 각자의 개인사, 유행어와 언어유희 등을 모르면 이해할 수 없는 재미요소가 대부분이다. '포맷 예능'은 이러한 사회문화적인 요소들을 배제하고, 어떤 문화권에서도 동일한 방식으로 이해될 수 있는 형식을 판다. 때문에 위의 사례들에서도 볼 수 있듯이 경쟁과 서바이벌을 주요 서사로 하는 리얼리티 쇼가 대부분을 차지한다. 경쟁 서사가 주는 재미는 문화권을 초월하기 때문이다.

동시에 앞선 사례들에서 또 한 가지 확인할 수 있는 사실은, 한국 시장에서는 해외에서 성공한 인기 포맷 예능이 큰 힘을 발휘하지 못한다는 것이다. 〈보이스 오브 코리아〉나 〈도전! 수퍼모델 코리아〉, 〈마스터셰프 코리아〉와 같은 콘텐츠들도 물론 충분히 인기 있었지만, 뒤이어 예를 들었던 〈나 혼자 산다〉, 〈놀면 뭐하니?〉와 같은 콘텐츠들과 비교하면 한국 시장에서의 위상이 어느 정도인지 실감할 수 있다. 이러한 대형 인기 포맷이 세계적으로 거둔 성공에 비하면 한국 시장은 대단히 예외적인데, 앞서 일본 영화계의 극장 수익을 언급하며 〈어벤져스〉가 〈명탐정 코난〉에 밀린 것과도 유사한 상황이다.

한국의 시청자들이 예능 콘텐츠에 반응하는 지점은 세계 시장과 다르다. 일례로 국제 포맷 마켓에서 보았던 기획안 중 〈The Bubble〉이라는 흥미로운 포맷이 있었는데, 유명인 몇 명을 일주일 동안 모든 미디어가 단절된 고성에 머무르게 한 뒤 스튜디오로 초대해 지난 일주일 동안 등장했던 뉴스로 퀴즈를 내는 방식이었다. 영어에서는 '인터넷에서 자신이 원하는 정보만 필터링해 받아들이는 현상'을 '필터버블 filter bubble'이라고 부르기도 하는 등 좁은 관심사나 동질성 안에 갇혀 지내는 모습을 이르는 속어로 '버블 bubble'이 쓰인다. 이러한 표현을 활용한 점으로 보았을 때 〈The Bubble〉은 시사 상식 정보나 개인의 시사 감각을 두루 다루기에 좋은 포맷이다. 하지만 한국의 시청자들은 스튜디오 퀴즈쇼보다 고립된 고성의 일주일을 더 보고 싶어 할 것이다. 실제로 〈The Bubble〉에서 고성의 일주일은 중요하게 다뤄지지 않는다. 출연하는 연예인들의 사생활 문제도 있겠지만, '고립된 고성의 일주일'을 녹화해 편집하려면 'PD'의 판단이 입체적으로 들어가야 하기 때문이다. 그럼 포맷에서 벗어나게 된다. 포맷으로 팔 수 있는 것은 스튜디오의 정해진 퀴즈쇼뿐이다.

이렇게 소구하는 지점이 다르기 때문에 한국에서는 해외의 인기 예능 포맷들이 힘을 발휘하지 못한다. 동시에 한국에서 인기를 끄는 예능 콘텐츠들도 포맷화해서 해외로 수출하기가 어렵다. 국내 인기 예능의 상당수는 주어진 상황 아래서 연예인이 보여 주는 자연스러운 상호작용과, 이를 연출하고 편집하는 PD 개인의 역량으로 만들어지고 있기 때문이다. 여기에는 유명 연예인의 사생활이 방송에 노출되는 것에 대한 인식의 차이도 크다. 북미의 유명 연예인들은 특별한 경우가 아니면 방송에서 본업 외의 모습은 보여 주지 않는다. 뮤지션은 노래를 부르고, 연기자는 대본대로 연기를 한다. 그 외의 예능 출연이라고 한다면 〈SNL〉 같은 소수의 특정 프로그램에서 콩트 연기를 하거나, 유명 토크쇼에서 토크를 하는 정도다. 한국이었다면 '예능인'으로 분류되었을 코미디언들도 주로 세팅된 스튜디오에서 토크쇼를 진행하거나 스탠드업 코미디 공연을 펼친다. 〈나 혼자 산다〉처럼 아침부터 저녁까지의 사생활을 보여 주는 경우는 흔치 않으며, 〈전지적 참견 시점〉처럼 매니저와의 일상을 공개하지도 않는다. 실제로 〈전지적 참견 시점〉은 〈My Manager〉라는 제목으로 해외 포맷 판매를 시도했으나, 이러한 프라이버시 인식의 차이 때문에 성과를 거두지 못했다. 반면 비슷한 소재를 드라마로 제작한 프랑스 국영방송의 〈Dix pour cent〉는 영어권에서 〈Call My Agent!〉로 번역되며 인기를 끌었고, 한국 넷플릭스에서도 〈연예인 매니저로 살아남기〉라는 제목으로 제공되고 있다. 흥미로운 소재인 것은 사실이나, 예능으로 풀 수는 없다는 뜻이다. 반면 해외의 잘 알려진 몇몇 '리얼리티쇼'의 경우 실시간으로 모든 생활을 촬영해 편집하는 방식이 한국의 예능과 유사한데, 이런 쇼에는 연예인이 등장하지 않는다. 비연예인들이 출연해 한국보다 더 높은 수위의 사생활을 가감 없이 노출하며, 욕망이나 분노 같은 원초적인 감정들을 마음껏 발산한다. 이러한 인식의 차이 외에도 한국 예능은 제작의 상당 부분이 PD의 재량과 판단으로 이루어진다는 점도 포맷으로서의 매력을 소구하지 못한 또 다른 이유이다. 유명인을 섭외해 PD의 구성과 연출을 통해, 원초적이지 않은 다양한 소재를 세련된 문법으로 다루는 한국의 예능 콘텐츠는 세계 시장에서 독보적이다.

    이러한 예능 콘텐츠의 특수성이 일본 시장과 같은 고립으로 이어지지 않으려면, 내수 시장에서의 인기를 딛고 해외 시장에 소구할 수 있는 지점을 고민해야 할 것이다. 첫째로는 매력적인 포맷을 꾸준히 만들어 내는 것이다. 가장 성공적인 사례가 MBC의 〈복면가왕〉이다. 〈복면가왕〉은 국내 방송만을 위해 만들어진 기획이었으나, '정체를 감춘 출연자가 부르는 노래만으로 그의 정체를 추리한다'는 명확한 구성은 연출자와 무관하게 기본적인 재미를 만들어 낼 수 있는 구조다. 결국 잘 알려진 바와 같이 미국 FOX TV에 〈The Masked Singer〉라는 제목으로 판매된 〈복면가왕〉은 다섯 시즌까지 성황리에 방영되며 가장 성공적으로 수출한 한국 예능 포맷으로 자리매김 한다.

한국의 예능 시장이 세계적으로 독특한 맥락에 있는 만큼, 해외 대형 포맷사들이 개발하는 기획과는 결이 다르면서도 포맷화가 가능한 새로운 기획안들이 만들어질 가능성이 크다. 게다가 콘텐츠 개발이 시스템화되어 있는 국제 시장에 비해 PD 개인이 기획안을 만들어 내는 이른바 '장인' 시스템의 한국 예능 콘텐츠는 개발 비용 측면에서도 훌륭한 효율성을 자랑한다. 실제로 〈The Masked Singer〉의 성공 이후 미 공영방송 ABC의 프로듀서가 '포맷화가 가능할 것으로 예상되는 한국의 예능'을 언급한 인터뷰 기사[*]도 등장했다(Nguyen, 2019. 1. 11.).

〈복면가왕〉 사례에서 한 가지 흥미로운 사실은, 〈복면가왕〉이 다른 포맷 거래처럼 국제 콘텐츠 마켓에서 영업을 통해 판매된 것이 아니라 FOX TV 관계자가 해외여행을 갔다가 여행지에서 우연히

---

[*] Sebastian Lee란 이름의 해당 프로듀서는 KBS 드라마 〈굿닥터〉를 수입해 ABC 버전으로 제작하기도 했다.

시청한 방송을 보고 직접 수소문해 구매했다는 점이다. 한국 예능의 경우 공식적인 국제 포맷 마켓이나, 이제는 활로가 닫힌 중국 시장 말고는 적극적인 판매 채널을 확보하지 못하고 있는 것이 사실이다. IP를 소유한 각각의 방송사들이 다양한 판매 채널을 개발하려는 노력이 뒷받침된다면 또 다른 〈The Masked Singer〉가 탄생하는 것도 가능할 것이다.

두 번째 가능성은 예능 콘텐츠 자체의 판매이다. 앞서 언급했듯 예능은 다른 장르에 비해 문화적 할인이 높게 일어나는 상품이다. 그러나 드라마와 대중가요를 통해 한국 콘텐츠와 출연자에 대한 인지도가 꾸준히 높아진다면 이들이 출연하는 예능에 대한 소비도 뒤따를 수 있다. 한국에서 해외 예능 소비가 상대적으로 적었던 것도, 미국의 경우 인기 연예인의 예능 출연이 거의 전무하다는 사실이 작용한 면도 있다. 이들이 드물게 출연한 〈SNL〉이나 토크쇼 등의 콘텐츠들은 한국에 정식으로 수입된 경로가 없음에도 불구하고 온라인에서 적극적으로 소비되어 왔다. 이러한 점을 고려했을 때, 해외에서 인기를 끄는 한국 드라마나 영화의 경우 해당 출연진이 예능에도 자주 등장하기 때문에 동반 효과를 기대해 볼 만하다. 특정 드라마나 영화, 뮤지션과 연계하여 판로를 개척하는 것도 가능할 것이다.

한국 예능의 독특한 연출 방식은 이미 아시아 시장에서 검증이 이루어졌다. 대표적인 사례가 〈런닝맨〉이다. 연예인 각자가 대본을 연기하진 않지만 어느 정도 연출된 캐릭터를 소화해 지속적인 상호작용과 게임쇼를 이어 나가는 콘텐츠로, 다른 시장에서 찾아보기 힘든 포맷이다. 넷플릭스는 중국을 비롯한 범아시아 시장에서 〈런닝맨〉이 만들어 낸 뜨거운 인기를 확인한 뒤, 유사한 포맷의 〈범인은 바로 너!〉를 넷플릭스 오리지널로 제작한다. 〈범인은 바로 너!〉는 화려한 캐스팅에 비해 한국 시장에서의 반응은 뜨겁지 않았다. 하지만 아시아 전역에서 꾸준히 인기를 끌며 시즌 3까지 제작되었다. 시청률을 공개하지 않는 넷플릭스 콘텐츠의 성패를 확인할 수 있는 것은 오직 추가 시즌 제작 여부뿐이니, 〈범인은 바로 너!〉의 시즌 3는 글로벌 시장에서 한국형 예능의 경쟁력을 보여 준 셈이다.

    'PD' 개인이 모든 제작 과정을 장인처럼 관여하고, 체계화된 시스템이 작동할 여지가 적은 한국의 방송 제작 시스템은 일견 구시대적으로 보일 수 있다. 그러나 전 세계 콘텐츠 시장의 흐름이 일관된 포맷과 시스템화, 제작과 연출의 분리로 접어드는 가운데 한국의 유연한 제작 역량은 오히려 차별화된 콘텐츠를 만들어 내는 특수성으로 작동할 수 있다. 역설적이지만 이렇게 가장 전통적인 PD 1인의 기획연출 방식이, 뉴미디어 시장의 첨단인 유튜브의 1인 크리에이터들과 닮아 있다는 것도 흥미로운 점이다. 제작 시스템에 구애받지 않고 자유롭게 창작할 수 있는 여건이 주어졌을 때 다양한 콘텐츠와 창의적인 문법이 나온다는 뜻이다. 'PD'라는 개인 창작자의 재량이 콘텐츠에 크게 반영되는 한국의 예능 제작 시스템은 포맷 판매와 효율성 면에서 불리한 부분도 있지만, 급속도로 확대되는 콘텐츠 시장의 다양한 수요를 충족시킬 수 있는 새로운 가능성을 담보할 수도 있다.

세계 시장의 일부로 편입되고 있는 한국의 콘텐츠 제작사들이 확장된 시장을 기회로 활용하면서도 주체성을 잃지 않기를 바란다. 전 세계적으로 이루어지고 있는 제작의 시스템화가 효율성을 제고하는 측면도 있겠지만, 그 과정에서 한국 콘텐츠 제작 역량이 가지고 있는 특수성과 역동성이 희석되지 않았으면 한다. 한국 콘텐츠 시장은 세계적으로 대단히 독특한 역량을 보여 주었다. 이러한 특수성이 차별화된 콘텐츠 파워로 계속 발현될 수 있도록 새로운 판로를 개척하고 제작 여건을 강화하는 움직임이 이어지길 바라 본다.

참고 문헌

김석 (2020. 12. 30.). 코로나19로 TV 시청 시간 모든 연령대에서 늘어. 〈KBS 뉴스〉.
http://news.naver.com/main/read.nhn?mode=LSD&mid=sec&sid1=001&oid=056&aid=0010962033

김우용 (2020. 10. 15.). 전 세계 온라인 비디오 시청률 전년보다 16% 증가. 〈지디넷코리아〉.
https://zdnet.co.kr/view/?no=20201015124456

김정은 (2020. 10. 20.). 6개월 만에 망한 퀴비…'OTT 한방' 없었다. 〈한국경제〉.
https://www.hankyung.com/international/article/2020102290781

김현록 (2018. 5. 4.). '어벤져스3', 日선 '명탐정 코난'에 밀렸다. 〈스타뉴스〉.
https://star.mt.co.kr/stview.php?no=2018050409035893947

손봉석 (2020. 12. 23.). 코로나19 여파, 글로벌 TV 판매량 5년 만에 최대치 기록. 〈스포츠경향〉.
http://sports.khan.co.kr/entertainment/sk_index.html?art_id=202012231936003&sec_id=540201&pt=nv

이유나 (2020. 3. 16.). 코로나 이슈 | 넷플릭스-디즈니플러스도 직격타…스트리밍 업계 줄줄이 제작 중단. 〈맥스무비〉. https://www.maxmovie.com/news/419723

한국콘텐츠진흥원 (2020). 〈2020년 상반기 콘텐츠 산업 동향분석 보고서〉, 29쪽.

Nguyen, H. (2019. 1. 11.). 'The Masked Singer': 5 More Korean Competition Shows That Could Take America by Storm. *IndieWire*.

2.
넷플릭스의 한국 상륙, 그 이후

이호수
SK텔레콤 고문

넷플릭스는 2020년 말 기준 중국, 북한, 시리아, 크리미아를 제외한 전 세계 190여 국가에서 스트리밍 서비스를 하고 있다. 2020년 말 기준 전 세계 유료 가입자 수는 2억 360만 명이라고 발표했다. 2017년 3분기 1억 명을 넘어선 데 이어 3년 만에 2배로 증가한 것이다. 2020년 연간 가입자 증가 수는 3700만 명으로 역대 최고치를 경신했다. 특히 한국과 일본이 성장을 견인했다(조아라, 2021. 1. 20.). 2020년 3분기 말 기준 한국의 유료 가입자 수는 330만 명으로 아태 지역 가입자 수의 14%를 점하고 있다.

여러 지표가 가리키는 넷플릭스의 가파른 성장은 기본적으로 가입자의 취향에 맞는 콘텐츠를 그들의 거실과 스마트 디바이스로 바로 전달하는 넷플릭스 플랫폼 파워에 기인한 것이다. 그리고 2020년 전 세계를 강타한 코로나19 팬데믹으로 집에 머무는 시간이 늘어나면서, 여가 시간 동안 영화나 드라마를 즐기기 위해 많은 사람들이 넷플릭스 스트리밍 서비스에 가입한 까닭이다.

시장조사업체 와이즈앱은 국내 만 20세 이상 성인의 2020년 넷플릭스 결제액이 5173억 원으로 추정된다고 밝혔다. 2020년 12월 한 달 넷플릭스 결제액은 587억 원으로 역대 최대치를 기록했다. 넷플릭스의 국내 연간 결제금액은 2018년 657억 원, 2019년에는 2483억 원이었다. 2020년에는 이보다 108% 증가했다(김성민, 2021. 1. 19.).

국내에서 넷플릭스가 괄목할 만한 성장을 이룬 이유는 우수한 콘텐츠와 사용성, 합리적인 요금 체계, 그리고 전반적 만족도 등 주요 항목에서 모두 1위를 기록했기 때문이라는 평가다. 특히 사용성과 요금 체계의 점수가 높았는데, 이는 콘텐츠 항목에서 비슷한 평가를 받은 유튜브 프리미엄과 차별되는 지점이다(윤지혜, 2021. 1. 11.).

넷플릭스는 한국에 상륙한 지 5년 만에 국내 리딩 OTT Over The Top 로 자리 잡았을 뿐 아니라, 넷플릭스의 글로벌 비즈니스에서도 중요한 자리를 점하게 되었다. 이 글에서는 넷플릭스가 한국에 상륙한 후 국내에서 생긴 여러 변화에 대해 기술하고자 한다.

1. 넷플릭스의 한국 진출과 한국 콘텐츠 확보 노력

넷플릭스는 2010년 캐나다를 시작으로 글로벌 확장을 시작했으며, 2016년까지 전 세계 190개국에 스트리밍 서비스를 출시했다. 한국에는 2016년 1월 출시되었다. 당시만 해도 "국내에는 무료 비디오 서비스가 많아서 넷플릭스 같은 유료 서비스는 성공하기 어렵다", 또는 "넷플릭스에는 국내 콘텐츠가 적어 신규 가입자 유치가 어려울 것이다"라는 인식이 팽배했다. 하지만 예측은 빗나갔다. 넷플릭스에 대한 이해가 부족했기 때문이다.

사실 한국 진출 초기에는 국내 콘텐츠의 부족, 넷플릭스 오리지널 콘텐츠에 익숙하지 않은 국내 소비자, 그리고 국내 방송사업자와 OTT기업의 견제로 별 성과를 내지 못했다. 넷플릭스가 한국에 진출했을 당시 넷플릭스 라이브러리의 한국 콘텐츠는 영화와 방송 프로그램을 포함해 고작 60여 편에 불과했고, 영어권과 남미 국가의 오리지널 콘텐츠도 소수에 그쳤다. 그뿐만 아니라 국내 콘텐츠는 대부분 2~3년 지난 영화와 드라마여서 소비자 기대에 미치지 못하였다. 하지만 넷플릭스는 글로벌하게 다른 지역에서 이미 추진했던 전략과 경험을 참고하여, 한국 소비자가 비디오를 소비하는 패턴을 바꿀 수 있는 환경을 만들면서 서서히 성장했다.

넷플릭스는 해외 콘텐츠뿐만 아니라 국내 CJ ENM, JTBC 등의 방송사와도 적극적으로 제휴하여 해당 방송사의 드라마와 예능 프로그램을 제공했다. 이에 더하여 2019년 말부터 CJ ENM, 스튜디오 드래곤 등 국내 주요 프로듀서와 다년간 콘텐츠 파트너십을 체결했다.

넷플릭스의 월정액 구독 모델을 선택하면 콘텐츠를 광고 없이 무제한 시청할 수 있다. 다양하고 매력적인 넷플릭스 오리지널 시리즈로 오랜 시간 동안 한꺼번에 '몰아보기'하는 넷플릭스 마니아가 늘어나고 있다. 넷플릭스 콘텐츠가 나이에 관계 없이 모든 세대의 고객을 끌어들일 수 있었던 것은 어떤 취향이라도 만족시킬 수 있는 넷플릭스 미디어 라이브러리의 다양성과 탁월한 품질 덕분이다.

한국 진출 초기에 어려움을 겪었던 넷플릭스는 지난 몇 해 동안 글로벌로 확장하면서 쌓은 지식과 경험으로 국내에서 미디어 거인으로서 실력을 발휘했다. 넷플릭스는 한국 내에서 오리지널 콘텐츠의 자체 제작을 늘리는 한편, 자금력을 바탕으로 한국 콘텐츠 라이선스를 공격적으로 매입했다. 케이블과 종합편성TV 채널뿐 아니라 지상파의 드라마와 예능 프로그램 방영권까지 사들이고 있다. 이러한 노력의 결과, 2016년에는 60여 편에 불과했던 넷플릭스의 한국 콘텐츠가 2019년 5월 기준으로 325편으로 급증했다. 3년여간 다섯 배 넘게 늘어난 것이다.

2019년 넷플릭스가 오리지널 콘텐츠 확보를 위해 투자한 금액은 약 16조 원(150억 달러)이다. 이는 2017년 한국 방송 사업 전체 매출 16조 5000억 원과 비슷하다(정보통신정책연구원, 2019). 콘텐츠 투자액은 더욱 늘어 2020년에는 173억 달러를 투자했고, 2028년에는 260억 달러에 이를 것으로 예측된다(Spongler, 2020. 1. 16.). 넷플릭스는 기존 콘텐츠 확보와 새로운 오리지널 드라마 제작을 두 축으로 본격적인 한국 시장 공략에 나섰다. 2017년 봉준호 감독의 〈옥자〉를 제작하며 한국 콘텐츠 개발에 발을 내디뎠다. 이어 오리지널 시리즈 〈킹덤〉을 비롯한 여러 인기 콘텐츠를 제작하며 콘텐츠 확보에 박차를 가하고 있다. 드라마 〈미스터 선샤인〉, 〈사랑의 불시착〉 등은 국내에서 방송 후 바로 넷플릭스 플랫폼을 통해 전 세계에 공개되었다. 2020년에는 〈킹덤 2〉를 시작으로 〈인간수업〉, 〈보건교사 안은영〉 등 넷플릭스가 투자·제작한 오리지널 드라마들이 좋은 반응을 얻었다. 이런 작품들은 국내 넷플릭스 유료 가입자 증가에 크게 기여했다.

2018년 11월 싱가포르에서 넷플릭스의 발전에 대해 보고하는 콘텐츠 라인업 행사인 "넷플릭스가 볼 다음 아시아 Netflix See What Next : Asia"에서 넷플릭스의 최고콘텐츠책임자 테드 사란도스 Ted Sarandos 는 한국 엔터테인먼트 산업을 위한 강력한 인프라와 한국 시청자의 영화와 TV 콘텐츠에 대한 사랑에 대해 이야기했다. 그는 아시아 대륙의 많은 사람들이 한국 콘텐츠를 즐기고 있고, 한국은 수준 높은 스토리텔링 능력을 보유하고 있으므로 아시아에서 한국의 역할이 중요하다면서 한국 콘텐츠 개발에 많은 투자를 할 의향을 표명했다 (Jang, 2019. 11. 9.).

넷플릭스는 오리지널 프로그램을 제작할 때 먼저 정교한 데이터 분석을 기반으로 콘텐츠 투자를 통한 성공 여부와 가입자 증가를 예측한다. 콘텐츠나 광고 수입 없이 월정 구독액이 수입의 대부분을 차지하는 넷플릭스로서는 이 예측 기반 데이터를 통해 투자 리스크를 최소화한다. 이에 반해, 국내 콘텐츠 생태계 구조에서는 수익 규모의 예측이 어렵다. 국내 제작업체는 이러한 예측 능력이 미흡하여 콘텐츠 제작 시 기존의 영화나 TV 드라마처럼 라이선스 계약을 미리 체결할 수 없다면 높은 위험부담을 감수해야 한다. 넷플릭스는 주로 가입자 증가를 위해 콘텐츠에 투자하는데, 국내 기업으로서는 이에 따르는 리스크를 감당하기 어려우므로 콘텐츠 투자에 인색할 수밖에 없다.

2. 넷플릭스 오리지널 콘텐츠 제작과 한국의 OTT 환경 변화

2017년으로 접어들며 넷플릭스는 국내 OCN, tvN, JTBC의 인기 드라마와 예능 프로그램 등을 제공하기 시작했다. 그리고 아시아에서는 처음으로 봉준호 감독의 넷플릭스 오리지널 영화 〈옥자〉의 제작비를 전액 투자했다. 〈옥자〉는 5000만 달러(약 562억 원)의 제작비를 받고, 2017년 6월에 개봉했다. 뒤이어 tvN이 제공하는 〈비밀의 숲〉을, 그밖에 tvN, OCN 및 JTBC의 인기 드라마들을 콘텐츠 라이브러리에 추가하면서 점점 주목받기 시작했다.

    넷플릭스가 한국에서 처음 제작한 오리지널 시리즈 〈킹덤〉은 김성훈 감독이 연출을 맡았다. 조선시대를 배경으로 한 좀비 미스터리 스릴러로 2019년 1월 시즌 1의 6부작 에피소드가 공개되었다. 회당 제작비는 약 20억 원으로, 2019년 기준 미국 외 국가의 넷플릭스 오리지널 작품 중 가장 많은 제작비가 투입된 작품 중 하나다. 시즌 2는 2020년 3월 넷플릭스 플랫폼을 통해 글로벌 시장에 공개되어 대박을 터뜨렸고, 15개국 이상에서 '일간 톱10' 안에 들었다. 북미 영화 전문 사이트 IMDb에서도 '가장 인기 있는 TV쇼' 9위에 올랐다. 아카데미 수상작인 영화 〈기생충〉의 IMDb 평점 8.6보다 높은 평점 8.9를 기록했다(IMDb, 2020. 3. 13.).

넷플릭스는 지난 2015년 이후 2020년 말까지 한국 콘텐츠 확보를 위한 파트너십과 공동 제작에 약 7억 달러(약 7900억 원)를 투자한 것으로 알려져 있다. '넷플릭스 오리지널'로 전 세계에 소개된 한국 작품은 70편이 넘는다. 이 작품들은 30개 이상 언어 자막 및 20개 언어로 더빙되어 해외에 선보였다. 특히 2019년 말부터 CJ ENM, 스튜디오드래곤, JTBC 등과 맺은 파트너십에 의해 확보한 콘텐츠가 상당수를 차지하고 있다(노경조, 2020. 10. 21.).

국내에서 넷플릭스의 공격적인 행보는 한국 미디어 업계, OTT 산업계, 극장가를 뒤흔들어 놓았다. 국내 OTT 기업, 방송사와 통신사들은 글로벌 스트리밍 서비스의 국내 시장 확산 위협을 저지하기 위해 고심했다. 국내 콘텐츠 산업계에서는, 국내 소비자들의 눈높이가 매우 높아져 있으므로 창의적인 콘텐츠와 혁신적인 서비스를 내놓지 못하면 소비자들로부터 외면당하며, 글로벌 강자들에게 한국 시장을 내어 주게 될 것이라는 두려움을 가지고 있다. 국내 개별 기업으로는 글로벌 엔터테인먼트 거인을 대항하기는 역부족이라고 판단하여 일부 국내 사업자들이 힘을 모아 통합 플랫폼을 출시하는 쪽으로 방향을 정하기도 했다. 정체된 기존 생태계에 강력한 포식자가 나타나면 기존 개체들이 생존을 위해 활발하게 움직인다는, 소위 '메기 효과'가 나타난 것이다.

3. 국내 OTT 시장 성장, OTT 기업의 연합

한국은 IT와 인터넷 선진국이다. 신규 서비스와 디바이스의 얼리어 댑터 Early adopter 가 많다. 이에 힘입어 한국에서는 선형 TV에서 케이블TV, IPTV를 거쳐 인터넷을 통한 온라인 동영상 서비스인 OTT를 적극적으로 수용하고 있다. 셋톱박스를 넘어서 인터넷을 통해 미디어 콘텐츠를 제공하는 온라인 동영상 서비스 OTT 플랫폼을 대안으로 택하는 사람들이 늘고 있다. 통계에 의하면, 유료방송 서비스 해지 가구 비율은 2015년에 3.1%에서 2017년에는 6.9%로 증가했다(신지형, 2018). 코드커팅 현상으로 인해 국내에서 TV를 떠나 다양한 모바일 디바이스에서 콘텐츠를 시청하는 사람들이 늘고 있지만, 이를 주도하고 있는 것은 국내 몇 개의 OTT 기업과 글로벌 경쟁력을 갖춘 넷플릭스와 유튜브의 스트리밍 서비스 플랫폼이다. 국내에서 글로벌 미디어 업계의 거인인 넷플릭스와 유튜브의 시장 확장 영향으로 국내 미디어 및 OTT 시장이 빠르게 재편되고 있다.

국내에서 OTT에 대한 관심이 부쩍 높아진 것은 유튜브, 넷플릭스 등 글로벌 거인들의 등장과 더불어 시청자들의 OTT 이용률 상승에 따른 것이다. 2019년 5월, 정보통신정책연구원에서 발행한 〈온라인 동영상 제공 서비스OTT 이용 행태 분석〉에 의하면, 2018년 기준 국내 OTT 이용률은 2016년 35%에서 2017년 36.1%, 2018년에는 42.7%로 최근 들어 가파르게 증가하고 있는 것으로 분석되었다(이선희, 2019. 5. 15.).

2019년 기준 넷플릭스는 180여 개의 오리지널 프로그램을 보유하고 있다. 넷플릭스 가입자만 시청할 수 있는 독점적인 오리지널 콘텐츠는 가입자를 오래 묶어둘 수 있는 확실한 방법이다. 이에 더하여 광고도 없고 일괄 출시와 몰아보기도 즐길 수 있어 사용자들이 높은 가치를 부여하고 있다. 국내에서 넷플릭스의 고품질 콘텐츠를 위시한 공격적인 행보는 한국 콘텐츠와 OTT 산업계를 일깨웠다. 국내에서 서비스되는 OTT는 넷플릭스, 유튜브, 웨이브, 티빙, 시즌, 왓챠플레이 등을 포함해 상당수에 이른다. OTT 경쟁의 핵심은 많은 유료 가입자 확보다. 많은 가입자를 확보하기 위해서는 차별화된 비즈니스 모델, 그리고 고품질의 콘텐츠가 많아야 한다.

2016년 넷플릭스가 한국에 상륙한 이래 넷플릭스의 존재는 미디어 및 OTT 사업자에게 위협으로 간주되었고, 국내 플랫폼 기업, 방송사들은 넷플릭스의 국내 시장 확산을 저지하기 위해 노력했다. 그 결과 기존 OTT 서비스사, 방송사, 통신사 등이 합종연횡하여 새로운 OTT가 출범했다. SK텔레콤의 '옥수수'와 지상파 3사의 '푹'을 통합한 '웨이브'가 대표적이다. 또한 CJ ENM은 JTBC와 OTT 합작법인을 만들고 CJ ENM의 OTT 서비스 '티빙'을 강화하기로 했다. LG유플러스와 KT는 각자 운영해 오던 플랫폼을 중심으로 더 큰 그림을 그리고 있다. OTT 서비스 사업체들 간 콘텐츠 확보를 위해 무한 경쟁에 돌입하고 있는 것이다.

예를 들어 보자. CJ ENM-JTBC 연합은 자신들의 최대 강점인 콘텐츠를 웨이브에 제공하지 않기로 결정했다. CJ 영화와 드라마는 애초부터 웨이브에 제공되지 않았고 JTBC VOD 서비스도 제외하기로 했다. 양질의 콘텐츠 보유가 바로 OTT의 경쟁력으로 연결되는 상황에서, 인기가 많은 CJ ENM 계열 영화와 tvN, JTBC 드라마가 VOD Video On Demand 에서 누락된다면 웨이브는 가입자 확보에 어려움을 겪을 수 있다.

국내 OTT들의 독자 콘텐츠 경쟁이 치열해지면서 각 OTT가 제공하는 콘텐츠도 많이 달라졌다. KT '시즌'에서는 여전히 CJ계열과 JTBC 실시간 방송, 그리고 VOD가 제공된다. 넷플릭스에서도 CJ ENM과 JTBC 콘텐츠가 서비스된다. 웨이브에서는 CJ ENM과 JTBC 콘텐츠를 더 이상 볼 수 없게 되었고, 티빙에서는 지상파 콘텐츠를 볼 수 없다. 넷플릭스에도 지상파와 CJ ENM-JTBC의 모든 콘텐츠가 있는 것은 아니다(김주현, 2020. 1. 3.). 국내 OTT들 사이에서 치열한 경쟁이 계속되면서, 소비자는 그때그때 보고 싶은 콘텐츠에 따라 OTT를 선택적으로 결제해야 하는 불편함이 생길 수 있다. 또는 향후 소비자가 복수의 OTT에 동시 가입하여 사용하는 경우가 생길 가능성도 있다.

국내 OTT 시장에서는 웨이브와 티빙의 경쟁 구도가 본격화 될 전망인데, OTT 경쟁의 핵심인 콘텐츠를 보면 결국 지상파 3사와 CJ ENM-JTBC 진영의 대결이 되는 셈이다. tvN을 포함한 CJ 계열사의 콘텐츠 영향력은 지상파를 넘어서고 있다. 주목할 점은 CJ ENM과 JTBC가 각각 자체 제작사인 스튜디오드래곤, 제이콘텐트리를 필두로 콘텐츠 지배력을 확장하고 있다는 사실이다. 이 점은 경쟁자인 웨이브에게는 위협적인 요소로 다가온다. 이에 더하여 넷플릭스가 CJ ENM에 이어 JTBC와도 협력을 맺고 콘텐츠 제작 역량을 강화하고 있는 점도 웨이브에는 큰 위협 요소가 되고 있다. 국내 대표 토종 OTT를 표방하고 있는 웨이브는 CJENM-JTBC 연합뿐 아니라, 이들과 손잡은 넷플릭스까지 견제해야 할 상황이다. 넷플릭스가 국내에 들어오기 전부터 푹과 티빙이 경쟁했던 것을 고려한다면, CJ ENM-JTBC의 통합 OTT 플랫폼은 넷플릭스보다 웨이브의 경쟁 상대가 될 것이라고 업계는 판단하고 있다.

4. 넷플릭스와 국내 미디어 기업의 제휴

넷플릭스가 국내 미디어 업계에 미친 영향은 OTT 시장의 점유율 제고뿐 아니라 국내 케이블 및 IPTV 기업과의 협력으로 이어졌다. 넷플릭스는 2016년 5월 유료방송 업계 처음으로 '딜라이브+OTT 셋톱박스(실시간 스트리밍+OTT)'를 선보인 케이블 업체 딜라이브와 국내 처음으로 라이선스 계약을 체결했다. 이로써 딜라이브 OTT를 통해 넷플릭스의 오리지널 콘텐츠와 최신 영화를 TV로 즐길 수 있게 되었다.

2017년에는 넷플릭스가 CJ헬로비전(현 LG헬로비전) 셋톱박스 뷰잉Viewing에 탑재되었다. 케이블TV 사업자 CJ헬로비전은 TV 기반의 OTT 플랫폼 전략을 추진하기 위해 넷플릭스, 푹TV, 티빙, 유튜브 등을 한곳에 모은 OTT 디바이스를 출시하여 방송이나 인터넷, 모바일 등에서 제공되는 다양한 콘텐츠를 뷰잉에 통합했다.

넷플릭스는 2018년 11월 LG유플러스와 IPTV 부문 단독 파트너십을 체결했다고 밝혔다. 사실 LG유플러스는 프로모션으로 이미 2018년 5월부터 자사 '속도-용량 무제한 데이터 요금제' 고객에게 넷플릭스 3개월 서비스를 무료로 제공하고 있었다. 이 제휴로 국내 시청자들이 넷플릭스 콘텐츠를 스마트폰뿐만 아니라 IPTV 화면에서도 즐길 수 있게 되었다. 넷플릭스 콘텐츠를 제공한 LG유플러스는 2019년 2분기 스마트홈 매출(5057억 원)이 전년 대비 13.7%

증가해 '넷플릭스 효과'를 톡톡히 봤다. 같은 기간 IPTV 가입자 역시 1년 전에 비해 12% 늘어난 424만 명을 기록했다. 실제로 LG유플러스 스마트홈 담당자에 따르면 2018년 11월 넷플릭스 탑재 이후 넷플릭스 해지율은 일반 가입자에 비해 절반 수준이며, 신규 고객 가입 의향에서도 넷플릭스가 1위를 보여 줘 가입자 순감에 효과가 있는 것으로 판단하고 있다고 말했다(이세영, 2019. 9. 22.).

넷플리스 시청자가 늘어나면서 LG유플러스의 IPTV 가입자도 함께 늘었다는 점에서 LG 유플러스 IPTV 사업을 성장 궤도에 올라서도록 한 성장 동력이 넷플릭스라는 것에는 거의 이견이 없다. 2020년 1분기 LG유플러스의 IPTV 가입자가 10% 이상 증가하는 등 미디어 부문 성장에 넷플릭스 영향이 컸다.

2020년 8월 국내 1위 유료방송 사업자인 KT가 넷플릭스와 제휴해 넷플릭스 콘텐츠를 서비스하는 사업자는 LG유플러스, LG헬로비전, 딜라이브에 이어 KT로 늘어났다. KT의 IPTV인 올레tv 이용자는 2020년 8월 초부터 TV 화면으로 넷플릭스의 콘텐츠를 시청할 수 있게 되었다. 우선 KT의 최신 셋톱박스를 통해 IPTV를 시청하는 이용자를 대상으로 서비스가 제공되고, 단계적으로 모든 셋톱박스 이용자로 확대될 예정이다. 이번 추가 제휴로 넷플릭스는 KT가 보유한 737만 명의 IPTV 가입자를 잠재적 이용자로 확보하게 되었다. KT로서는 넷플릭스를 활용하여 넷플릭스 콘텐츠를 원하는 사용자를 KT로 유치하거나, 기존 가입자의 이탈을 방지함으로써 국내 유료방송 1등 사업자라는 위치를 확고히 할 것으로 보고 있다.

5. 넷플릭스 국내 가입자 증가와 일상생활의 변화

넷플릭스의 국내 가입자가 빠른 속도로 증가하고 있는 것으로 짐작되지만 넷플릭스는 가입자 수를 공개하지 않으므로 추정을 할 뿐이다. 국내 앱 분석업체인 와이즈앱WiseApp에 의하면 넷플릭스의 국내 유료 가입자 수는 2018년 10월 90만 명에 불과했다. 하지만 넷플릭스는 높은 퀄리티의 콘텐츠를 꾸준히 공급하고 자체 콘텐츠를 제작하면서 사용자 수를 빠른 속도로 늘렸다. 유료 가입자 수는 2019년 3분기 말에 200만 명, 그리고 2020년 3분기 말에는 330만 명으로 가파르게 증가했다. LG유플러스, LG헬로비전, KT 등과 제휴를 하고 있으므로 제휴사를 통한 가입을 고려하면 유료 가입자 수는 훨씬 더 늘어날 것으로 판단된다. 넷플릭스 유료 가입자를 연령별로 보면, 20대가 38%, 30대가 31%로 2030세대가 전체의 69%를 차지하고 있다. 예상대로 넷플릭스가 젊은 층에 크게 어필하고 있다는 것을 알 수 있다.

    요즘 모임에 참석하면서 '인싸'가 되려면 넷플릭스를 봐야 한다는 말이 나온다. 영화를 통해 서로 동질성을 느낄 기회가 많아져 사회성이 훨씬 좋아지기 때문이라고 한다. 넷플릭스는 한 계정으로 동시에 프로필이 다른 4명까지 접속할 수 있다. 이런 이유로 가족과 친구들끼리 월정 구독료를 나누어 내고 계정을 공유한다. 심지어는 인터넷 커뮤니티나 카페에서 모르는 사람들끼리 비용을 나누어 내고 넷플릭스를 가입하여 계정을 공유하기도 한다. 새로운 풍속이다.

최근 미디어 환경은 방송사 중심에서 온라인 플랫폼 중심으로 변하고 있다. 사회적 요인으로, 한국에서는 1인 가구 비중이 급격히 증가해 2010년 24%에서 2020년에 30%로 나타났다. 1인 가구의 증가에 따라 비디오 시청이나 TV 시청보다는 스마트폰이나 노트북 등 온라인 모바일 플랫폼이 훨씬 더 많이 이용되고 있다. 이러한 온라인 플랫폼 중심의 환경은 넷플릭스와 같은 OTT에 매우 유리한 환경이다. 넷플릭스는 OTT 중 가장 많은 2200개의 디바이스를 지원하고 있는데, 선택한 요금제에 따라 스마트폰, 태블릿, PC로 동시에 넷플릭스를 이용해 스트리밍할 수 있다(신지민, 2019. 2. 24.).

6. 넷플릭스에 의한 한국 드라마 제작 환경의 변화

콘텐츠 확보에 많은 투자를 하고 있는 넷플릭스는 콘텐츠가 경쟁력의 핵심 요소 중 하나라는 점을 국내 시장에 각인시켰다. 넷플릭스가 한국 시장을 공략하기 위해 오리지널 콘텐츠 확보에 공격적인 자세로 임하는 상황을 국내 미디어 업계는 불안하게 바라보며 대책 마련에 고심하고 있다.

넷플릭스는 콘텐츠 제작 환경에도 변화를 주고 있다. 넷플릭스는 국내 시장에 진입하면서 영화 〈옥자〉에 제작비 580억 원, 드라마 〈킹덤〉에 편당 제작비 15억~20억 원을 투입한 것으로 알려졌다. 국내 기준으로는 상당히 높은 수준의 제작비 규모다. 넷플릭스가 콘텐츠 제작에 대한 자율성을 보장하고 합리적인 투자를 집행하면서 콘텐츠 채널 유통사가 '갑'이고 제작사가 '을'이었던 오래된 관행이 정상화되기 시작했다.

국내 콘텐츠 제작 환경의 고질적 문제는 지상파 방송사와 외주 제작사의 불합리한 계약 구조에서 비롯된다는 데 이견이 없을 것이다. 지난날을 돌아보면 지상파 3사는 많은 자금으로 자체 콘텐츠를 제작하고 이를 자신들의 플랫폼에 실어 전송하는 방식의 우월적 지위를 누리고 있었다. 이에 따라 외주 제작사가 아무리 좋은 드라마를 기획, 제작해도 결국 채널 사업자가 편성해 주지 않는다면 방송을 할 수 없었다. 이런 탓에 방송사와 외주 제작사는 철저한 '갑을 관계'였다. 편성권을 가진 방송사가 절대 '갑'이며, 방송사의 드라마 수주를 받아야 하는 드라마 제작사는 '을'이었다. 따라서 방송사와 드라마 제작사 간 계약은 방송사에 유리하게 체결될 수밖에 없었다. 외주 드라마 제작사가 겪는 문제는 방송사가 턱없이 낮은 제작비밖에 지급하지 않는 데 있다.

　제작 드라마를 방송에 편성해 줄 것을 요구하려면, 높은 시청률을 보장할 수 있는 스타 작가와 스타 연기자를 캐스팅해야 한다. 드라마 제작비에서 작가료와 출연료가 차지하는 비중이 전체 제작비의 70%를 넘으면 드라마 제작에 두 가지 근본적인 문제가 생긴다. 첫째, 드라마가 성공적이지 않을 경우 제작사는 큰 손해로 재정적 위험에 노출되며 조연, 단역 연기자와 스태프도 재정적 어려움을 겪게 된다. 둘째, 제작비 부족으로 드라마의 완성도를 위해 필요한 세트, 소품, 의상 등의 미술비와 음향, 조명 시설, 조연과 엑스트라 등을 위한 비용을 줄이고 있어 드라마의 성공 기회가 낮아진다(권호영, 2015).

　넷플릭스는 2016년 한국 진출 이후, 신속한 한국 시장 진입을 위해 고품질 콘텐츠를 만들 수 있는 제작사와의 협력이 절실했다. 넷플릭스는 국내 제작자와의 안정된 협력과 좋은 작품 제작을 위해서 국내 콘텐츠 제작 과정에 내재하고 있는 불합리하고 고질적인 관행을 개선하려고 노력했다. 넷플릭스의 국내 진출에 대해서 경계의 눈초리를 보냈던 방송 사업자와는 달리, 제작자들은 이러한 넷플릭스의 필요를 긍정적인 시각으로 바라보았다. 국내 제작자들은 작품을 편성해 줄 방송사를 구하는 것이 가장 큰 문제였는데, 넷플릭스와 공동 제작을 하는 제작사들은 이러한 문제가 없었다. 넷플릭스의 등장으로 한국 드라마 산업계는 종편 및 CJ ENM의 드라마 사업 강화 이후 또 한 번 전환점을 맞이하게 되었다. 과거처럼 지상파 3사에 매달릴 필요 없이 전 세계 방영 네트워크를 가지고 있는 넷플릭스 플랫폼에 작품을 올리면 된다. 제작사는 그냥 제작에만 몰두하면 되는 좋은 환경이 만들어진 것이다. 넷플릭스는 외주 제작사에 전체 제작비의 10% 수준의 수익을 제공하여 안정적 제작과 제작사의 최소한의 이익을 보장하는 것으로 알려져 있다. 따라서 제작사로서 위험부담이 없으므로 넷플릭스와 작업을 하고 싶어 하는 건 매우 자연스럽다. 하지만 이로 인한 콘텐츠 생태계 종속에 대한 우려가 남아 있다. 넷플릭스가 콘텐츠에 높은 제작비를 투자하는 데 비해 그만한 규모의 제작비를 투자할 수 있는 국내 투자자는 많지 않다. 업계에서는 향후 점점 더 높아질 것으로 보이는 콘텐츠 제작비용과 높아진 시청자의 눈높이를 국내 기업이 만족시키기는 점점 어려워질 것이므로 결국 넷플릭스 생태계에 종속될 가능성도 있다고 우려한다.

    넷플릭스와 제작자와의 계약 내용은 매우 자세하다. 이에 비해, 국내에서 드라마 외주 제작 계약을 할 때 모두가 표준 계약서 체결을 하지는 않는다. 넷플릭스의 세부적이고도 정확한 계약서 문화가 정착된다면 국내 드라마 제작 환경도 개선될 것이다.

국내에서는 드라마 투자자가 드라마 시청률을 높이기 위해 내용 수정을 요구하는 일이 드물지 않다. 이에 반해 넷플릭스는 창작자의 의도와 창의성을 존중한다. 작가가 대본에 대해서 넷플릭스와 의견을 공유하지만, 스토리·분위기·형태에 대한 결정은 전적으로 작가에게 맡긴다. 예컨대 〈킹덤〉에서는 사람 머리가 잘려 바닥에 뒹구는 것까지 모자이크 처리 없이 그대로 다 보여 줬다. 이러한 잔인한 표현은 기존 국내 방송에서는 방영되지 못할 것으로 예상했지만, 넷플릭스가 제작을 맡은 후 창작자에게 일체의 간섭 없이 자유를 보장해 독창적인 작품이 탄생할 수 있었다. 작가의 창의성을 존중하는 넷플릭스 문화로 작가들의 사기가 올라가며, 작품의 품질도 향상되고 있다. 넷플릭스가 창작자의 창의성과 표현 자유를 존중한다는 점이 작가, 제작자, 연기자 모두에게 무척 매력적인 면으로 여겨진다.

넷플릭스 콘텐츠 제작의 남다른 점은 다양성의 추구다. 흥행 목적만을 달성하기 위해 콘텐츠를 제작하지 않는다는 것이다. 넷플릭스는 2014년을 기준으로 7만 6900개의 마이크로 장르Micro-genre에 속하는 콘텐츠를 보유하고 있고, 2019년 말 현재 전 세계적으로 2000여 개의 '취향그룹'에 속하는 1억 9500만 명의 넷플릭스 회원이 있다. 이렇게 다양한 고객들을 만족시키기 위해서는 킬러 콘텐츠 못지않게 광범위하고 다양한 콘텐츠의 확보가 무엇보다 중요하다.

넷플릭스의 미디어 라이브러리에는 경쟁사에 비해 비인기 혹은 오래된 콘텐츠가 많다. 넷플릭스의 고도화된 추천 시스템은 소위 '롱테일'의 끝자락에 위치한 이러한 콘텐츠를 고객에게 추천하여 그들이 다양한 콘텐츠를 감상할 기회를 제공한다. 이것은 고객에게 좋은 '가치'를 제공하며 넷플릭스에 재정적으로 도움이 된다. 짧은 기간 동안 흥행에 성공한 영화나 드라마뿐 아니라 오랫동안 고객에게 사랑받는 비디오에도 높은 가치를 부여하는 등 넷플릭스가 생각하는 콘텐츠의 가치는 다양하다.

창작자나 제작자에게 글로벌 스트리밍 플랫폼인 넷플릭스는 매우 매력적이다. 그간 톱 연기자가 출연한 국내 콘텐츠가 한류에 힘입어 중화권이나 아시아 지역에 진출하곤 했었다. 하지만 영어권, 유럽 국가, 그리고 중남미 국가 진출은 현실적으로 쉽지 않았다. 넷플릭스와의 협업은 이런 어려움을 단번에 해결한다.

미디어 콘텐츠 유통에는 '홀드백 hold back'이라는 것이 있다. 공중파의 본 방송 이후 다른 케이블 방송 혹은 다른 방송 플랫폼에서 재방송되기까지 걸리는 기간이다. 홀드백 기간을 두는 이유는 기존 매체의 사업성을 보호하기 위해서다.

기존에는 본 방송을 TV 채널을 통해 국내에 방영한 후 재방영권을 6~12개월의 홀드백 hold back 시차를 두고 주로 아시아권의 해외 방송사, 온라인 동영상 플랫폼 OTT, 국내 OTT, 케이블 TV 등에 판매했다. 이에 비해 현재는 기존 유통 채널은 유지하면서, 여기에 넷플릭스가 오리지널 콘텐츠로 계약을 맺은 콘텐츠는 전 세계 190개 국에 27개 언어로 공개된다. 본 방송과 넷플릭스를 통한 유통의 시차는 24시간 미만으로, 실질적으로는 국내와 해외 동시 개봉이다.

이러한 혁신으로 전 세계 1억 9500만 명의 넷플릭스 회원은 〈킹덤〉의 한국 출시와 동시에 이를 감상할 수 있게 되었다. 〈킹덤〉 연출을 맡은 감독은 하루아침에 전 세계에 소개되어 유명 감독의 반열에 오르게 된다. 이런 의미에서 진정한 의미의 '글로벌 한류'는 이제부터라고 할 수 있다.

국내 콘텐츠 확보를 위해, 자금력을 바탕으로 한 넷플릭스의 행보는 정교하고 전략적이다. 넷플릭스는 2018년 tvN의 〈미스터 션샤인〉을 홀드백 없는 글로벌 동시 방영 조건으로 300억 원에 구매한 것으로 알려져 있다. 또 넷플릭스가 〈킹덤〉을 만드는 제작 과정은 파격적이었다. 〈킹덤〉은 그 어떤 방송사에서도 방영되지 않았고, 2019년 1월과 2020년 3월, 각각 시즌 1과 시즌 2의 에피소드들 모두를 넷플릭스를 통해 전 세계에 공개했다.

넷플릭스는 2015년 이후부터 2021년 초까지 한국 콘텐츠에 약 7700억 원을 투자했다. 넷플릭스는 한국 내에서 오리지널 콘텐츠의 자체 제작을 늘리는 한편, 자금력을 바탕으로 한국 콘텐츠 라이선스를 공격적으로 매입하고 있다. 그리고 국내 제작자들과 협력하여 신작 콘텐츠 제작에도 노력하고 있다. 기존 한국의 넷플릭스

법인인 '넷플릭스 서비시스 코리아'는 OTT 운영 및 가입자 관리, 기술·정책지원, 마케팅 등을 담당해 왔다. 이와는 별도로 2020년 9월에 한국 콘텐츠 관련 업무를 전담하는 '넷플릭스 엔터테인먼트 Ltd' 법인을 설립하여, 오리지널 콘텐츠 제작부터 영화, 드라마, 예능 등 다양한 장르의 콘텐츠 수급 및 투자, 제작 현장 관리 및 지원을 전담한다. 콘텐츠 전담 별도 법인은 아시아에서는 한국에 최초로 설립한 것이다.

또 2021년 초에는 한국 오리지널 콘텐츠 제작을 안정적으로 지원하기 위해 경기도 파주시와 연천군 두 곳에 있는 콘텐츠 스튜디오와 임대 계약을 체결했다. 이를 통해 향후 한국 콘텐츠 업계 전반의 성장을 돕고, 한국 창작자가 콘텐츠 제작에 더욱 집중할 수 있도록 한다는 계획이다(지인해, 2020. 11. 30.).

국내 방송사들이 인기 드라마를 넷플릭스에 판매하거나, 심지어 홀드백을 포기하고 넷플릭스와 동시 방영을 허용하는 가장 큰 이유는 콘텐츠 제작비 확보 때문이다. 눈높이가 높아진 시청자의 수준에 맞는 고품질 작품의 제작에는 막대한 제작비가 들어간다. 제작비를 조달하는 창구로서 막대한 자금력을 가진 넷플릭스는 충분히 매력적이다. 과거 콘텐츠는 종합편성 방송, 케이블 방송, 지상파 TV 방송사에서 만들고 홀드백 기간을 가졌지만, 이제는 드라마 방영 후 넷플릭스를 통해 즉시 공개되어 해외에서도 시청할 수 있다. 넷플릭스가 종합편성 방송이나 케이블 방송과 동시 방영한 드라마 중 몇 사례는 아래와 같다. 2018년 방영한 〈미스터 션샤인〉(tvN), 2018~2019년 방영한 20부작 〈SKY 캐슬〉(JTBC), 2019년 방영되었던 18부작 〈아스달 연대기〉(tvN), 32부작 〈봄밤〉(MBC TV), 16부작 액션드라마 〈배가본드〉(SBS TV), 40부작 〈동백꽃 필 무렵〉(KBS2 TV) 등이다.

7. 팬데믹 이후 늘어난 신규 기대작의 넷플릭스 공개

2020년 초부터 시작된 코로나19 팬데믹으로 사회적 거리두기와 재택근무가 장기화되면서 극장 관객들의 발길이 뚝 끊겼다. 극장 관객은 전년보다 70% 넘게 줄었고, 한국 영화 기대 신작들이 극장 개봉을 미뤘다. 신작의 개봉 시기 및 마케팅 등 애초에 세웠던 계획이 틀어져 제작·배급사들의 고민도 깊어졌다.

    이런 상황에서 한국 영화 기대작들이 극장 개봉을 포기하고 넷플릭스에서 공개되는 경우가 부쩍 늘었다. 코로나 상황에서 어려움을 겪고 있는 투자·배급사의 입장에서 보면, 극장 상영보다는 넷플릭스행이 재정적으로 더 안전한 선택일 수 있다. 2020년 4월 영화 〈사냥의 시간〉이 극장 개봉 대신 넷플릭스행을 택하면서 재정적 어려움을 넘겼다. 또 미스터리 스릴러 영화 〈콜〉이 2020년 3월 극장 개봉을 준비했으나 코로나 사태로 개봉을 연기했다가 결국 2020년 11월 넷플릭스에서 개봉되었다. 영화 〈차인표〉는 2021년 1월 넷플릭스를 통해 공개되었다. 한편 240억 원의 제작비로 송중기, 김태리 등이 주연을 맡은 〈승리호〉는 원래 2020년 9월 텐트폴 tent pole 영화로 개봉할 예정이었다. 하지만 코로나 확산으로 개봉을 연기한 끝에 2021년 2월 초 넷플릭스 플랫폼을 통해 전 세계에 공개했다.

예측이 어려운 팬데믹의 전개 상황과 디지털 시대 진입 후 극장 상영만을 콘텐츠 유통 채널로 고집했던 기존 영화계 관행의 뚜렷한 변화, 글로벌 시장으로의 확산이 절실한 국내 영화계의 염원 등을 고려할 때 기약 없는 극장 개봉 연기보다는 넷플릭스 플랫폼을 통한 개봉을 선택하는 것이 낫다는 판단이 반영된 것이다.

최근 신작 영화들이 극장보다 넷플릭스를 공개 채널로 선택한 것은 두 가지 측면에서 이미 예견되었다. 첫째, 코로나19 팬데믹 이후 OTT가 가파른 성장세를 보이고 있으므로 OTT 공개가 합리적인 선택이라는 점이다. 둘째, 전 세계를 강타하고 있는 팬데믹 사태가 언제 종료될지 모르는 상황에서 영화의 투자, 제작, 배급사들이 제작비를 건질 목적으로 넷플릭스행을 심각히 고려하고 있다는 점이다.

신작 기대작의 넷플릭스 플랫폼을 통한 글로벌 공개는 합리적인 장점들이 있지만, 이런 분위기가 지속된다면 한국 영화계가 넷플릭스에 지나치게 종속되는 건 아닌지 하는 우려의 목소리도 있다. 넷플릭스가 20년이라는 비교적 짧은 시간에 글로벌 엔터테인먼트 분야의 리더로 성장하게 된 것은 최고의 기술과 비즈니스 모델을 기반으로 몇 번의 파괴적 혁신을 패기 있게 단행했기 때문이다(이호수, 2020. 8.). 그중에서도 데이터 분석과 기계 학습을 포함한 인공지능 기술을 잘 활용했다. 즉, 넷플릭스의 모든 의사 결정은 직관 혹은 경험에 의한 의사 결정을 배제하고, '데이터' 기반이어야 한다는 원칙을 고수하고 있다. 어떤 문제든 숨기지 말고 적극적으로 제기하여 논의하는 문화가 활성화되어 있다. 또 이를 해결할 아이디어를 신속히 테스트할 수 있는 프레임워크가 정착되어 있다. 인공지능은 모든 것을 해결해 주는 존재가 아니며, 인간을 도와주는 보조 역할이라는 인식이 확고하다. 전 세계 2억 가입자들의 행동에 대한 엄청난 데이터가 실시간으로 들어오는데 이를 잘 처리하여 필요 부서에 공급하는 능력도 보유하고 있다.

    넷플릭스의 고도성장은 문어발식 기업 확장보다는 핵심 역량의 본업에 집중하는 전략에 힘입은 바 크다. "집중하라 Focus!" 이것은 넷플릭스 창업 초기부터 이어 내려온 일관된 기업 정신이다. 넷플릭스는 뛰어난 미디어 플랫폼을 가지고 있으며, 주위의 부추김에도 불구하고, CNN과 같은 뉴스 미디어, ESPN과 같은 스포츠 미디어 사업에 진출하지 않았다. 또 2008년 넷플릭스는 데이터센터를 모두 아마존으로 이관하고 본업에만 집중했다. 넷플릭스 공동창업자인 마크 랜돌프(Randolph, 2019)는 그의 책에서 "집중하라 Focus! 이것이 기업가의 비밀 병기다. 넷플릭스는 미래의 성공을 위해 자주 과거의 일부를 기꺼이 버려야만 했다"라고 힘주어 말하고 있다.

넷플릭스는 운영이나 관리보다 창의성과 속도를 요하는 업무가 대부분이다. 그래서 공공이나 제조 공장에서 선호하는 규칙과 프로세스 위주의 문화보다, 창의성과 혁신을 위한 '하이퍼포먼스 High Performance' 조직과 철저한 '자유와 책임 Freedom & Responsbility' 문화를 지향하고 있다. 회사나 조직의 성격을 느슨한 '가족'보다는 각 개인의 우수한 역량이 중요시되는 '프로스포츠팀'으로 비유하고 있다. 이러한 면은 평가, 보너스 및 휴가 제도에도 반영되고 있다(Hastings & Meyer, 2020).

넷플릭스는 1997년에 DVD를 우편으로 대여하는 회사로 시작했다. 2002년부터 5년 동안 당시 넷플릭스보다 100배나 큰 몸집을 지닌 미디어 공룡 블록버스터와 치열하게 싸우면서 성장했다. 2007년 미국에서 스트리밍을 시작했고, 2010년에는 캐나다를 시작으로 글로벌 확장을 추진하여 2016년에는 창업 후 20년 만에 글로벌화를 완성했다. 나날이 치열해지는 콘텐츠 경쟁에서 이기기 위해 첫 번째 오리지널 시리즈인 〈하우스 오브 카드 House of Cards〉를 2013년에 성공적으로 출시했고, 일괄 출시와 몰아보기 등 미디어 엔터테인먼트 업계에 놀라운 혁신을 연달아 내놓았다.

    넷플릭스가 제공하는 고품질 스토리텔링은 국경을 초월하는 보편적인 매력을 가지고 있다. 한국 고객을 위해 단순히 더 많은 콘텐츠의 제공뿐만 아니라 자막, 더빙, 음성 설명 등 우수한 해외 콘텐츠의 로컬라이제이션을 통해 고객에게 보다 높은 수준의 사용자 경험을 제공하고 있다.

    향후 웨이브, 티빙, 왓챠 등 국내 OTT 기업들, 그리고 넷플릭스를 필두로 국내 상륙이 예측되는 디즈니플러스, HBO Max 등을 비롯한 글로벌 OTT들이 어우러져 경쟁이 한층 치열해질 것으로 보인다. 콘텐츠의 양과 질이 시장 점유율을 결정하는 상황에서, 이 맥락의 우위를 차지한 넷플릭스의 기세를 국내 OTT 기업들이 당장 꺾기는 쉽지 않아 보인다. 무엇보다 넷플릭스의 콘텐츠 전략과 비즈니스 전략, 기술 등에 대한 이해가 선행되어야 하며, 국내 OTT 기업들은 양질의 콘텐츠 확보와 기술 투자로 경쟁력을 높일 필요가 있다. 우수한 사용자 사용성(UX)과 인터페이스, 그리고 사용자 취향에 맞는 콘텐츠 추천 등을 위해 투자와 노력을 아끼지 말아야 할 것이다.

참고 문헌

권호영 (2015), 『드라마 제작과 유통』, 커뮤니케이션북스, 39쪽.
김성민 (2021. 1. 19.). 한국인, 작년 넷플릭스에 5000억원 썼다. 〈조선일보〉.
　　　　https://www.chosun.com/economy/tech_it/2021/01/19/ZOQCPH7ZARHUVJ54XI2M47QB6Y
김주현 (2020. 1. 3.). '웨이브에서 JTBC도 못본다' 세력확장 속도 내는 CJ ENM·JTBC 연합군. 〈머니투데이〉. https://news.mt.co.kr/mtview.php?no=2020010214094717509
노경조 (2020. 10. 21.). 코로나 특수 주춤한 넷플릭스, 한국이 살렸다. 〈아주경제〉.
　　　　https://www.ajunews.com/view/20201021151838847
서정민 (2020. 11. 20.). 240억 대작 '승리호' 넷플릭스 직행…국내 블록버스터 최초 '파장'. 〈한겨레〉.
　　　　http://www.hani.co.kr/arti/culture/culture_general/970816.html#csidx074b02451bc45a8a42dbec7d9011135
신지민 (2019. 2. 24.). 둘만 모이면 "넷플릭스 같이 할래?" "난 이미 하고 있지". 〈한겨레〉.
　　　　http://www.hani.co.kr/arti/culture/culture_general/883326.html#csidx6f52b1b3f73efe5881cc8892bdb1a55.
신지형 (2018. 3. 31.). 〈유료방송 서비스 가입 추세 분석〉. KISDI STAT Report. 정보통신정책연구원.
윤지혜 (2021. 1. 11.). 넷플릭스 나홀로 '독주' … 무릎꿇은 토종 OTT. 〈아이뉴스24〉.
　　　　http://www.inews24.com/view/1333838
이세영 (2019. 9. 22.). SKT는 지상파 연합·LG유플러스는 넷플릭스 동맹…OTT 시장서 손 못잡은 KT. 〈업다운뉴스〉. https://m.post.naver.com/viewer/postView.nhn?volumeNo=25559439&memberNo=36765180&vType=VERTICAL.
이선희 (2018. 4. 30.), 〈온라인 동영상 제공 서비스(OTT) 이용 행태 분석〉, KISDI STAT Report. 정보통신정책연구원.
이호수 (2020. 8.). 『넷플릭스 인사이트』, 21세기북스.
정보통신정책연구원(2019. 1. 15.). 〈2018년 방송산업 실태조사 결과 주요 내용〉. KISDI STAT Report 제19-01호, 3쪽.
조아라 (2021. 1. 20.). 넷플릭스, 전세계 구독자 2억명 돌파…한국 스위트홈 흥행. 〈한국경제〉.
　　　　https://www.hankyung.com/it/article/202101200446g
지인해 (2020. 11. 30.). 넷플릭스 한국 별도 법인 설립의 의미. 〈한화투자증권〉.
　　　　https://blog.naver.com/trihanwha/222158186228
IMDb (2020. 3. 13.). Kingdon Episode #2.2. https://www.imdb.com/title/tt9256450

Jang, L. (2019. 11. 9.). Netflix Executive Raves About the Importance of the Korean Market, *The Korea Bizwire*. http://koreabizwire.com/ netflix-executive-raves-about-the-importance-of-the-korean-market /127220.

Randolph, M. (2019). *That Will Never Work*. Little Brown.

Hastings, R. & Meyer, E. (2020). *No Rules Rules: Netflix and the Culture of Reinvention*. Penguin Press.

Spangler, T. (2020. 1. 16.). Netflix Projected to Spend More Than $17Bn on Content in 2020. *Variety*. https://variety.com/2020/digital/news/netflix-2020-content-spending-17-billion-1203469237/

3.

스트리밍 시대의 텔레비전 그리고 시청자

노창희
미디어미래연구소 센터장

1. '텔레비전'에서 '스트리밍'으로

변화는 단절적으로 일어나지 않는다. 하지만 사후적으로 과거를 돌아보기 위해서든 현재의 상태를 규정하기 위해서든, 시기를 구분하는 일은 끊이지 않고 계속된다. 현재 가장 큰 사회적 이슈는 코로나19라는 감염병을 극복하는 일이고 이 재난 상태는 미디어 생태계에도 큰 영향을 미치고 있다. 코로나는 변화의 방향에 영향을 미쳤다기보다는 디지털 대전환이라는 변화의 속도에 영향을 미치고 있다(노창희, 2020a).

코로나로 인한 사회적 거리두기는 OTT 이용량 확산과 가입자 증가라는 현상으로 나타나고 있다. OTT로 인한 미디어 생태계의 변화 속에서 시청자*라는 존재를 어떻게 보아야 할지가 여기서 다룰 핵심 쟁점이다. 이 글에서는 지금의 미디어 환경을 '스트리밍'이라는 개념으로 규정하고 시장의 변화와 시청자가 처해 있는 구조적 맥락에 대해 살펴볼 것이다.

특정 시대를 주도하는 매체가 있다. 텔레비전**은 20세기를 주

---

* 수용자나 이용자라는 표현을 쓰지 않고 '시청자(視聽者)'라는 표현을 쓴 것은 다음과 같은 두 가지 이유다. 첫째, OTT를 통해 동영상을 소비하는 행위에 대해 텔레비전을 통해 방송을 보는 행위와의 관련성 속에서 조망하기 위해서이다. 둘째, 수용자나 이용자는 동영상을 소비하는 행위보다 넓은 범주를 포괄하는 용어이다. 이 장에서는 주체의 성격을 동영상을 소비하는 행위로 국한하여 논의하고자 한다.

** 방송이라는 표현을 쓰지 않고 텔레비전이라는 표현을 쓴 이유는 텔레비전이라는 용어가 방송이라는 용어보다 가치중립적이기 때문이다. 텔레비전은 "멀리서 보다(tele-vision)"(Lobato, 2019/2020)라는 뜻을 지녔기에 기존의 방송 사업자와 스트리밍 사업자 모두를 포괄해서 접근할 수 있는 용어이다.

도하던 매체였다. 지금은 텔레비전에서 스트리밍 플랫폼으로 시대를 주도하는 매체가 바뀌어 가는 이행기라고 할 수 있다(노창희, 2020. 5. 20.). 매체가 가지는 영향력이 변화하는 과정에서는 산업적 변화와 함께 매체를 통해 인간이 지각하는 감각도 변화하게 된다. 매클루언(McLuhan, 1964/2002)과 포스트먼(Postman, 1985/2020)은 매체의 형식 변화가 인간이 지각하는 감각의 변화를 가져온다고 보았다. 미디어 산업의 변화와 함께 시청자가 처해 있는 구조적 상황을 잘 살펴야 하는 이유는 자신이 주로 소비하는 매체가 변화하게 되면 전반적인 삶의 양식도 바뀌기 때문이다.

코로나 팬데믹으로 인해 '텔레비전에서 스트리밍'으로 전환이 가속화되는 양상이다. 대한민국에서도 스트리밍 이용량이 2020년에 크게 증가했다. SVOD Subscription Video on Demand 시장에서는 넷플릭스 가입자가 크게 늘어났고, AVOD Advertising Video on Demand 시장에서는 유튜브가 여전히 가장 영향력 있는 사업자로서 위상을 공고히 하고 있다. 이와 비교할 때 국내 OTT 사업자들은 눈에 띄는 도약을 하지는 못한 것으로 보인다. 〈씨네21〉에서 영화, 드라마 제작사, 투자배급사 등 한국 엔터테인먼트 주요 전문가를 대상으로 조사한 영상 콘텐츠 산업 키워드 1위는 'OTT'다(김성훈, 2020. 12. 28.). 영상산업의 시조라고 할 수 있는 영화산업도 OTT로 인해 급격한 변화를 맞이하고 있다. 2020년의 기대작들은 줄줄이 넷플릭스를 통해 영화를 유통하기로 결정했고, 2021년에도 이러한 경향은 이어질 전망이다.

시청자의 동영상 매체 이용 패턴도 급격히 변화하고 있다. 가장 두드러진 변화는 시청자의 선택권이 넓어졌다는 것이다. 오랜 기간 수용자 연구를 해 온 웹스터(Webster, 2014/2016)는 과거에 미디어가 희소한 자원이었다면 이제는 이용자의 관심이 희소한 자원이 되었다고 얘기한다. 시청자의 선택권이 넓어졌다는 것은 이용자가 주도권을 가지게 되었다는 것으로 해석 가능하다(노창희, 2020b). 하지만 인간의 관심이 제한되어 있다는 것은 확대된 선택권에도 불구하고 시청자에게 주어진 구조적 제약이다. 인간이 정보를 활용할 수 있는 능력은 근본적으로 제한되어 있기 때문이다(Lang, 2000). 선택권의 증대는 긍정적인 가능성을 높여 주는 반면, 부정적인 효과도 수반한다(Webster & Ksiazek, 2012). 데이터 기반 맞춤형 서비스는 시청자 입장에서 '암흑상자'(이광석, 2020a)일 수밖에 없다. 무수한 선택지가 존재하는 상황에서 플랫폼의 추천에 영향을 받게 되면서 시청자는 주체적인 판단의 범위가 어디까지인지 알기 어려운 상황에 놓이게 되었다.

스트리밍화는 산업적인 측면에서 그리고 시청자의 시청 행위라는 측면에서 새로운 생각할 거리들을 던져주고 있다. 변화는 역동적이며, 변화의 원인을 규명하기는 갈수록 어려워지고 있다. 지금은 역동적인 스트리밍 환경의 변화를 이해하기 위한 맥락적 상상력을 발휘해야 하는 시기이다(노창희, 2020. 8. 10.). 이 글에서는 이러한 관점에서 스트리밍이라는 개념이 가지고 있는 함의, 스트리밍으로 인해 변화하고 있는 시장의 변화, 시청자에게 스트리밍 환경이 갖는 의미에 대해 살펴볼 것이다.

2. '스트리밍'이라는 메타포

스트리밍은 제약 없는 미디어 유통과 콘텐츠 소비를 상징하는 용어가 되었다(Spilker & Colbjørnsen, 2020). 원래 '흐름'이라는 뜻을 지닌 스트리밍streaming이라는 용어는 이제 인터넷을 통해 콘텐츠를 실시간으로 소비하는 것을 의미한다. 캠브리지 사전에 따르면 스트리밍이란 "인터넷을 통해 직접 비디오를 청취하거나 보는 행위"를 뜻한다. 넷플릭스는 자신을 "인터넷 연결이 가능한 다양한 콘텐츠를 수천 종의 디바이스에서 시청할 수 있는 스트리밍 서비스"라고 규정하고 있다. 스트리밍이라는 용어는 동영상, 음악 등 분야를 막론하고 적용할 수 있는 공통어이기도 하다(Herbert, Lotz, & Marshall, 2019). 인터넷을 통해 실시간으로 콘텐츠를 소비하는 것이 보편화된 당대 미디어 제반 환경을 스트리밍 개념으로 규정하는 것은 전혀 어색하지 않다. 시청자는 전통적인 텔레비전이 주도하던 시기에 경험하기 어려웠던 알고리즘 기반의 맞춤형 서비스, 수많은 콘텐츠 목록 등 스트리밍 서비스를 통해서 전에는 경험하기 어려웠던 새로운 경험을 하고 있다(Lobato, 2018).

스트리밍이라는 단어가 처음 등장한 것은 1990년대로 음원이든 영상이든 콘텐츠를 저장하지 않고 실시간으로 보고 듣는 것을 의미하는 용어였다(Herbert, Lotz, & Marshall, 2019). 1990년대에 스트리밍이라는 개념이 지금과 같이 각광받지 못했던 것은 스트리밍을 통해 콘텐츠를 소비할 수 있는 환경이 온전하게 조성되어 있지 않았기 때문이다. 모바일을 통해 동영상을 실시간으로 시청하기에는 네트워크 환경도, 디바이스에도 명백한 한계가 존재했다.

기술적인 측면에서 스트리밍이라는 개념에 접근하면 다운로드와 비교할 때 영구적으로 소장할 수 없다는 것을 특징으로 한다(Spilker & Colbjørnsen, 2020). 스트리밍 서비스가 가지고 있는 이와 같은 휘발성은 1990년대와 2020년대에 전혀 다른 의미를 지닌다. 스트리밍 서비스가 처음 등장했을 때는 다시 들을 수 없다는 휘발성이 단점이었다면, 현재는 굳이 저장하지 않고도 필요할 때 다시 콘텐츠를 언제, 어디서든 편하게 소비할 수 있다는 것을 의미한다. 기술의 진화와 미디어 환경 변화로 인해 스트리밍이 가지고 있는 휘발성이라는 특성이 시청자 입장에서 단점이 아니라 편의便宜로 인식되고 있는 것이다. 구독을 취소하지 않는다면 시청자는 언제든 스트리밍을 통해 원하는 콘텐츠를 다시 소비할 수 있다.

과거 스트리밍에서 중요한 요소가 '실시간'이라고 한다면 지금은 '최적화optimization'다. 미디어 시장의 경쟁이 치열해진 상황 속에서 시청자를 만족시키기 위해서는 무엇을 원하든 언제든 What you want, When you want' 이용자가 원하는 것을 제공해 줄 수 있어야 한다(Herbert, Lotz, & Marshall, 2019, p. 354). 이제 시청자는 방송하는 콘텐츠를 보는 것이 아니라 내가 원하는 콘텐츠를 찾아갈 수 있다. 물론 시청자가 충분히 능동적이고 이용 능력을 갖추었다는 전제에서 그렇다.

소위 '넷플릭스 효과Netflix effect'라고 불리는 것도 최적화 개념과 관련되어 있다. 이코노미스트(The Economist, 2018. 7. 25.)는 소비자 중심 사고를 넷플릭스 효과의 핵심 중 하나로 꼽는다. 시간적인 편성 개념을 중심으로 하던 방송에서 중요한 것은 콘텐츠가 배치되는 시간적인 흐름이었다(Williams, 1974/1996). 편성이라는 흐름에 시청자가 종속되어 있을 수밖에 없는 것이 과거 방송 환경이 가진 구조적 한계였다. 스트리밍 환경은 시간 중심 편성이라는 구조적 제약을 파괴하고 있다. 맥도널드와 스미스-로지(McDonald & Smith-Rowsey, 2016/2020)는 소비자의 선택 폭을 넓히고 더욱 최적화된 개인화를 제공하는 것이 넷플릭스 효과라고 말한다. 이들 역시 최적화를 스트리밍 환경의 핵심으로 규정하고 있다.

앞에서 웹스터(Webster, 2014/2016)를 인용하기도 했지만, '관심'은 시청자들을 플랫폼에 접근하게 만드는 가장 기본적인 자원이다. 동영상 시장에서 시청자들을 유인할 수 있는 가장 중요한 요소는 콘텐츠다. 시청자들은 어떤 콘텐츠들이 있는지를 보고 플랫폼에 접근할지 말지 판단한다. 추오와 와이저트(Tzuo & Weisert, 2018/2019)는 넷플릭스가 지속하고 있는 막대한 콘텐츠 투자가 충분히 가치롭다고 지적한다. 시청자들의 관심을 이끌어낼 수 있는 가장 중요한 자원이 바로 콘텐츠이기 때문이다.

스트리밍 환경에서 사업자들이 가장 희망하는 바는 시청자들이 월정액 이용료를 내고 구독하는 것이다. 충분한 관심이 축적되면 구독으로 이어지게 된다. 넷플릭스를 비롯한 대부분의 스트리밍 플랫폼들은 한 달을 무료로 이용하고 정액제로 전환하게 되어 있다. 콘텐츠와 더불어 중요한 것이 시청자의 취향에 부합하는 콘텐츠를 추천해 주는 것이다. 넷플릭스를 비롯한 대부분의 스트리밍 플랫폼들은 시청자들이 감당할 수 없을 만큼 많은 콘텐츠 목록을 보유하고 있지만, 시청자 입장에서 자신의 취향에 부합하는 콘텐츠는 극히 제한적이다. 무슨 콘텐츠를 봐야 할지 결정하는 것도 쉽지 않다. 플랫폼이 제공하는 수많은 콘텐츠 중 무엇을 볼지 결정하기 어려운 현상을 '넷플릭스 증후군Netflix syndrome'이라고 부르기도 한다.[*]

데이터는 동영상 플랫폼을 비롯한 플랫폼의 경쟁력을 좌우하

---

[*] https://www.urbandictionary.com/define.php?term=Netflix%20Syndrome

는 핵심 요소가 되어 가고 있다. 갤러웨이(Galloway, 2017/2018)가 데이터를 페이스북의 원료라고 하는 것도 바로 이 때문이다. 디지털 대전환 환경에서 데이터 활용은 소비자를 구독 모델에서 이탈시키지 않기 위한 가장 중요한 요소 중 하나이다(Tzuo, 2015. 4. 25.). 데이터 기반 맞춤형 서비스를 통해 콘텐츠 선택을 위해 드는 인지적 노력을 줄여 줘야 하기 때문이다. 테이세이라(Teixeira, 2019/2019)는 디지털 환경에서 소비자가 선택할 때 돈, 시간, 노력이라는 3가지 화폐가 소요된다고 지적한다. 데이터 기반 서비스는 노력이라는 비용을 줄여 주는 데 기여하는 바가 크다.

관심과 구독의 관계는 관심이 구독으로 이어지는 선형적인 관계라고 보기는 어렵다. 구독을 지속시키려면 시청자의 관심에 대한 기대를 충족시켜야 하기 때문이다. 스트리밍 사업자들은 좋은 콘텐츠를 확보하고 추천 시스템을 최적화해서 이용자들을 잡아두기 위한 노력을 계속해야 한다는 것이다. 관심과 구독은 밀접하고 역동적인 관계를 맺고 있다. 노창희(2020b)는 이러한 과정을 "관심과 구독의 다이내믹스"라고 얘기한다.

시청자 입장에서 스트리밍이라는 은유를 최대한 긍정적으로 해석하면 최적화된 환경에서 편리하게 동영상을 소비할 수 있다는 것을 의미한다.* 하지만 기존 텔레비전 사업자들에게 스트리밍 환경

---

* 앞서 논의했던 것처럼 스트리밍 환경은 이용자 입장에서도 도전적이다. 이에 대해서는 시청자 관련된 부분에서 집중적으로 다루도록 할 것이다.

은 엄청난 도전이다. 또한 그동안 텔레비전 연구에 적용되어 왔던 이론적 틀과 규범을 중심으로 미디어 산업을 연구해 왔던 연구자들에게도 지금의 변화는 도전적일 수밖에 없다.

텔레비전과 스트리밍 서비스는 서로의 특성을 닮아 가면서 과거의 텔레비전과는 전혀 다른 형태의 서비스를 제공하고 있다. 텔레비전이 제공하는 서비스의 성격을 다시 규정할 수밖에 없는 상황인 것이다. 맥도널드와 스미스-로지(McDonald & Smith-Rowsey, 2016/2020)에 따르면 넷플릭스가 새로운 '방송 네트워크화'가 되어 가고 있다고 한다. 반면, 기존의 방송 사업자들은 넷플릭스와 같은 OTT 서비스가 제공하는 최적화에 가까운 편의를 제공하기 위해 노력할 수밖에 없다. 샤피로(Shapiro, 2020)는 데이터 논리에 기반을 둔 넷플릭시즘Netflixism이 기존 텔레비전 연구의 전통을 침식하고 있다고 지적한다. 시청자의 주체성이 데이터 기반 서비스에 의해 도전받고 있다고 보기 때문이다. 스트리밍으로 초래된 변화가 텔레비전의 성격과 시청자의 성격 모두를 변화시키고 있다.

스트리밍 환경은 미디어 생태계를 새롭게 변화시키고 있으며, 텔레비전에 대한 이해도 새로이 하게끔 한다. 넷플릭스와 같은 스트리밍 사업자가 변화시키고 있는 미디어 생태계를 바커와 비아트로스키(Barker & Wiatrowski, 2017)는 문화적 제도라는 관점에서 접근한다. 윌리엄스(Williams, 1977/2003)는 선별과 배제를 통해 새로운 제도가 탄생한다고 지적한다. 스트리밍 환경에서는 어떠한 요소가 채택되고 어떠한 요소를 밀어내면서 변화해 나갈 것인가?

스트리밍 영역으로 모든 사업자들이 수렴되는 지금의 환경을 '스트리밍기'라고 명명해 보고자 한다. 이제 텔레비전을 둘러싼 이해관계자들인 시청자, 사업자, 정부는 스트리밍기에 적응해야 한다. 스트리밍기의 가장 중요한 특징은 변화의 속도가 빠르다는 것이다. 코로나 팬데믹은 변화의 속도를 높이는 방향으로 작용하고 있다(노창희, 2021. 1. 26.). 시청자는 폭넓은 선택권과 더불어 데이터 기반 서비스가 제공하는 맞춤형 서비스로 인해 더욱 편리하게 텔레비전 서비스를 이용할 수 있게 되었다. 뒤에서 다시 다루겠지만 데이터 기반 서비스를 명확하게 이해하기 어려운 처지에 놓이게 된 것도 사실이다. 사업자들은 스트리밍 환경에서 엄청난 경쟁압력에 시달리고 있다. 동일한 스트리밍 서비스 시장에서 경쟁하고 있는 것 같지만 과거 텔레비전 서비스와는 비교할 수 없이 다양한 형태의 콘텐츠와 서비스가 등장하고 있다. 이와 같은 역동성은 스트리밍기가 가지는 특징이다.

이제 텔레비전 환경은 '스트리밍기'에 접어들었고, 비대면 환경으로 늘어난 스트리밍 이용량의 증가는 스트리밍기에 일어나고 있는 변화의 가속도를 높이고 있다. 스트리밍이라는 메타포는 '최적화'라는 용어로 읽히고 있지만, 이것만으로 현재의 변화를 모두 설명하기는 불가능하다. 남은 지면에서 스트리밍이 시장과 시청자에게 어떤 변화를 불러일으키고 있는지 살펴보고자 한다.

3. 시장 변화에 대한 맥락적 접근
: 스트리밍으로의 수렴과 분화, 로컬과 글로벌의 긴장과 타협

넷플릭스 글로벌 유료 가입자가 2020년 4분기에 처음으로 2억 명을 넘어섰다.* 2019년 말경 '2020년에는 스트리밍 전쟁 streaming wars 이 일어날 것'이라는 전망이 쏟아졌으나 코로나 팬데믹 여파로 스트리밍 이용량이 동반 상승하는 경향이 나타났다(노창희, 2020b). 2021년에도 스트리밍 이용량은 지속적으로 증가할 전망이다. 특히 미국이나 유럽에 비해 상대적으로 OTT로 인한 시장 변화가 급격히 일어나지 않았던 국내의 경우 변화에 더욱 가속도가 붙을 가능성이 높다.

    2억 명이 넘는 가입자를 가진 스트리밍 플랫폼이 등장했다는 것은 스트리밍화가 가속화되고 있다는 것을 시사한다(노창희, 2021. 1. 26.). 문제는 스트리밍 플랫폼과 기존의 텔레비전 서비스가 상호 간에 영향을 미치면서 유사성이 높아지고 있다는 것이다. 후발 주자였던

---

* 넷플릭스 2020년 4/4분기 글로벌 유료 가입자는 2억 366만 명으로 3/4분기(1억 9515만 명) 대비 851만 명 증가하였다(Netflix, 2021. 1. 19.).

스트리밍 플랫폼이 텔레비전이 제공하는 콘텐츠를 활용하거나 그와 유사한 콘텐츠를 제공했다면 이제는 기존의 텔레비전 사업자들이 스트리밍 플랫폼의 영향을 받고 있다. 스트리밍 서비스와 경쟁하기 위해서는 레거시 사업자들도 시청자에게 최적화된 서비스를 제공할 필요가 있기 때문이다.

2020년 말에 유통 플랫폼 쿠팡이 OTT 시장 진출을 선언하면서 화제를 모았다. 쿠팡이 론칭한 OTT 플랫폼 쿠팡플레이가 주목을 받은 이유는 유통 플랫폼의 OTT 시장 진출이 국내에서 찾기 어려운 사례였기 때문이다. 쿠팡이 아마존을 벤치마킹하고 있다는 분석도 심심치 않게 나왔다. 아마존은 쇼핑과 동영상, 음악 등 엔터테인먼트를 함께 제공하고 있다. 쿠팡플레이의 사례를 주목해 볼 만한 것은 오리지널 콘텐츠 확보와 데이터 기반 서비스 중심으로 논의되어 오던 경쟁 요소에 '패키징'이라는 새로운 생각거리가 주어졌기 때문이다(노창희, 2021. 1. 11.). 소비자 입장에서 내가 이용하는 상품이 제공하는 서비스 범위는 중요할 수밖에 없다. 구독 서비스에서 패키징이 중요한 이유이다(Tzuo & Weisert, 2018/2019). 패키징이 스트리밍 시장에서 등장한 새로운 경쟁 요소인 것처럼 보이지만 이미 방송통신 시장에서 결합상품은 핵심적인 경쟁 전략이었다. 스트리밍 시장에서 패키징 전략을 더욱 주목해서 보아야 하는 이유는 레거시 방송통신 상품보다 훨씬 다양한 종류의 패키징이 가능하기 때문이다.

쿠팡 이야기로 시장의 변화 얘기를 꺼낸 것은 스트리밍 시장으로의 수렴과 스트리밍에 뛰어든 사업자들의 분화가 첨예해지기 시작했기 때문이다(노창희, 2020c). 이제 유통사업자가 스트리밍 서비스를 하는 것이 전혀 부자연스럽지 않은 환경이 되었다. 하지만 스트리밍 시장에서 경쟁이 치열해진 만큼 다른 서비스와는 차별화된 자신만의 강점을 갖는 것이 중요해졌다. 콘텐츠 투자는 필수적이지만 리스크가 크다. 그렇기에 콘텐츠 투자 외에 자신이 가진 장점이 있다면 그 장점을 극대화하여 포지셔닝해야 하는 상황이 된 것이다. 네이버와 카카오 같은 포털 사업자들도 공격적으로 미디어 콘텐츠 분야에 투자하고 있어 향후 스트리밍 시장에서는 더욱 다양한 시도가 이뤄질 전망이다. 레거시 영역을 대표하는 사업자 중 하나인 KT도 본격적인 콘텐츠 투자를 시도하고 있다. KT의 콘텐츠 투자는 결국 스트리밍 영역의 경쟁력을 강화하기 위한 포석이 아니냐는 전망도 나오고 있다(김문기, 2021. 1. 28.).

스트리밍의 활성화는 영상산업의 시조라고 할 수 있는 영화산업에도 큰 영향을 미치고 있다. 영상 장르에서 영화가 갖는 의미는 산업적으로나 문화적으로나 각별하다. 영화는 영상산업의 출발점일 뿐 아니라 최고의 제작인력과 막대한 자본이 투입된다. 극장에서 상영되는 영화는 산업적으로 다른 장르의 영상산업보다 단위당 가치가 훨씬 크다. 수만 편의 동영상을 이용할 수 있는 플랫폼 월정액 이용료가 영화 한 편을 극장에 가서 보는 금액과 비슷하기 때문이다.

넷플릭스로 시작된 스트리밍에서의 영화 유통은 영화란 무엇인가를 다시 생각하게 하는 계기가 되고 있다. 스트리밍 서비스가 활성화되기 전에 영화는 극장에서 개봉하는 것에 국한되었다. 극장에서 공개된 이후 비디오 시장이나 텔레비전 시장으로 넘어왔던 것이다. 하지만 넷플릭스가 오리지널 영화를 제작하고 이를 넷플릭스에서만 독점적으로 유통하기 시작하면서 '영화'의 정체성을 어떻게 봐야 할지에 대한 의문이 제기되었다. 코로나19로 인해 극장에서 영화를 개봉하기 어려워지면서 여러 기대작들이 넷플릭스를 유통 창구로 선택했고, 그러한 경향은 국내에서도 두드러지게 나타났다. 스트리밍의 활성화와 코로나19로 인한 극장 기피 현상은 영화의 성격을 어떻게 보아야 하는지에 대한 물음을 던지게 하고 있다(홍남희, 2020).

영화산업에서 볼 수 있는 것처럼 공급자 입장에서 스트리밍 서비스는 콘텐츠 제공의 관습을 파괴시킨다(Gilbert, 2019). 국내에서 스트리밍 시장의 주도권은 넷플릭스와 유튜브와 같은 글로벌 사업자가 선점한 것으로 보인다. 국내에서 글로벌 사업자의 영향은 복잡한 형태로 나타나고 있다. 플랫폼 경쟁력 측면에서 볼 때 내수시장에서 글로벌 사업자에게 주도권을 빼앗긴 것에 대한 위기감이 높아지는 반면, 제작비 측면에서 넷플릭스에 대한 의존도가 높아지는 양상이 나타나고 있다. 글로벌 유통망을 확보한 넷플릭스에서 국내 콘텐츠 이용량이 늘어나면서 'K콘텐츠'의 위상은 높아지고 있다.

2020년 넷플릭스에서 대한민국 방송 프로그램TV Shows과 영화Movies는 넷플릭스의 경쟁력을 높이는 데 상당한 기여를 했다. 가령, 넷플릭스(Netflix, 2021. 1. 19.)는 2020년 4/4분기 실적 발표를 통해 한국어로 제작된 드라마 〈스위트홈〉을 2200만 명이 시청했다고 밝히고 있다. 디즈니, HBO와 같이 과거 넷플릭스에 콘텐츠를 공급해 주었던 콘텐츠 사업자들이 스트리밍 시장으로 뛰어들면서 넷플릭스는 새로운 콘텐츠 공급자를 찾아야 하는 상황인데, 이 가운데 대한민국 콘텐츠의 가치가 높아지고 있는 것이다. 넷플릭스 입장에서는 미국이나 유럽보다 제작비가 덜 드는 한국 콘텐츠의 가성비가 높게 느껴질 수밖에 없다.

뒤에서 다시 얘기하겠지만 스트리밍이 활성화되면서 동영상 시청 행위가 재조명되고 있다. 텔레비전을 시청한다는 행위는 과거부터 부정적으로 취급되어 온 경향이 있다. 소파에서 포테이토칩을 먹으면서 텔레비전을 시청하는 행위를 뜻하던 '카우치 포테이토couch potato'나 TV를 많이 보면 바보가 된다고 하는 의미를 지니고 있었던 '바보상자'라는 표현은 텔레비전 시청에 대한 경멸적인 표현이었다(노창희, 2019. 10. 20.).

사업자들도 자신들이 가치 있는 콘텐츠와 서비스를 제공한다는 것을 드러내고 싶어 한다. 넷플릭스의 조직문화에 관해 CEO 리드 헤이스팅스Reed Hastings가 직접 쓴 『규칙없음』 서문에서 헤이스팅스는 〈로마〉의 아카데미상 수상을 넷플릭스가 성취한 중요한 성과로 내세우고 있다(Hastings & Meyer, 2020/2020). 스트리밍 플랫폼들은 자신들이 제공하는 콘텐츠와 서비스가 시청자들에게 가치 있는 것으로 여겨지기를 바라고 그것이 스트리밍 서비스의 경쟁력을 높이는 데도 도움이 된다고 판단하고 있는 것이다. 시청자 입장에서도 내가 이용하는 플랫폼에 비평적인, 문화적인 측면에서 가치 있는 콘텐츠로 가득 차 있다면 좋아하지 않을 이유가 없다(노창희, 2020. 2. 16.).

글로벌 플랫폼들의 명품화 전략은 어제오늘의 일이 아니다. 갤러웨이(Galloway, 2017/2018)는 애플이 가지고 있는 가장 큰 강점이 브랜드 이미지라고 지적한 바 있다. 스티브 잡스Steve Jobs로 표상되는 애플의 혁신적인 이미지가 소비자로 하여금 애플을 계속 구매하도록 만든다는 것이다. 스트리밍 사업자들 역시 애플과 같이 이미지를 구축해 나가고 있다고 볼 수 있다. 무엇이 진정한 시네마인지에 대해 얘기하면서 마틴 스콜세지(Scorsese, 2019. 11. 14.)로부터 시네마가 아니라고 비판받은 디즈니도 정치적 올바름이라는 가치를 지키기 위해 노력하고 있다. 오히려 정치적인 올바름political correctness에 너무 집착하고 있다고 비판받고 있는 상황이다(노창희, 2020b).

스트리밍 서비스 이용에 일상의 상당 부분을 할애하는 상황에서는 스트리밍 소비를 통해 자신의 정체성이 드러나게 된다. 이러한 경향이 지속되면 부르디외(Bourdieu, 1979/2006)가 이야기한 문화자본 축적을 위한 스트리밍 소비가 나타날 가능성이 높다. 남미에서는 실제로 넷플릭스를 문화자본이 높은 계층에서 보다 더 많이 소비하는 것으로 나타나고 있다(Straubhaar, Castro, Duarte, & Spence, 2019). 베블런(Veblen, 1899/2012)이 언급한 과시적 소비가 스트리밍 소비에서 나타날 수 있다는 것이다.

스트리밍 서비스에 대한 이용량이 높아질수록 콘텐츠의 문화적 가치가 중요해진다. 스타이너(Steiner, 2017)는 몰아보기와 같이 부담이 큰 동영상 시청도 문학과 같이 수준 높게 느껴진다면 시청자가 느끼는 심리적 부담이 줄어들 수 있다고 지적한다. 이제 스트리밍 사업자들은 단순히 많은 시청자가 좋아하는 콘텐츠뿐 아니라 평단의 지지가 필요한 작품을 통해 자신들의 평판 관리까지 해야 하는 상황에 놓인 것이다.

4. 알고리즘 시대, 시청자의 새로운 정체성

헤이스팅스가 이야기한 수많은 말 가운데 가장 많이 인용되는 표현 중 하나는 넷플릭스의 경쟁상대가 수면시간이라는 말이다(Raphael,

2017. 6. 17.). 여기에 전제된 긍정적인 내포는 시청자가 능동적으로 스트리밍 서비스를 소비할 수 있게 되었다는 것이다. 스트리밍 서비스의 경쟁상대가 수면시간이 되었다는 것은 스트리밍 서비스가 과거 텔레비전의 대표적인 특성이었던 시간 편성의 한계를 극복했다는 의미가 내재되어 있다.

헤이스팅스가 얘기한 넷플릭스의 경쟁상대가 수면시간이라는 것과 가장 밀접하게 관련된 행위가 바로 '몰아보기binge-watch'다. 스트리밍을 통한 시청자의 새로운 시청행위로 가장 많이 거론되는 몰아보기의 어원이 되는 '빈지binge'라는 용어는 결코 긍정적인 뜻을 가지고 있지 않다. 베이커(Baker, 2017)는 빈지라는 용어가 '과잉'이라는 부정적인 뜻을 지녔다고 지적한다. 수면시간을 침해할 정도로 일상에서 큰 비중을 차지하는 스트리밍 이용이 시청자가 주체적으로 선택해서 이루어지는 것이 아니라 플랫폼의 추천에 의해 이루어진 것이라면? 플랫폼이 제공하는 추천 서비스가 충분히 신뢰할 만한 것이라 아니라면? 이에 대해서는 성찰적으로 생각해 볼 필요가 있다. 이러한 우려를 할 수밖에 없는 것은 알고리즘에 기반을 둔 추천 시스템 이용자의 결정에 큰 영향을 미치기 때문이다(Napoli, 2014).

문화의 산업화에 대한 강력한 비판이 담긴 가장 저명한 책을 꼽으라면 호르크하이머와 아도르노(Horkheimer & Adorno, 1969/2001)의 『계몽의 변증법』을 들 수 있다. 『계몽의 변증법』에서 호르크하이머와 아도르노는 문화산업의 대량화로 인해 대중문화가 선정적이고 동질화되어 소비자들에게 부정적인 영향을 줄 것을 우려하였다. 데이터 기반 알고리즘 서비스가 미디어 산업에서 핵심적인 경쟁력이 되어 가고 있는 상황에서 미디어 분야의 전문가들은 호르크하이머와 아도르노는 예상할 수 없었던 다른 우려를 표명하고 있다. 바로 알고리즘에 의한 데이터 맞춤형 서비스가 시청자의 주체적인 결정에 영향을 주는 것이다. 알고리즘은 시청자의 주체성을 훼손하고 플랫폼이 의도하는 대로 시청자를 계몽할 위험이 있다.

앞서 언급한 것처럼 데이터 활용은 구독 서비스의 핵심이며, 시청자가 콘텐츠를 선택할 때 인지적 비용을 줄여 주는 편의를 제공한다. 하지만 다른 측면에서 보면 데이터는 이용자가 특정 플랫폼을 이용했기 때문에 사업자가 획득할 수 있는 것이다. 이는 스마이드(Smythe, 1977)가 시청자가 무료로 방송을 보는 것이 아니라 광고를 시청하는 대가로 방송을 볼 수 있는 것이라고 지적하는 것과 유사하다. 플랫폼 이용자들은 자신들의 흔적을 데이터로 남기는 대가로 플랫폼을 이용하는 셈이다(노창희, 2018). 비용을 지불하지 않고 이용하는 플랫폼 서비스는 물론, 비용을 지불하고 이용하는 구독 서비스를 이용할 때도 시청자는 자신이 시청한 콘텐츠와 관련된 많은 정보를 플랫폼에 제공한다. 플랫폼에 데이터를 제공함으로써 얻는 편익이 큰지 그로 인해 발생할 수 있는 위험성이 큰지 따져 보기는 어렵다. 뒤에서 다시 언급하겠지만, 데이터 기반 환경은 개인의 주체적인 판단을 떠나 피할 수 없는 전제조건이며, 피할 수 없다면 시청자는 지금의 환경에서 본인의 권리를 지킬 수 있는 이용 능력을 함양하기 위해 노력해야 한다(노창희, 2020. 4. 21.).

데이터 기반 맞춤형 서비스가 제공해 주는 편의성에도 불구하고 그에 대한 비판적 견해는 꾸준히 제기되어 왔다. 데이터 기반 맞춤형 서비스를 상징하는 기업인 넷플릭스의 맞춤형 서비스에 대해서도 체류 시간이 충분하거나 시청자 입장에서 확인하기 쉽지 않은 설정 방식을 완전히 이해하고 활용할 때에만 제대로 된 추천을 받을 수 있다는 지적도 있었다(McFadden, 2019. 6. 13.; Park, 2019. 8. 3.). 이러한 의혹이 제기된 이유는 자신들이 직접 오리지널 콘텐츠를 제작하든 혹은 콘텐츠에 대한 판권을 구매하든, 어렵게 콘텐츠를 수급하는 플랫폼 사업자 입장에서는 시청자가 봐 주었으면 하는 콘텐츠를 추천할 가능성을 배제할 수 없기 때문이다.

데이터화가 시청자의 주체성을 잠식할 수 있다는 비판은 꾸준히 제기되어 왔다. 아놀드(Arnold, 2016/2020)와 샤피로(Shapiro, 2020)는 루브로이(Rouvroy, 2012; Arnold, 2016/2020 재인용)의 데이터 행동주의data behaviorism 관점에서 스트리밍 서비스가 제공하는 데이터 기반 서비스가 시청자의 주체성에 부정적인 영향을 미친다고 보고 있다. 아놀드(Arnold, 2016/2020)는 루브로이를 인용하면서 데이터 행동주의가 시청자가 아닌 데이터 자신이 지식을 창출하는 방식이라고 본다.

이처럼 데이터 기반 서비스는 시청자의 주체성에 중대한 도전이 될 수 있다(Shapiro, 2020). 아놀드(Arnold, 2016/2020)는 넷플릭스가 제공하는 데이터 기반 측정과 예측이 시청자들의 맥락과 경험 그리고 정체성을 훼손시킨다고 주장한다. 체니-리폴드(Cheney-Lippold, 2011)는 데이터 기반 환경이 '알고리즘 정체성 algorithmic identity'을 만들어 냈다고 보면서 이에 대해 비판적으로 접근한다. 체니-리폴드는 알고리즘에 의해 구축된 정체성은 자유주의 정치에서 벗어나 시민 담론을 창출할 수 없도록 만들며, 개인을 감시하는 데 유용하다고 지적한다. 편성이 시청자의 자율성을 제약하는 것처럼 알고리즘에 기반을 둔 데이터 기반 맞춤형 서비스도 시청자의 주체성을 침해할 가능성이 있기 때문이다(이희은, 2019). 이광석(2020a)은 시청자 입장에서 작동 방식을 알기 어려운 플랫폼이 제공하는 데이터 기반 서비스가 '암흑상자'가 될 수 있다고 지적한다. 시청자들은 자신이 추천 받는 콘텐츠가 어떠한 경로를 거쳐 도달했는지 정확하게 아는 것이 어렵기 때문이다.

이런 측면에서 샤피로(Shapiro, 2020)는 알튀세르 Althusser와 라캉 Lacan이 이야기하는 호명이 알고리즘적인 텔레비전 이용에서도 나타날 수 있다고 지적한다. 시청자가 자신이 주체적으로 콘텐츠를 선택하는 것이 아니라, 플랫폼이 추천해 주는 콘텐츠를 이용한다면 플랫폼으로부터 호명을 받는 셈이 되기 때문이다.

시청자는 수용자 연구 초기부터 지적되어 온 것처럼 측정하기 어려운 존재이고, 데이터 기반 기술이 고도화되고 있는 지금도 마찬가지다. 시청자 입장에서 암흑상자처럼 느껴질 수 있는 플랫폼이 제공하는 데이터 기반 맞춤형 서비스는 이용자에게 최적화된 환경을 제공하는 것이 아니라 시청자가 플랫폼에 최적화될 위험성이 있다. 아놀드(Arnold, 2016/2020)는 넷플릭스가 제공하는 서비스에 시청자가 적응하도록 넷플릭스가 환원주의적 reductive 접근을 하고 있다고 지적한다. 즉 넷플릭스가 시청자를 위해 최적화된 서비스를 제공하기보다는 시청자가 넷플릭스에 최적화될 수 있다는 것이다.

스미스-로지(Smith-Rowsey, 2016/2020)는 넷플릭스가 시도하고 있는 장르의 분류가 부르디외(Bourdieu, 1979/2006)적 권위에 의해 형성된 문화적 위계와 불편한 관계에 있다고 지적한다. 부르디외는 문화적 취향이 계급적 속성과 관련되어 있으며, 개인이 문화적 취향을 통해 타인과 자신을 구별 지을 수 있다고 보았다. 구별짓기 자체는 부정적인 속성을 가지고 있지만, 여기에는 인간이 경제적 조건 등 다양한 환경에 영향을 받음에도 불구하고 자신의 문화적 취향을 주체적으로 형성할 수 있다는 뜻이 내포되어 있기도 하다. 스미스-로지가 이야기하는 넷플릭스의 장르 분류와 부르디외식 구별짓기의 긴장은 개인의 문화적 취향이 데이터의 영향하에 놓일 수 있다는 것을 시사한다.

시청자에게 엄청나게 많은 콘텐츠와 정보가 제공되는 상황에서 데이터 기반 서비스에 도움을 받는 것은 분명 이로운 일이다. 인간이 수용할 수 있는 정보의 양과 가용시간은 정해져 있기 때문이다. 데이터 기반 서비스는 분명 시청자가 불필요하게 소모해야 할 기회비용을 크게 줄여 준다. 문제는 자신의 주권을 스스로 지킬 필요가 있다는 것이다.

이제 시청자는 단순히 동영상의 내용을 향유하는 것을 넘어 플랫폼에 접근하는 것부터 시작해서 자신이 그를 기반으로 콘텐츠를 제작하는 등 재전유하는 과정까지 콘텐츠 시청 과정 전반을 종합적으로 이해할 필요가 있다(이광석, 2020a). 시청자의 콘텐츠 소비에 관한 연구도 스트리밍화가 가져온 소비 양식의 변화를 형식적인 측면에서 종합적으로 조망하는 차원에서 이루어질 필요가 있다.

이런 차원에서 이광석(2020b)이 제안하는 '수작 手作' 개념에 주목해 볼 필요가 있다. 이 수작 개념은 직접 손을 쓰면서 사물의 원리를 파악한다는 원 뜻을 넘어 기술이 지닌 맥락을 성찰적으로 이해하는 것까지를 포괄한다. 알고리즘이 추천해 주는 데이터 기반 서비스가 보편화되어 있는 상황에서 시청자는 자신이 딛고 있는 위치가 어디인지 확실히 이해할 필요가 있다. 이와 같은 이해의 지반 위에서 데이터 기반 서비스를 나 자신을 위해 활용할 때 자신에게 최적화된 시청 환경을 구축할 수 있을 것이다.

5. 스트리밍의 가속화와 텔레비전의 미래

이 글에서 나는 텔레비전 산업과 관련된 생산, 유통, 소비의 특성을 '스트리밍'이라는 용어로 규정하였고, 텔레비전 산업이 스트리밍기에 접어들었다고 주장하였다. 텔레비전 산업이 산업을 넘어서는 의미를 지니는 것은 인간의 마음에 영향을 주기 때문이다. 김홍중 (2009, 6쪽)의 말처럼 사회가 "모두가 같은 마음이 되는 덧없는 순간의 불안정한 제도화"라고 한다면, 사회 구성원의 마음에 큰 영향을 미치는 텔레비전 산업의 변화를 주시하는 일은 중요할 수밖에 없다.

    다시 반복하자면 스트리밍 환경의 특성은 '변화'의 속도가 빠르다는 것이다. 코로나는 이 변화의 속도를 높이고 있다. 가속화된 변화의 속도에 적응하는 것은 시청자나, 사업자나, 정부나 모두 어렵다 (노창희, 2021. 1. 26.). 기존에 텔레비전 서비스를 하는 사업자뿐 아니라 쿠팡과 같이 유통을 하는 사업자들도 스트리밍 시장에 뛰어들고 있다. 스트리밍 시장의 경쟁 압력은 갈수록 높아질 수밖에 없다. 다양한 선택지에 둘러싸인 시청자도 마냥 행복한 상황은 아니다. 자신이 가진 정당한 권리를 누리기 위해서는 상당한 노력이 필요한 환경이기 때문이다.

앞으로 갈수록 듣기 어려운 용어가 되겠지만, 여기서는 '텔레비전'의 미래에 대해 언급하면서 마치고자 한다. 내가 이야기하는 텔레비전 산업의 범주는 동영상을 시청자에게 제공하는 모든 사업자와 이와 관련된 이해관계자를 포괄한다. 현재 상황에서 텔레비전 산업의 미래에 대해 정확하게 전망할 수 있는 사람은 없을 것이다. 여기서는 다만 바람직한 방향에 대해 제언해 보고자 한다.

시장에서는 새로운 콘텐츠 확보, 데이터를 중심으로 한 최적화, 시청자들에게 보다 넓고 유용한 서비스를 결합시킬 수 있는 패키징 방식 등이 경쟁력을 좌우할 것이다. 국내 시장으로 좁혀 보면 이미 SVOD 시장뿐 아니라 콘텐츠 제작시장에까지 막대한 영향력을 행사하고 있는 넷플릭스와 더불어 디즈니플러스 등 새롭게 국내에 진입할 스트리밍 사업자들로 인해 시장에서 경쟁 압력은 보다 높아질 것이다. 플랫폼 경쟁력을 높여 나가면서 합리적인 방식으로 글로벌 사업자들과 콘텐츠와 관련된 협력을 이어 나가야 한다. 국내에서 경쟁력을 확보하기 위해서라도 글로벌 시장에서 통할 수 있는 수준의 콘텐츠를 제작해야 하는 환경에서 넷플릭스와 같은 글로벌 사업자와의 콘텐츠 협력은 불가피한 측면이 있다. IP 확보와 같이 중·장기적인 측면에서 경쟁력을 제고할 수 있는 방향으로 콘텐츠 협력

전략을 전환해야 한다. 높은 제작비가 아니라 창의적인 서사 발굴을 통해 내실 있는 성장을 도모할 필요가 있다. 장르화되고 있는 '한국형 호러'처럼 대한민국의 인장이 확실히 박힌 새로운 장르를 개척해야 한다(노창희, 2021. 1. 26.).

이용자의 선택권이 높아지면서 '이용자 중심의 미디어 생태계'가 형성되어 가고 있다(노창희, 2020b). 하지만 이용자가 접해야 하는 콘텐츠와 정보의 양이 기하급수적으로 늘어나면서 정보의 진위와 정말로 내가 좋아하는 콘텐츠는 무엇인지 가려내는 일은 더욱 어려워졌다. 의도적으로 정보를 왜곡하는 '탈진실 post-truth'(McIntyre, 2018/2019)의 문제, 맞춤형 서비스로 인해 양극화를 심화시키는 '필터버블 filterbubble'(Pariser, 2011/2011)과 같은 현상은 그 어느 때보다 시청자의 미디어 이용 능력이 향상되어야 할 필요성을 높이고 있다. 아울러 수면시간을 방해할 정도로 콘텐츠 소비 시간이 늘어날 수 있는 환경에서 나의 여가 시간을 함부로 낭비하지 않으려면, 정말로 나에게 필요한, 내가 좋아하는 콘텐츠는 무엇인지 성찰하는 노력이 필요하다(노창희, 2020. 4. 21.). 기술의 진화, 선택권의 확대가 가져다줄 수 있는 능동성에 대한 낙관적인 전망을 벗어나 시청자들의 종합적인 실천행위로서 시청행위를 성찰적으로 소환해야 하는 시점이다(이광석, 2020a).

변화하는 환경에서 정부의 역할도 중요하다. 정부가 규제를 통해 시장을 통제하던 시대는 지나갔다. 지금과 같은 역동적인 상황에서 정부의 역량을 발휘하기 위해서는 공정한 경쟁 환경을 조성하되, 문제가 발생할 경우 정부가 대응할 수 있는 능력을 갖춰야 한다. 통제자가 아닌 조정자로서 정부의 역할이 필요하며, 국민들이 이해하기 어려운 산업의 변화나 정책 이슈를 국민들에게 잘 알리는 것도 중요하다(노창희, 2020. 10. 5.).

바람직한 텔레비전 생태계, 나아가 건전한 미디어 생태계를 조성하는 일에는 사업자, 정부, 시청자 모두의 협력이 필요하다(노창희, 2020b). 시청자의 편의를 높이기 위한 사업자의 혁신, 자신의 정당한 권리를 지키기 위한 시청자의 적극적 실천, 합리적인 조정자로서 정부의 역할이 어우러질 때 보다 나은 미래가 올 것이다.

참고 문헌

김문기 (2021. 1. 28.). 'KT미디어허브' 실패 또 없다…'KT스튜디오지니' 재도전. 〈아이뉴스24〉. http://www.inews24.com/view/1338945

김성훈 (2020. 12. 28.). 2021년 어떤 작품, 어떤 배우가 뜰까… 대한민국 영상 콘텐츠 산업 리더 55인에게 물었다. 〈씨네21〉, 1287, 1288호.

김홍중 (2009). 『마음의 사회학』. 문학동네.

노창희 (2018). 데이터 기반 서비스의 부상이 미디어 이용에 미치는 영향. 〈미디어 이슈 & 트렌드〉, 14호, 61~87.

_____ (2019. 10. 20.). 빈지뷰잉과 '조커', 영상 소비의 의미 변화. 〈아주경제〉. https://www.ajunews.com/view/20191020144643288

_____ (2020a). 포스트 코로나 시대 미디어 생태계의 향방. 〈방송문화〉, 421호, 89~106.

_____ (2020b). 『스트리밍 이후의 플랫폼』. 스리체어스.

_____ (2020c). 스트리밍으로 인한 미디어 생태계의 수렴과 분화. 〈방송 트렌드 & 인사이트〉, 24호, 25~31.

_____ (2020. 2. 16.). 스트리밍 시대 비평적 가치가 갖는 의미. 〈아주경제〉. https://www.ajunews.com/view/20200213113206155

_____ (2020. 4. 21.). 이용자 중심 시대의 정보 주권. 〈아주경제〉. https://www.ajunews.com/view/20200421101515280

_____ (2020. 5. 20.). 코로나로 앞당겨진 디지털 대전환.. 미디어의 선택은? 〈아주경제〉. https://www.ajunews.com/view/20200520105033298

_____ (2020. 8. 10.). 스트리밍 이해 위한 맥락적 상상력. 〈아이뉴스24〉. http://www.inews24.com/view/1289191

_____ (2020. 10. 5.). 생태계 빚진 구글…플랫폼 자유와 책임. 〈아이뉴스24〉. http://www.inews24.com/view/1303823

_____ (2021. 1. 11.). OTT 시장 변화…미디어 경계와 범주. 〈아이뉴스24〉. http://www.inews24.com/view/1333819

_____ (2021. 1. 26.). 넷플릭서 2억명..스트리밍 대세됐다. 〈아주경제〉. https://www.ajunews.com/view/20210126095413767

이광석 (2020a). 미디어 이용자 패러다임의 재구성: '비판적 제작'의 기술 수행적 함의. 〈한국언론정보학보〉, 102호, 71~102.

_____ (2020b). 『디지털의 배신』. 인물과사상사.

이희은 (2019). 유튜브의 기술문화적 의미에 대한 탐색: 흐름과 알고리즘 개념의 재구성을 중심으로. 〈언론과 사회〉, 27권 2호, 5~46.

홍남희 (2020). 언택트 시대 넷플릭스의 영화: 퀄리티 콘텐츠로서의 영화와 극장의 의미 변화. 〈영상문화〉, 37호, 181~206.

Arnold, S. (2016). 넷플릭스와 선택·참여·자율의 신화. McDonald, K., & Smith-Rowsey, D. (엮음), 유건식 (역). (2020). 『넷플릭스 효과: 21세기 기술과 엔터테인먼트』(80~103쪽). 한울아카데미.

Barker, C., & Wiatrowski, M. (2017). Introduction. In C. Barker & M. Wiatrowski (Eds.), *The age of netflix: Critical essays on streaming media, digital delivery and instant access*(pp. 1~9). Jefferson: McFarland.

Barker, C. (2017). Terms of excess: Binge-viewing as epic-viewing in the Netflix era. In C. Barker & M. Wiatrowski (Eds.), *The age of netflix: Critical essays on streaming media, digital delivery and instant access*(pp. 31~54). Jefferson: McFarland.

Bourdieu, P. (1979). *La Distinction: critique sociale du jugement.* 최종철 (역) (2006). 『구별짓기: 문화와 취향의 사회학(上),(下)』. 새물결.

Cheney-Lippold, J. (2011). A new algorithmic identity: Soft biopolitics and the modulation of control. *Theory, Culture & Society,* 28(6), 164~181.

Galloway, S. (2017). *The four: The hidden DNA of amazon, apple, facebook, and google.* 이경식 (역). (2018). 『플랫폼 제국의 미래』. 비즈니스북스.

Gilbert, A. (2019). Push, pull, rerun: Television reruns and streaming media. *Television & New Media,* 20(7), 686~701.

Hastings, R., & Meyer, E. (2020). *No rules rules: Netflix and the culture of reinvention.* 이경남 (역) (2020). 『규칙 없음: 넷플릭스, 지구상 가장 빠르고 유연한 기업의 비밀』. 알에치코리아.

Herbert, D., Lotz, A. D., & Marshall, L. (2019). Approaching media industries comparatively: A case study of streaming. *International Journal of Cultural Studies,* 22(3), 349~366.

Horkheimer, M. & Adorno, T. W. (1969). *Dialektik der Aufklaerung: Philosophische Fragmente.* 김유동 (역) (2001). 『계몽의 변증법: 철학적 단상』. 문학과지성사.

Lang, A. (2000). The limied capacity model of mediated message processing. *Journal of Communication,* 50(1), 46~70.

Lobato, R. (2018). Rethinking international TV flows research in the age of netflix. *Television & New Media*, 19(3), 241~256.

_____ (2019). *Netflix nations: The geography of digital distribution.* 안세라 (역) (2020). 『넷플릭스 세계화의 비밀: 넷플릭스식 OTT 플랫폼의 원리』. 유엑스리뷰.

Lotz, A. D. (2020). In between the global and the local: Mapping the geographies of netflix as a multinational service. *International Journal of Cultural Studies*.

McDonald, K., & Smith-Rowsey, D. (2016). 머리말. McDonald, K., & Smith-Rowsey, D. (엮음), 유건식 (역). (2020). 『넷플릭스 효과: 21세기 기술과 엔터테인먼트』 (9~26쪽). 한울아카데미.

McIntyre, L. (2018). *Post-Truth*. 김재경 (역) (2019). 『포스트트루스: 가짜뉴스와 탈진실의 시대』. 누리반.

McLuhan, M. (1964). *Understanding Media: The Extensions of Man*. 김성기·이한우 (역) (2002). 『미디어의 이해』. 민음사.

McFadden, C. (2019. 6. 13.). How Exactly Does Netflix Recommend Movies To You? *Interestingengineering*.

Napoli, P. M. (2014). Automated media: An institutional theory perspective on algorithmic media production and consumption. Communication Theory, 24, 340~360.

Netflix (2021. 1. 19.). *Final-Q420-Shareholder-Letter*.

Pariser, E. (2011). *The filter bubble*. 이현숙·이정태 (역) (2011). 『생각 조종자들』. 알키

Park, N. (2019. 8. 3.). How to solve the problem of "Netflix Syndrome" — a UX case study. *UX Collective*.

Postman, N. (1985). *Amusing ourselves to death*. 홍윤선 (역) (2020). 『죽도록 즐기기』. 굿인포메이션.

Raphael, R. (2017. 6. 17.). Netflix CEO Reed Hastings: Sleep is our competition. Fastcompan.

Rouvroy, A. (2012). The end(s) of critique: Data behaviourism versus due process. In Hildebrandt, M., & De Vries, K (Eds.), *Privacy, due process and the computational turn: The philosophy of law meets the philosophy of technology*(pp. 143~167). Abingdon: Routledge.

Scorsese, M. (2019. 11. 14.). Martin Scorsese: I said marvel movies aren't cinema. let me explain. *The New York Times*.

Shapiro, S. (2020) Algorithmic television in the age of large-scale customization. *Television & New Media*, 21(6), 658~663.

Smith-Rowsey, D. (2016). 창의적인 분류와 현혹적인 체계: 넷플릭스 카테고리와 장르가 어떻게 롱테일 법칙을 재정의하나? McDonald, K., & Smith-Rowsey, D. (엮음), 유건식 (역). (2020). 『넷플릭스 효과: 21세기 기술과 엔터테인먼트』 (104~130쪽). 한울아카데미.

Smythe, D. W. (1977) Communications: Blindspot of western marxism. Canadian *Journal of Political and Social Theory*, 1(3), 1~27, 1977.

Spilker, H. S., & Colbjørnsen, T. (2020). The dimensions of streaming: Toward a typology of an evolving concept. *Media, Culture & Society*, 42(7-8), 1210~1225.

Steiner, E. (2017). Binge-watching in practice: The rituals, motives and feelings of streaming video viewers. In C. Barker & M. Wiatrowski (Eds.), *The age of netflix: Critical essays on streaming media, digital delivery and instant access*(pp. 141~161). Jefferson: McFarland.

Straubhaar, J. D., Castro, D., Duarte, L. G., & Spence, J. (2019). Class, pay TV access and netflix in latin america: Transformation within a digital divide. *Critical Studies in Television*, 14(2), 233~254.

Teixeira, T. S. (2019). *Unlocking the customer value chain: How decoupling drives consumer disruption*. 김인수 (역) (2019). 『디커플링: 넷플릭스, 아마존, 에어비엔비…한순간에 시장을 점령한 신흥 기업들의 파괴 전략』. 인플루엔셜.

The Economist (2018. 7. 25.). The television will be revolutionised. *The Economist*.

Tzuo, T. (2015. 4. 25.). Why this CEO believes an MBA is worthless. *Fortune*.

Tzuo, T. & Weisert, G. (2018). *Subscribed*. 박선령 (역). (2019). 『구독과 좋아요의 경제학: 플랫폼을 뛰어넘는 궁극의 비즈니스 솔루션』. 부키.

Veblen, T. B. (1899). The theory of the leisure class: An economic study. 김성균 (역) (2012). 『유한계급론』. 우물이있는집.

Webster, J. G. (2014). *How audiences take shape in a digital age*. 백영민 (역) (2016). 『관심의 시장: 디지털 시대 수용자의 관심은 어떻게 형성되나』. 커뮤니케이션북스.

Webster, J. G., & Ksiazek, T. B. (2012). The dynamics of audience fragmentation: Public attention in an age of digital media. *Journal of Communication*, 62(1), 39~56.

Williams, R. (1974). *Television: Technology and Cultural Form*. 박효숙 (역) (1996). 『텔레비전론』. 현대미학사.

_____ (1977). *Marxism and literature*. 박만준 (역) (2003). 『문학과 문학화이론』. 경문사.

4.

글로벌 혼종화 시대의 지적재산권

백욱인
서울과학기술대학교 기초교육학부 교수

1. 인터넷과 전통적 저작권의 와해

1999년 자신이 만든 회사 애플에서 쫓겨났던 스티브 잡스Steve Jobs가 복귀했다. 그는 2001년 애플 아이맥스iMacs를 출시하면서 'Rip, Mix, Burn'이라는 광고 카피를 달았다. 애플사가 출시한 컴퓨터로 CD에서 음악 트랙을 하나씩 떼어내 다른 것과 섞거나 배열을 바꿔 자신만의 CD를 만들어 이용하라는 유혹이었다. 이런 카피copy는 음반 기업이 보유한 저작권의 근간을 위협하는 내용이었다. 당시 대중음악계는 1999년 등장한 냅스터Napster의 음악 파일 공유 서비스 때문에 골치를 앓고 있었다. 이용자들은 냅스터라는 사이트에 접속하면 P2P를 통해 서로 소지하고 있는 음악 파일들을 자유롭게 내려받을 수 있었다. 음반에 대한 저작권을 갖고 있던 거대 음반사들에게 냅스터 같은 인터넷 서비스는 최대의 적이었다. 이를 계기로 저작권을 보호하기 위한 소송과 협박이 이루어졌다. 냅스터는 전성기 시절 이용자 수가 8000만 명에 달했으나 미국음반산업협회RIAA: Recording Industry Association of America가 거액의 소송을 걸었고 법원으로부터 서비스 정지 명령을 받은 후 2001년 7월 서비스를 접었다. 이를 지켜보던 스티브 잡스는 2001년 아이팟iPod을 출시하여 음반의 한 트랙을 유료로 내려받아 듣는 서비스와 연결했다. 그는 변화하는 시장의 흐름에 맞추어 아이팟이라는 하드웨어와 아이튠즈iTunes라는 소프트웨어 그리고 아이튠즈 스토어라는 콘텐츠 판매와 결합했다. 그는 음반 저작권을 갖고 있는 아티스트 및 음반사와 이용자를 매개하는 디지털 음원 유료화 시장을 개척한 것이다. 음반사들은 이를 통해 냅스터가 저지른 음반 저작권의 위협을 벗어날 수 있었다. 하지만 '피투피 P2P: peer to peer'를 이용한 저작물 공유는 일반적인 포털사이트에서 검색되지 않는 인터넷의 딥웹 deep web을 통해 여전히 활발하게 이루어지고 있었다.

그런 와중에 2005년 2월 14일 유튜브라는 영상 클립 공유 사이트가 출현했다. 유튜브는 2006년 만들어진 지 1년이 조금 넘어 구글에 인수되었다. 유튜브는 영상물의 전달 속도가 개선되고 이용자들이 많아지면서 2010년 흑자를 내기 시작한 이후 전 세계에 걸쳐 수많은 이용자를 확보한 거대 사이트가 되었다. 2020년 9월 현재 국내 유튜브 이용자 수는 4319만 명에 달하고 유튜브 앱 1인당 월평균 사용 시간은 30시간에 이르렀다(아이지에이웍스, 2020). 유튜브는 이용자들의 활동을 통해 거대 미디어 기업이 저작권을 소지하고 있던 영상과 음악을 디지털 클립으로 전환하여 축적했다. 아날로그 콘텐츠를 디지털로 떼어내어 Rip, 믹스 Mix한 다음, 구워내는 Burn 일은 이용자들이 맡았다. 초기에 이런 콘텐츠를 '이용자 생산 콘텐츠 User Created Contents'라고 불렀다. 수많은 유저들이 유료 저작권이 있던 콘텐츠를 립, 믹스, 번해서 유튜브로 집어넣으면 저작권이 있던 상품이 탈상품화된다. 유튜브는 저작권을 자연스레 무력화하는 기계였다.

이처럼 유튜브는 구글이라는 거대 업체에 의해 운영되는 상업적 사이트이지만 배타적 저작권 체제를 무너뜨리는 선도적 역할을 수행했다. 기존에 만들어진 많은 상업적 저작물이 일단 유튜브에 들어오면 이용자 공유물로 뒤바뀌면서 저작권이 지니는 '의도적 희소재'의 배타성을 잃어버리게 되었다. 물론 저작권자가 이의를 제기하면 사업자는 그 콘텐츠에 대한 접근을 차단했다. 그러나 굳이 저작권자가 유튜브에서 자신들의 저작물을 내릴 이유는 없었다. 그들은 이용자들에 대한 접근과 홍보 등 저작권으로 얻지 못할 부가적 이득을 누릴 수 있기 때문이었다. 이용자들도 이런 활동에 만족했다. 이용자들은 유튜브로 돈을 벌려는 의도를 갖고 있지 않았다. 초창기 유튜브 이용자들은 유튜브에 자신의 저작물을 올리고 댓글과 평가를 받고 유명해질 수 있는 것만으로도 충분히 보상받았다고 생각했다.

유튜브 안에는 돈을 주고 봐야 했던 콘텐츠들이 유저들의 활동에 의해서 축적된다. 유튜브에는 이용자가 기존의 미디어에서 잘라낸 콘텐츠, 그것을 활용하여 리믹스한 콘텐츠, 그리고 이용자가 순수 창작한 콘텐츠와 댓글에 이르기까지 여러 콘텐츠가 축적된다. 사람들은 이처럼 다양한 콘텐츠를 보러 유튜브에 들어온다. 유튜브는 초기에 이용자들이 기존 미디어의 콘텐츠를 잘라내서 유튜브에 올리는 행위를 막지 않았다. 콘텐츠가 유튜브에 축적되어 이용자들이 마음대로 이용할 수 있으면 그만큼 더 많은 이용자를 확보할 수 있기 때문이었다. 거대 미디어 콘텐츠 업체들은 처음에는 자신의 콘텐츠가 유튜브에 올라와 공짜로 이용자에게 전파되는 현상을 달갑게 보지 않았다. 그런데 유튜브의 이용자가 늘어나고 그곳에 불법으로 올려진 자신들의 콘텐츠가 많이 활용되는 모습을 보고 조금씩 생각을 바꾸게 된다. 이들은 유튜브에서 자신의 콘텐츠가 많이 이용되는 현상이 자신들의 이해를 해치지 않는다는 사실을 알게 된다. 콘텐츠 기업들은 유튜브와 불화를 만들지 않으면서 자신들의 문화상품을 팔 방법을 모색했다. 유튜브는 자신들의 상품을 사지 않을 대상에게 그들의 상품을 선전해 주는 효과를 지니고 있었다. 이후 그들은 유튜브를 적극적인 상품 광고의 마당으로 받아들였을 뿐만 아니라 스스로 자신들이 소유한 콘텐츠를 유튜브에 올리기 시작했다.

2010년대를 전후하여 스마트폰이 대중화되고 유튜브 이용자가 늘어나고, 이용자들이 기존 미디어의 콘텐츠를 잘라내어 공유하기에 이르자 유튜브는 초기의 공유 모델에서 벗어나 상업화 모델을 적극적으로 모색하기 시작한다. 이용자들이 콘텐츠를 볼 때 광고를 끼워 돈을 벌거나 광고가 중간에 안 뜨기를 바라는 이용자 요구를 활용하여 프리미엄 서비스라는 명목으로 월 회비를 받기 시작했다. 결국 올드미디어의 콘텐츠는 탈상업화되고 저작권이 와해되었지만, 유튜브는 그를 다시 간접적인 우회로를 활용하여 여러 가지 방식으로 상업화했다. 이용자가 카피레프트Copyleft 행위를 통해 카피라이트Copyright를 풀었으나 유튜브는 그것을 다른 방식으로 전환시켜 이윤을 챙겨 나가는 새로운 형태의 재상업화를 추진했다. 유튜브는 콘텐츠에 광고를 달면서 수익을 내기 시작했다. 그러자 수익을 노린 유튜버YouTuber라는 전문 제작자들이 몰리고 이들이 관심과 평판을 얻기 위해 경쟁하는 새로운 유튜브 환경이 만들어졌다. 유튜브가 광고수익의 일부를 콘텐츠를 올린 유튜버와 나누기로 방침을 세운 다음 초기의 공유 문화가 무너지고 있다.

2019년 12월 10일에는 유튜브 약관이 개정되었는데, 이는 앞으로 유튜브가 변화할 방향을 잘 보여 준다. 유튜브는 이용자가 광고 수익을 받을 수 있는 유저 수와 이용 시간에 제한을 두고, 음악 스트리밍 방송을 금지했다. 그리고 상업화를 위한 이용자 제한 조치를 분명하게 선언한다.

> "YouTube는 귀하에게 서비스를 제공하는 것이 더 이상 상업적으로 실행 가능성이 없다고 판단되는 경우, 귀하의 액세스나 귀하의 Google 계정의 본 서비스 전체 또는 일부에 대한 액세스를 해지할 수 있습니다."[*]

이용자들의 참여로 성장한 유튜브가 이제 이용자를 상업적으로 규제하고 그들을 상업적으로 길들여 상업방송으로 전면화하려

---

[*] 유튜브 약관 개정문(2019. 12. 10.) 참조.

는 의도를 드러내고 있다. 유튜브에 올라오는 콘텐츠에 대한 저작권은 더 강화되고 이용자가 만드는 콘텐츠의 상업화도 강제하는 일이 벌어진다. 유튜브는 이용자가 기존의 영상 클럽이나 음원을 이용하여 새로운 창작물을 만들 경우 그에 대한 광고 보상금은 이용창작자가 아니라 원래 그 영상물이나 음원을 소지하고 있는 업체에게로 돌아가게끔 약관을 변경했다. 이것은 무엇을 의미하는가? 그동안 유튜브 성장에 기본 줄기였던 이용자 창작물의 형태를 엄격하게 제한하겠다는 것이다. 이는 거대 콘텐츠 보유 회사의 입장이 반영된 약관 개편임과 동시에 상업화를 목표로 하는 구글의 '사악한' 결정이기도 하다. 이는 이제까지의 유튜브를 만든 과거 이용자들의 참여와 나눔의 방향을 바꾸겠다는 구글의 방침을 보여 준다. 2019년 약관 개정은 열린 정원이었던 유튜브를 상업화의 닫힌 정원으로 개조하려는 대공사의 청사진이다. 이제 유튜브는 이용자 중심 커뮤니티가 아니라 온라인 상업 방송사로 변신하고 있다. 유저$_{user}$는 단순한 시청자로 전락하고 소수의 유튜버만이 상업화된 유튜브로 수익을 올리는 매체로 변화하고 있는 것이다. 이런 약관 개정을 저작권 차원에서 보면 음반사, 영화사, 방송사 등 기존 콘텐츠 보유 회사의 저작권을 기술적으로 보장하는 체제를 갖추기 위한 의도가 숨어 있음을 알 수 있다. 2020년 약관 개정을 통해 기존에는 파트너 프로그램에 가입된 채널만 광고가 있었으나 향후에는 유튜브 파트너 프로그램에 가입되지 않은 채널에도 광고가 있을 수 있다고 고지했다. 유튜브 파트너 프로그램에 가입되지 않은 채널에 부착된 광고로 얻은 이익은 콘텐츠 게시자에게 돌아가지 않는다. 이런 조치는 모든 이용자에게 콘텐츠를 올려 수익을 올리도록 독려하는 동시에 광고를 확장하는 결과를 가져온다.

  스티브 잡스는 소비자에게 자사의 컴퓨터를 구입하여 'Rip, Mix, Burn'하라고 선전해 놓고 아이팟과 아이튠즈 스토어를 만들어 음원을 판매하는 전략으로 갈아타 버렸다. 결국 애플은 자사의 하드웨어 아이팟을 팔고 음원시장과 결탁하여 얻은 수익을 저작권자와 나눠 가졌다. 구글의 유튜브 또한 이용자 창작물로 덩치를 키운 뒤 저작권자의 이해를 위해 이용자들의 활동을 제한하면서 상업화된 온라인 스트리밍 방송사로 변신하고 있다. 이러한 애플과 구글의 변신은 이용자에 대한 배신이었다.

2. 크리에이티브 커먼즈 라이선스와 이용자 생산물

디지털 콘텐츠는 지적 재산권의 강제적인 적용으로부터 상대적으로 자유로운 지역에 존재한다. 애플과 구글 같은 거대 기업의 이러한 상업화와 배신에도 불구하고 인터넷 저작권은 현실 세계의 저작권에 비해 매우 느슨하다. 디지털 콘텐츠는 디지털로 쉽게 복제될 수 있기 때문에 그것의 생산에 아무리 많은 노력과 비용이 투자되었다고 해도, 일단 만들어지고 난 다음에는 희소하지도 않고 다른 경쟁제와 경합을 벌이지도 않는다. 인터넷 세상에서는 법적인 제한만 없으면 사람들의 자유로운 나눔과 공유를 통해 디지털 콘텐츠를 거의 무한대로 복제하고 전달할 수 있다. 이런 경우 강한 저작권의 관철이 어려울 뿐만 아니라 원본 제작자의 저작권이 보장받기 힘들다는 문제가 발생한다. 그렇다고 강력한 저작권법을 강제하면 디지털 콘텐츠의 원활한 생산과 유통을 가로막아 문화 산업과 창조적 활동을 저해하는 해악이 나타나기도 한다. 과도한 저작권 보호와 강한 지적 재산권의 법적 강제는 공유물의 범위와 확장을 가로막을 뿐만 아니라 문화 창달을 지원한다는 원래 저작권의 목적에도 위배된다. 디지털 콘텐츠의 이런 특성 때문에 기존의 콘텐츠 기업과 플랫폼 기업 간에는 종종 이해관계가 대립하기도 하지만 그들의 최종 목적이 이윤이라는 점에서 동일하기 때문에 그들은 어제든지 저작권을 강화하거나 약화하는 정책을 오갈 수 있다. 저작권자는 이윤이 최대화되면 언제라도 저작권을 포기하다가도 이윤이 떨어지면 턱없이 강한 저작권이라도 끝까지 고수할 것이다. 이것이 이윤을 목적으로 하는 자본주의 사회의 기업이 갖는 특성인 것이다. "사악하지 말자"라는 표어는 이윤을 위해서라면 언제든지 끌어 내려질 수 있다.

저작권은 저작권자의 창의력에 대한 보상과 저작물에 대한 도용 방지를 목적으로 만들어졌다. 그런데 저작권의 유효 기간과 양도 등 여러 복잡한 절차를 거쳐 저작권자가 바뀔 수 있다. 콘텐츠 창조자뿐만 아니라 그것을 출판하고 관리하는 사업체가 저작권자일 경우, 그리고 단일한 개인의 창작이 아니라 집단 창작이나 대규모 자본이 들어간 상업용 콘텐츠일 경우 저작권자는 개인이 아니라 기업이나 집단일 경우가 일반적이다. 저작물에 대한 도용 방지와 보상은 네 가지 조합으로 이루어질 수 있다. 첫째, 보상과 도용 방지가 성공적으로 확보되는 경우, 둘째, 도용 방지는 성공할 수 있으나 보상은 되지 않는 경우, 셋째, 도용 방지는 실패하지만 보상은 받는 경우, 넷째, 도용 방지도 실패하고 보상도 실패하는 경우. 저작자나 저작권자에게 가장 이상적인 유형은 도용 방지와 보상이 모두 이루어지는 조합일 것이다. 그런데 이러한 조합은 시대 조건이나 미디어 환경 변화에 따라 달라질 수밖에 없다. 모든 저작자가 반드시 금전적인 보상을 바라는 것은 아니다. 어떤 저작자는 금전적인 보상 대신에 저작물의 사회적 확산이나 광범한 이용에 따른 효과만으로 충분한 보상을 얻었다고 만족한다. 또 다른 저작자는 저작물의 확산과 그에 따른 지위와 영향력, 그리고 금전적 보상을 모두 원할 수도 있다. 그러나 그러한 다양성은 저작물의 종류와 내용 및 미디어 환경에 따라 달라진다.

모든 기업은 이윤의 최대화를 추구한다는 데 변함이 없다. 저작권을 갖고 있는 기업은 도용 방지와 인정을 통한 명예보다는 수익 창출과 이윤 획득을 목표로 한다. 따라서 수익만 창출할 수 있다면, 저작권의 내용이 도용되거나 인정되지 않으면서 널리 확산되는 현상을 기꺼이 감수할 수 있다. 이런 사정을 이해하면 유튜브에 기존 저작권자의 저작물이 축적되던 현상과 최근 이것에 대한 저작권이 강화되는 모습이 드러내는 모순에 대한 수수께끼가 풀린다. 우리는 이를 통해, 여러 다양한 과정을 거치기는 하지만 결국 저작권자의 이윤을 위한 체제가 만들어지는 모습을 확인하게 된다.

이러한 상업화된 흐름과는 반대로 누구나 기존의 콘텐츠를 자유롭게 공유하려는 '디지털 공유물' 확산의 움직임도 함께 이루어져 왔다. 디지털 공유물은 누구나 이용할 수 있는 디지털 콘텐츠를 의미한다. 로런스 레식Lawrens Lessig이 2001년 시작한 '크리에이티브 커먼즈 라이선스Creative Commons licenses'의 목적은 기존의 배타적이고 상업적인 저작권이 공유와 창조를 제한하기 때문에 이에 대한 대안으로서 이용자가 만든 디지털 콘텐츠에 독자적인 라이선스를 부가하여 공유와 창조를 촉진하려는 데 있었다. 이런 운동이 2000년대 초반 기존 저작권의 배타적 소유권과 그에 따른 부당성을 대중에게 부각시킨 것은 큰 성과였다. 그러나 웹2.0이 본격화되는 2000년대 중반 이후에는 현실적인 추동력을 발휘하기 힘든 상황을 맞게 되었다.

왜냐하면 이용자 생산 콘텐츠는 크리에이티브 커먼즈 라이선스와 무관하게 거대 플랫폼 서비스 회사들에 의해 자동으로 공유되고 공짜로 배포되기 때문이다. 인터넷 안에 존재하는 디지털 콘텐츠는 그것의 특성상 공유와 나눔을 자동으로 촉진하기 마련이다. 라이선스는 그것이 비록 좋은 의도로 만들어졌다고 하여도 공유와 나눔의 자동성이라는 인터넷 플랫폼의 특성을 뛰어넘지 못한다. 다시 말해 의도적 라이선스 제도는 이용자의 상식을 대체하지 못한다.

인터넷에서 이루어지는 '이용자 협동 생산 P2P production'은 공유와 나눔을 촉진하는 기본 요소이다. 인터넷의 개인 웹사이트나 블로그는 물론이고 거대 상업적 서비스 업체의 플랫폼까지도 공유와 나눔 및 이용자 활동 결과물 흡수에 바탕을 두고 있다. 저작권을 내건 유료화 체제는 인터넷에서 성공하기 힘들다. 인터넷에서 저작물을 널리 유포하려면 표현의 자유이면서 동시에 '공짜 free'인 두 가지 자유를 잘 활용해야 한다. 협업으로 만들어진 이용자 생산의 결과물은 당연히 배타적 소유권을 주장하지 않는다. 그것은 쉽게 나눠지고 공유된다. 이용자 활동 결과물은 퍼블릭 도메인이나 카피레프트처럼 완벽한 '자유물'에서 크리에이티브 커먼즈 라이선스 같은 '제한적 자유물'에 이르기까지 다양한 스펙트럼에 걸쳐 있다. 이용자 활동 결과물은 광범하게 공유되고 확산되어야 한다. 그에 대한 장애물을 최소화하는 대안이 마련되고 그것을 획득하기 위한 실천방식이 모색되어야 할 것이다. 현재 필요한 것은 이용자들이 만든 콘텐츠에 대한 라이선스 제도화가 아니라 이미 존재하는 방대한 공적 콘텐츠와 저작권이 지나치게 오래 사유화되어 창조적 활용을 가로막는 현실에 대한 대안이다. 그래서 퍼블릭 도메인의 확장과 저작권의 적용 제한 및 기간 축소, 디지털 저작물의 이용 확대에 대한 논의가 필요하다.

유튜브와 페이스북, 트위터 등 거대 플랫폼은 이용자 콘텐츠를 어떻게 공유하는가? 현재 이들 거대 서비스 플랫폼은 이미 크리에이티브 커먼즈 라이선스보다 훨씬 폭넓고 자유로운 이용자 생산 방식을 실현하고 있다. 이용자들은 유튜브에 동영상을 올리면서 라이선스나 저작권에 연연해하지 않는다. 페이스북 이용자는 "좋아요"와 "댓글달기", "공유하기"를 통해 다른 이용자의 글(저작물)에 반응하고, 공유하기를 통해 자신의 담벼락으로 가져간다. 굳이 크리에이티브 커먼즈 라이선스를 다는 일은 거추장스러운 장애물에 불과하다. 다른 상업적 사이트나 콘텐츠에 링크를 달아 자신의 담벼락으로 당겨와 이용하는 데도 관습상 아무런 장애가 없다. 여기에 크리에이티브 커먼즈 라이선스를 다는 일은 옥상옥이다. 그리고 크리에이티브 커먼즈 라이선스 체제가 갖는 복잡한 번거로움과 제한적 라이선스는 상업적 이용자 공유체제에서 별다른 의미를 지니지 못한다. 상업적 거대 사이트조차 이미 크리에이티브 커먼즈 라이선스 수준의 정보 공유와 나눔을 넘어서 있기 때문이다.

아이러니하게도 상업적 이용을 제한한다NC: Non-Commercial는 크리에이티브 커먼즈 라이선스의 규정을 네이버 NAVER나 다음 DAUM 등 거대 포털에서 다는 것은 아무 의미도 없는 헛구호에 불과하다. 왜냐하면 자신들이 올린 블로그 글이 CCL-NC를 달아봐야 이미 이용자 활동 결과물이 포털에 의해 상업적으로 전유되고 있기 때문이다. 이용자가 작성한 콘텐츠는 다른 이용자의 재활용에 의해 상업적으로 이용되는 것이 아니라 포털이나 거대 서비스 회사에 의해 전유되고 있다. 이러한 사실을 정확하게 판단하지 못하면 크리에이티브 커먼즈 라이선스는 불필요한 작업으로 끝나 버릴 것이다. 이것이 기존의 배타적 저작권 체제에 어떤 대안을 제시하는가도 의문이다. 기존 저작권 체제를 인정하는 반면 인터넷 이용자들이 만드는 콘텐츠에 라이선스를 도입하는 방식은 기존 저작권의 독점적 닫힌 체제와 대결하지 않고 단지 새로운 라이선스 체제를 옥상옥으로 만들 뿐이다.

이용자 활동 결과물인 빅데이터는 실시간으로 데이터가 자동으로 축적되거나, 이들 데이터가 서로 결합될 때 만들어진다. 그런데 빅데이터를 만든 주체와 소유하는 주체, 그리고 이것을 이용하는 주체는 동일하지도 않고, 서로 다른 이해관계로 대립과 갈등 관계에 놓이기도 한다. 이들이 빅데이터에 대해서 주도권을 행사하는 역량과 능력도 불균등하다. 빅데이터의 활용방식 및 활용 범위, 목적은 데이터의 성격과 이용 주체에 따라 다양하게 나타난다. 빅데이터를 공개하여 다양한 주체가 그것에 접근하도록 개방하느냐, 아니면 특정한 대상에게 특정한 방법을 통해 제한적으로 공개하느냐, 아니면 특정 주체에게만 무제한으로 활용을 열어 주느냐에 따라서도 빅데이터의 성격은 달라진다. 빅데이터는 정치적인 차원에서는 감시와 통제의 수단으로 이용될 수 있고, 경제적인 차원에서는 이윤을 창출하는 수단으로 활용될 수 있다. 그리고 사회문화적으로는 공유와 나눔의 과정이자 결과일 수도 있다. 앞으로 만들어질 빅데이터는 기존의 불평등한 힘 관계에 따라 비대칭적인 방향으로 이루어질 소지를 안고 있다.

카피레프트와 카피라이트를 절충했던 제한적 라이선스 운동과 달리 작심하고 카피레프트를 시행하는 피투피 P2P 파일 공유 모델도 존재한다. 피투피는 자신이 갖고 있는 내용물을 인터넷의 다양한 망을 통해 서로 전달하고 나누는 방식을 말한다. 이전에도 여러 가지 다양한 공유의 방식들이 있었는데 현재는 '파이러트베이 Pirate Bay'와 '토렌트 Torrent'의 결합을 통한 공유 방식이 대표적이다. 이런 흐름은 저작권을 해적질하고, 해킹하는 나쁜 의미로 쓰일 수 있지만, 좋은 의미로 보면 파일을 공유하고 나누는 대안적 체제이기도 하다. 이용자들이 서로 파일을 공유하고 서로 나눔의 체제를 만드는 것이 피투피 모델이다.

2003년 스웨덴에서는 파이러트베이라는 곳에서 기존에 나와 있던 영상물, 음악, 애플리케이션 등을 공유하기 시작했다. 2006년 미국 영화협회가 이들을 고소했고 스웨덴 경찰이 파이러트베이 서버가 있는 장소를 급습해서 서버를 가져가고, 관련된 제공자들을 피소하는 일들이 벌어졌다. 이에 대항하기 위해 스웨덴에서는 '해적당'이 만들어졌고 이들이 유럽공동체 의회에 진출하기에 이른다. 스웨덴에서 출발한 해적당은 제법 영향력을 넓혀 나가고 있다. "우리 해적당은 변화된 인터넷 시대에 맞춰 저작권법을 완전히 고치려 합니다. 저작권자와 이용자 간의 새로운 관계를 통해 지식의 자유로운 교환이 이루어져야 합니다. 해적당은 디지털 저작물에 이용자가 자유롭게 접근하고 그를 서로 나눠야 한다고 믿습니다. 우리 해적당은 예술가들과 교류하면서 창작을 북돋을 방법을 찾고 있습니다. 해적당은 개인 용도로 이루어지는 파일 복사와 공유를 범죄시하는 행위 자체가 오히려 범죄임을 선언합니다. 해적당은 저작권 보호 기간을 최대한 단축하려고 합니다. 모든 인터넷 이용자는 지식에 자유롭게 접근해야 합니다. 인터넷 세상에서 저작권이 사라질 때 지식의 세계가 만개하게 될 겁니다"(Hausler, 2011/2012). 저작권에 대한 새로운 철학과 자세가 잘 드러나는 선언이다.

3. 디지털 혼종성과 저작권

인터넷 시대에는 모든 예술 장르가 빠른 속도로 디지털화된다. 인터넷의 대중화와 바이러스 확산으로 인한 직접적 대면성의 상실은 예술과 인터넷의 결합을 더욱 촉진한다. 이런 상황 속에서 유튜브는 이미 거대한 디지털 아카이브가 되어 버렸다. 그래서 국가기관이나 상업적 엔터테인먼트회사를 가리지 않고 유튜브에 자신들의 콘텐츠를 집적한다. 이용자들은 '수익 passive income' 배분의 유혹에 빠져 스스로 콘텐츠를 만들어 유튜브에 적립한다. 무대예술은 마지막 남은 직접성의 보루일 텐데 그것도 머지않아 영상 속으로 빨려들어 갈 판이다. 이미 상업회사가 만든 방탄소년단의 영상물, 국가홍보처가 만든 이날치 밴드와 앰비규어스 댄스 컴퍼니의 영상물이 세계적으로 인기를 얻고 있다. 이런 시장의 흐름을 노리고 기획하는 업체와 예술가들은 더욱 늘어날 것이다.

  창작의 새로움은 '오래된 과거', 혹은 '지리적으로 멀리 떨어진 다른 곳'에서 흘러나온다. 고흐가 멀리 떨어진 일본의 전통 미술 우키요에(Ukiyoe , 浮世絵)*에서 새로움을 찾았고, 피카소는 아프리카 조각에서 새로운 창조의 자극을 얻었다. 이처럼 멀리 떨어진 다른 장소는 새로운 창조에 대한 원료와 영감을 제공한다. 오래된 '전통의 것'

---

* 일본의 무로마치시대부터 에도시대 말기에 서민 생활을 기조로 제작되어 유행했던 목판화.

또한 현재라는 '조건Ground'에서 재배치될 때 새로운 '형태Figure'를 갖게 된다. 과거의 오래된 창작물은 퍼블릭 도메인으로 우리에게 열려 있다. 이런 과거의 것을 디지털 아카이브로 잘 정리하여 누구나 새로운 창작에 활용할 수 있어야 한다.

    자기 것과 남의 것, 낯익은 것과 낯선 것을 혼합하고 전통과 현대를 뒤섞는 혼종성의 유행 현상이 전 지구적 차원에서 일어나고 있다. 이런 현상은 대중문화와 고급문화를 가리지 않는 디지털 혼종 효과이자 결과이다. 2000년대 이후 인터넷의 대중화가 이루어지고 2010년대 스마트폰의 보급이 확산되자 문화적 혼종성이 일상을 지배하기에 이르렀다. 디지털 복제 시대에는 서로 번역하고 번안하면서 원작의 정체성이 흐려지고 서로가 서로의 모방 대상이 되면서 원작과 혼종 모방물 간의 경계가 옅어진다. 굳이 어느 것이 시공간적으로 먼저라는 것을 확정할 수는 있으나 그것이 큰 의미를 지니지 못한다. 하늘 아래 새 것이 없다는 말이다.

    이런 과거와 현재, 이국의 문화를 뒤섞는 혼성화를 번안으로 바꿔서 접근해 보자. 번안의 핵심은 사회 상황과 조건, 문화적 수용의 바탕에 맞게 원작의 스타일을 바꾸는 데 있다(백욱인, 2018). 디지털 '번안adaptation'은 광범위한 문화 현상에 적용될 수 있다. 때로는 그런 변용을 통해 번안은 모방을 넘어서게 된다. 한국의 근대예술은 일본에 의한 서구의 이중번역과 번안의 이차성이라는 태생적 한계를 갖고 있지만 새로운 창조와 다음 단계로 움직이고 이동하는 생명력을 지니고 있었다. 모방과 번안이 대상과의 치열한 만남을 통해 이루어질 때 원본은 전복되거나 달라지거나 변형된다. 그러한 변용의 폭과 깊이가 클수록 번안물은 단순한 수용을 넘어 새로운 틀로 확장될 가능성을 지니게 된다. 더구나 그것이 당대 현실에서 '당사자'의 예술로 확장될 수 있다면 그것은 새로운 창조의 싹이 트는 '틈새공간'이나 '대안적 공간'(Bhabha, 2002/2012)이 될 수도 있다. 번안은 원본에 대한 모방인 동시에 행위의 주체와 언어가 바뀌는 변용의 복합물이다. 번안 자체가 이미 모방과 전이의 혼종물인 것이다.

글로벌 혼종성이 잘 드러나는 사례로 이날치와 앰비규어스 댄스컴퍼니를 살펴보자.* 이들은 과거와 현대를 형식적 접합하고 여러 장르를 혼성모방하여 글로벌 혼종성을 확보한다. 동양과 서양을 섞고, 전통과 현대를 교직하고, 민요와 랩을 병치하면 글로벌 차원의 혼종성이 나온다. 이날치의 연주방식과 표현은 틈새에서 생겨나는 기이함과 신비로움을 지닌다. 동도서기의 시대를 넘어 상호 혼성의 시대가 된 현대에는 내용과 형식의 도식적 구분보다는 각각을 표현하는 방식이 중요한 역할을 담당한다. 내용과 형식이 각각 실체와 표현을 갖기 때문에 과거처럼 동서와 고금의 관계를 내용과 형식의

---

*국악팝밴드 이날치의 〈범 내려온다〉 곡에 맞춰 추는 앰비규어스 댄스컴퍼니의 'Feel the Rhythm of KOREA'는 1억 뷰가 넘는 유튜브 조회수를 보이며 대중적 인기를 끌고 있다.

패러다임에서 보면 현대적 혼종성의 성격을 이해하는 데 실패한다. 그래서 우리는 그들이 내용과 형식을 서로 섞는 지점보다는 그들의 표현 방식이 갖는 새로움에 더 주목할 필요가 있다.

앰비규어스 댄스컴퍼니Ambiguous Dance Company의 춤은 상체와 하체의 서로 다른 형식을 하나로 엮어 표현한다. 무용수의 동작은 동양과 서양, 고전과 현대를 한 몸에 결합한다. 하체가 힙합 스텝을 밟는 동안, 상체는 발레나 한국 고전무용의 동작을 보여 준다. 그들이 신체를 접합하는 방식은 전형적인 조화를 만들기보다 조화롭지 못한 몸을 드러낸다. 그래서 그들이 보여 주는 동작은 웃기고, 엉뚱하다. 그들이 입는 의상이나 배경과 맞지 않는 동작은 기존 질서와는 떨어져 있다. 각기 다른 무용수들의 동작이 예상치 못한 방식으로 불쑥불쑥 튀어나오며 서로 따로 놀다가 하나로 정렬된 직선을 만든다. 그들이 사용하는 노래 형식이나 춤 동작 모두 '혼성모방'의 첨단이다. 엄청난 조회 수가 나오는 이유는 우리가 그런 조건 속에서 살고 있고 그런 정서를 느끼고 있다는 방증이기도 하다. 이런 배열이 주는 현대성의 정체는 무엇일까? 이것은 판소리의 현대화나 대중화도 아니고, 어떤 이름 모를 현재성이 삶의 뇌관을 건드려 그것이 폭발한 현상으로 보인다.

인기 가수 백댄서에서 전문 무용가로, 다시 현대의 춤꾼으로 스스로 혼종의 길을 선택한 안무가 김보람은 "무용에서 무용으로 안

봐주고, 방송댄스에서 방송댄스로 안 봐주는, 그런 장르가 없는 춤입니다"라고 자신들의 춤에 대해 말한다. 그러니까 그들의 춤은 무용계와 대중문화 사이의 빈 공간을 노린 틈새의 산물이다. 무용을 안 좋아하는 사람, 기존 무용 공연을 안 가는 사람, 방송댄스를 싫어하는 사람, 그런 사람들의 합집합에서 새로운 팬층이 만들어지고 그들이 열광하면서 인기가 오른다. 이들은 숨어 하는 수동적 혼종성이 아니라 노골적이고 의도적인 혼용의 방식으로 승부한다. 상체는 한국 전통춤, 하체는 스트리트 댄스 등으로 춤동작을 혼용하면 기이하고 낯설지만 재미로운 혼종물이 생겨난다. 이런 구성을 못 할 이유도 없고 비판할 이유도 없다. 전문 춤꾼과 대중, 과거와 현재라는 이분법적 대립 요소들이 하나의 박자 안에서 녹아 버리고 계속되는 리듬의 순환 속에서 결합된다.

이런 시도가 아주 새로운 것만은 아니다. 이희문이 이날치로 이어지고 그들이 앰비규어스 컨템포러리와 만나기까지 수많은 동서 잡종과 혼종물들이 나타났었다. 이미 1990년대에 〈수궁가〉를 재즈와 혼성한 김덕수사물놀이와 독일 재즈밴드 '레드선 Red Sun'이 안숙선 명창과 공연한 사례가 있었다. 그러나 그런 시도는 지금처럼 대중의 인기를 끌지 못했다. 스스로를 얼터너티브 팝이라 부르는 밴드 이날치의 대중적 성공은 디지털 미디어 시대의 특성을 잘 보여 주는 사례이다.* 그런데 혼종성과 뒤섞기의 번안은 존재론적 한계를 갖고 있다. 머리는 인도, 손은 한국 전통, 다리는 힙합, 발가락 끝은 고전 발레 모양이 거리두기의 소격효과와 파격과 웃음과 비판의 요소를 제공해 주지만 그렇게 해서 얻은 예술적 효과는 바로 그 지점에서 추락하는 역효과를 가져올 수 있음에도 주목해야 할 것이다. 만약 혼종과 뒤섞기 remix를 바탕으로 하는 새로운 창작물에 저작권을 걸었다면 이처럼 새로운 창작물이 세상에 선보일 수는 없었을 것이다. 과거를 현재라는 맥락과 잇고, 다른 나라의 문물을 우리 땅 ground에 옮겨 새로운 문화콘텐츠로 만드는 작업에 저작권이 걸림돌이 되어서는 안 된다. 〈범 내려온다〉의 원본인 수궁가의 저작권을 따지는 이가 없고, 랩 형식을 차용했다고 해서 미국음반협회에서 저작권을 들이대지도 않는다. 우리는 이런 사례를 통해 새로운 창조의 원천이 되는 퍼블릭 도메인을 확장하고 문화의 공유를 위한 합의를 만들어 나가는 작업이 필요함을 알 수 있다.

---

* 이날치 피디 장영규는 한 언론사와의 인터뷰에서 이날치의 꿈에 관해 이렇게 설명한 바 있다. "처음 밴드 이날치를 만들면서부터 대중음악 시장에서 소비될 수 있는 음악을 만들었으면 생각했습니다. 대중음악 시장에서 소비될 수 있는 팀, 살아남을 수 있는 팀, 그게 꿈이었습니다. 저는 모든 것을 섞기 좋아합니다. 장르는 그냥 대중음악(pop)이라고 생각합니다"(조선비, 2020. 11. 6.).

4. 공공 아카이브의 활용

자본주의 사회에서 모든 저작물은 저작권에 의해 경제적인 보호를 받는다. 그러나 배타적인 소유권에 입각한 저작권에도 예외는 존재한다. 저작권의 유효 연한이 다 되거나 공적으로 만들어진 저작물은 '퍼블릭 도메인'이란 틀로 이용자에게 자유롭게 제공된다. 저작권의 시효 만료나 애당초 공공적으로 만들어진 저작물은 '퍼블릭 도메인'이란 틀 안에서 자유롭게 이용이 보장된다. 퍼블릭 도메인은 이용자가 누구든지, 사용의 목적이 무엇이든지 제한 없이 자유롭게 사용이 열려 있다. 공공 아카이브에 저장된 자료를 제한 없이 개방하고 주인 없는 저작물을 퍼블릭 도메인으로 흡수하고, 그러한 자료로 만든 아카이브나 저작물은 당연히 무료로 공개하는 순환이 만들어질 필요가 있다. 그래서 더 적극적인 차원에서 저작권 제한 및 퍼블릭 도메인 확장, 공공 아카이브 확충을 위한 움직임이 활발히 이루어져야 한다.

현실 세계의 아카이브에는 오래된 물질 유산이 보관된다. 모든 유물은 세월을 견뎌내어야 하기에 현실 세계의 아카이브는 마모를 방지하기 위해 진품을 보관하는 데 주력한다. 그래서 유물의 활용과 보급보다는 진품 자체의 안정적인 보관이 아날로그 아카이브의 중요한 임무가 된다. 이에 반하여 디지털 아카이브는 사물이 아니라 사물의 디지털화된 재현물을 정리, 보관한다. 디지털 아카이브는 문서, 소리, 이미지 등 다양한 형태로 원본을 재현한다. 디지털로 전환된 사물의 반영물은 디지털 복제를 통해 수많은 사람의 용도에 맞게 재사용될 수 있다. 그래서 디지털 아카이브는 보관보다 이용에 치중할 수밖에 없다.

    그러나 우리 사회의 디지털 아카이브는 양과 질도 뒤져 있지만, 이용의 개방성 또한 매우 제한적이고 후진적이다. 막대한 비용을 투자하여 구축한 디지털 아카이브들이 닫혀 있거나 활용할 수 없는 경우가 많다. 대중이 활용하지 않는 디지털 아카이브는 아무 소용이 없다. 왜냐하면 그것은 아날로그 아카이브와 달리 보존을 위한 기구가 아니기 때문이다.

    디지털의 장점은 검색과 활용이 쉽게 이루어지고 사용자의 목적에 맞게 원본을 다시 변형하거나 재창조할 수 있다는 데서 찾아진다. 디지털 아카이브는 전달 속도와 방문자의 수에도 제한을 받지 않으며, 시간과 공간의 제약 없이 복제된 원본을 쉽게 활용한다는 장점도 갖고 있다. 다양한 미러링 mirroring 을 통해 복제된 원본을 여러 장소에서 공급할 수 있고 사용자들의 협력을 얻어 지속적으로 아카이브의 내용을 확장할 수 있다. 대중의 참여로 만들어지는 디지털 아카이브는 열린 체계를 갖게 되고, 그러한 참여에 바탕을 둔 아카이브일수록 공공성을 강하게 띤다. 공공 아카이브에 모아 놓은 모든 사진과 이미지들은 누구나 활용하도록 공개되어야 한다. 공공 아카이브는 공공 자금을 통해 운영되고 공적 자금을 통해 만들어졌기 때문에 공개적으로 활용되어야 한다. 누구나 여기에 접근해서 누구는 책을 만들고, 누구는 음반을 만들고, 누구는 또 다른 제3의 콘텐츠를 만들어도 저작권이란 이름으로 개입하거나 관여하지 말아야 한다.

우리와 가까이 있는 공공 아카이브 사례를 들어 보자. 식민지 시대 일본이 진행한 학술조사와 조선총독부가 남긴 사진을 모아둔 아카이브들이 있다(이문웅·강정원·선일, 2008). 조선에 존재하던 물고기들 사진(이경민·이기복, 2004)에서부터 조선 궁궐(지앤에이커뮤니케이션 편집부, 2008)과 당대 사람들의 모습까지 일제는 방대한 건판 사진을 남겼다. 일본의 인류학자인 도리이 류조鳥居龍蔵는 당시 조선인들의 옆면과 정면 사진을 포함한 인체 사진을 남겼다. 전부 식민지 통치를 위해 찍은 일제 지배의 산물이다. 일제는 패망 후 이들을 남겨 놓고 돌아갔다. 최근 국립중앙박물관은 유리건판 파일을 디지털로 바꾸어서 큰 사이즈로 일반에 공개하기 시작했다. 최근 아카이브의 활용과 관련하여 주목할 만한 프로젝트가 나타났다. KBS는 2020년 'KBS 아카이브 프로젝트'를 통해 뉴스 아카이브 편집으로 말하기 시작했고 SBS 또한 연예 아카이브를 이용하여 가요사를 정리했다. 이런 현상은 다큐멘터리의 새로운 영역을 여는 것이다. KBS 아카이브 프로젝트는 과거의 영상 클립을 활용하여 만든 〈모던코리아〉 시리즈를 방영했다. 이는 KBS가 소장하고 있는 영상물 아카이브에서 클립들을 편집해서 만든 프로그램이다. 공영방송사는 1960년대부터 지금까지 찍은 많은 비디오 클립들을 소장하고 있다. 이 프로젝트는 기존의 영상물을 편집, 압축하여 88올림픽도 다뤘고 대우 기업과 1980년대의 학생운동을 포함한 정치 상황을 다룬 적도 있다. 공영방송사가 자신들이 소장하고 있는 과거의 비디오 클립들이 새로운 창조의 원천임을 깨닫기 시작한 것이다. 이런 작업이 바로 이게 '립 Rip, 믹스 Mix, 번 Burn'이자 '디지털 리믹스'(Gunkel, 2016/2018)이다.

그런데 여기서 한 가지 지적할 점이 있다. KBS는 예전에는 국립방송사, 지금은 공영방송사로 국민의 시청료로 운영되고 있다. 정확히 따지자면 KBS가 만든 드라마, 뉴스, 쇼 등 모든 영상물은 공공의 것이다. 따라서 내부 제작진만 과거의 클립을 이용해 새로운 작품을 만드는 데 그치지 않고 영상물 원자료 아카이브를 만들고 그것을 사회에 공개하는 정책적 시행이 필요하다. 누구나 시청료로 만들어진 KBS 방영 프로그램의 클립이나 KBS 라디오가 만든 소리 파일을 이용해 새로운 창작물을 만들 수 있어야 한다. 그렇게 되면 새로운 콘텐츠를 만들기 위한 원자료가 확대되고 이를 활용하여 여러 분야에서 새로운 제작물들이 만들어질 수 있다. 공공 방송사의 아카이브가 대중 전체에게 열려 새로운 상상력과 창작욕이 결합하여 새로운 리믹스 문화를 만드는 수원지로 작동하면 좋겠다. 이것은 디지털 아카이브를 활용한 새로운 문화 창출의 고속도로를 까는 일이다.

이러한 재창조가 디지털 아카이브가 갖는 힘이고, 이런 것이 정부가 말하는 이른바 '4차 산업혁명', 혹은 새로운 창작물을 만드는 기반이 되는 일이다. 그러나 이에 대한 요구들은 잘 받아들여지지 않고, 사적 이윤을 위해서 우리의 프라이버시와 연관된 개인 의료정보를 활용하는 데 정책이 집중되는 실정이다. 이런 발상 때문에 한국의 콘텐츠 경쟁력이 제한되고 다른 나라에 뒤지게 된다. 공적 디지털 아카이브를 과감하게 열어 공유하고, 거기에 사람들의 새로운 창의력이 결합해서 새로운 콘텐츠를 만드는 사회적 제도와 분위기가 만들어질 때 우리 사회의 경쟁력이 확대될 것이다.

한국영상자료원이나 그 밖의 여러 공공기관에서 나름대로 과거의 영상물이나 음원들을 잘 보관하고 저장하다가 최근에는 대중에게 공개하는 노력을 기울이고 있다. 그러나 부족한 점들을 찾아 대중의 참여와 활용을 더 확대해 나가야 할 것이다. 영상자료원이 아무리 아카이브를 잘 만들어도 사람들의 자발적 참여로 확대되는 아카이브 작업을 쫓아가지 못한다. 우리의 공공 아카이브는 너무 딱딱하고 반쯤 닫혀 있다. 이런 공식 아카이브에의 참여는 일반 시민의 제한된 딱딱한 성당 cathedral 모델에 가깝다. 이에 반해 유튜브는 시장bazaar 모델*에 가깝다. 공공 아카이브에서는 성당처럼 콘텐츠를 잘 정리해 놓은 그다음에는 시장처럼 아무나 들어와서 여러 작업을 제한없이 할 수 있게끔 대중의 참여와 활용에 활짝 개방되어야 한다. 그래야 활용도가 높아지고 새로움이 만들어질 가능성이 열리게 된다. 공적 자금이 투여되었으나 기껏 어떤 자료들을 모아 놓은 후 대중에게 공개되지 않는 경우들도 많다. 공적 자금이 투여되어 완성된 공동의 것은 다시 공동의 것으로 재생산되어야 한다.

5. 저작권을 넘어 나눔과 공유로

마지막으로 저작권과 관련된 몇 가지 사안을 정리해 보자. 출판사, 음반사, 영화사, 게임 회사 등에서 만든 상업화된 저작물에 대해서는 이미 기존의 법률이 이들의 권리를 잘 보호하고 있다. 이용자 입장에서 저작권은 문화 생산을 확대하는 방향으로 설정될 필요가 있다. 그를 위해서는 무엇보다도 퍼블릭 도메인을 확대하고 정비하는 일이 우선되어야 한다. 공공 부문에서 만들어진 모든 저작물은 잘 보관된 아카이브에 정리되어 필요한 이용자에게 아무런 제한 없이

---

* Eric S. Raymond. The Cathedral and the Bazaar.
  http://wiki.kldp.org/wiki.php/DocbookSgml/Cathedral-Bazaar-TRANS

제공되어야 한다. 이것은 행정 기관의 정보 제공 서비스에 국한되는 것이 아니라 문화 콘텐츠와 지식을 생산하는 모든 분야에서 퍼블릭 액세스public access가 보장되어야 한다. 특히 방대한 영상물을 축적하고 있는 방송사나 국민의 공과금 또는 세금으로 운영되는 기관이 보유하고 있는 콘텐츠 저작권을 재정비하여 공공 접근이 가능한 영역으로 되돌려주어야 할 것이다. 과거에 만들어진 뉴스 릴news reel*이나 영화, 저작권자가 불분명한 '고아 저작권'을 공공 아카이브로 적극적으로 수용하여 이를 창의적인 이용자들에게 아무런 제한 없이 제공할 수 있어야 한다.

저작권을 갖고 있는 당사자들은 시장의 확대와 보상의 크기를 놓고 이윤의 적절한 실현을 위해 타협한다. 어떤 때는 시장의 확대를 위해 최소한의 보상을 요구하거나 아예 공짜로 저작물을 공개하다가 시장이 성숙하면 보상을 강조하며 강한 저작권을 주장한다. 유튜브 확산기에 저작권자들은 강력한 저작권을 주장하지 않았다가 최근 이용자 수가 급증하고 이용자들의 '경로의존성'이 자리 잡자 유튜브를 상업주의의 닫힌 정원으로 재편하고 있다. 닫아 놓아야 할 것과 열어 놓아야 할 것을 잘 구분하고, 보상해 주어야 할 것과 보호해야 할 창작 주체를 잘 가리는 일도 중요하다. 저작권의 테두리가 국가적 경계를 가르고 국가가 나서 배타적이고 국수주의적인 저

---

* 당대에 일어나는 주요 사건들을 필름에 담는 기록 영화.

작권을 주장하는 행태를 경계해야 한다. 한류 확장을 위해 국제적 수준에서 저작권을 지키고 그를 통해 돈을 벌어 더욱 한류를 확장해 나간다는 공무원적 발상은 실현성도 없거니와 디지털 시대의 저작물 위상에 대해 무지만을 드러내는 행태다. 중국이 김치 원조국임을 주장하거나 윤동주의 국적이 중국이라 주장하는 식의 허무맹랑한 일이 한국에서도 일어나지 않으리라는 보장은 없다. 국가주권이나 국민주권을 내세워 한류나 전통문화에 이상한 저작권을 내세우는 데 앞장서는 일은 없어야 할 것이다.

디지털 콘텐츠의 이용자이자 생산자인 모든 사람은 자기 생산물에 대한 인정과 보상을 소중히 여기는 만큼 타인의 권리를 인정해 주어야 한다. 도용과 차용, 전유는 구분되어야 한다. 일반 이용자들은 타인의 창작물에 대한 인정과 예의를 갖추어 출처를 분명히 밝히고 활용하는 것은 물론이고, 감사의 뜻을 전하기를 게을리해서는 안 될 것이다. 자기 생산물에 대한 보상을 주장하면서 타인 생산물에 대한 권리를 인정하지 않고 오로지 최대 이윤을 추구하는 상업주의적 자세를 경계해야 할 것이다. 우리는 자신이 이용자의 위치에 설 때와 창작자의 자리에 있을 때 서로 모순되는 주장과 이해를 갖게 된다. 평범한 이용자가 인터넷을 통해 올린 콘텐츠가 유행하여 인기를 누리면 사회적 인정을 받고 특정한 지위도 얻게 된다. 그러면 그(녀)는 돈과 권력에 가까워진다. 저작권에 대한 입장이 변하여 강한 저작권을 주장하면서 배타적 소유권을 강화할 것이다. 너무 많이 갖지 않고 욕심을 내려놓으면서 이용자의 입장에서 이용을 확대하는 자세가 필요하다. 그래야 새로운 창작의 자연스러운 순환이 이루어지면서 콘텐츠의 내용도 좋아지고 경쟁력도 올라갈 수 있다. 마지막으로 우리가 함께 나누고 누리는 소중한 것들이 우리 주위에 너무나도 많음을 잊지 말아야겠다.

참고 문헌

백욱인 (2018). 『번안사회』, 휴머니스트.

아이지에이웍스 (2020. 10. 13.). 유튜브(YouTube) 앱 분석 리포트. https://www.igaworksblog.com/post/유튜브-youtube-앱-분석-리포트

유튜브 (2019. 12. 10.). 서비스 약관 개정문. https://www.youtube.com/t/terms?preview=20191210#main

이경민·이기복 (2004). 『유리판에 갇힌 물고기』. 중앙대DCRC, 아카이브북스.

이문웅·강정원·선일 (2008). 『서울대학교박물관 소장 식민지시기 유리건판』, 서울대학교출판부.

조선비 (2020. 11. 6.). [인터뷰] 이날치밴드 "꿈이요? 살아남는 팀 되고파요". 〈노컷뉴스〉.
https://www.nocutnews.co.kr/news/5442701

지앤에이커뮤니케이션 편집부 (2008). 『궁궐 국립중앙박물관소장 유리건판』. 지앤에이커뮤니케이션.

Bhabha, H. K. (2002). *The Location of Culture*. 나병철 (역) (2012). 『문화의 위치 – 탈식민주의 문화이론』. 소명출판.

Gunkel, D. J. (2016). *Of Remixology: Ethics and Aesthetics after remix*, 문순표·박동수·최봉실 (역) (2018). 『리믹솔로지에 대하여』. 포스트카드.

Hausler, M. (2011). *Die Piratenpartie*. 장혜경 (역) (2012.), 『해적당』. 로도스.

Raymond. E. S. The Cathedral and the Bazaar. http://wiki.kldp.org/wiki.php/DocbookSgml/Cathedral-Bazaar-TRANS

3부

포스트코로나 시대, 균형의 미학

1.

디지털 시대 라이브니스의 재구성

지혜원
연세대학교 커뮤니케이션대학원 객원교수

코로나19 바이러스는 라이브 무대와 객석 사이 벽을 높이고, 객석 간 거리를 띄웠다. 한 장소에서 동시에 웃고, 울고, 환호하며 즐기는 공연의 현장감이 자취를 감춘 지 어느덧 1년이 넘었다. 영상화와 디지털 플랫폼으로 눈을 돌린 공연계는 새로운 시도를 거듭하며, 관객과의 소통의 길을 확장하고 있다. 발 빠른 변화 속에서 라이브니스의 해체와 재구성도 한층 가파르게 진행되고 있다.

1. 코로나19가 재촉한 공연의 디지털 플랫폼

공연 영상화, 무관중 공연, 온라인 스트리밍 공연, 웹뮤지컬, 숏폼 연극. 다소 생소하지만, 2020년 이후 공연예술 분야에서 자주 접하는 단어들이다. 전 세계를 관통한 코로나19 바이러스는 대다수 산업에 피해를 야기하는 동시에 우리 일상의 많은 부분을 변화시켰다. 그중에서도 라이브 무대를 매개로 퍼포머performer와 관객이 동일한 시·공간, 즉 '지금, 이곳here and now'에 존재함으로써 완성되는 공연예술 분야는 특히 타격이 클 수밖에 없었다. 국내에서는 사회적 거리두기 단계의 변화에 따라 방역조치를 준수하며 간신히 공연을 이어오고는 있으나, 코로나 확산세가 거센 해외의 주요 공연시장에서는 전면적인 운영 중단을 선택한 곳들도 다수다. 2020년 3월 공연장 문을 달은 뉴욕 브로드웨이는 수차례 기간을 연장한 끝에 2021년 5월 30일까지 셧다운을 이어가기로 잠정 결정했고, 런던 웨스트앤드에서는 1986년 초연 이후 한 번도 막을 내린 적 없는 〈오페라의 유령The Phantom of the Opera〉이 휴지기를 선택하는 등 전 세계 라이브 무대는 정상적인 운영이 어려운 상황에 놓였다. 그리고 관객과의 물리적 거리두기가 불가피해진 공연계의 선택은 영상화로 집중되었다. 하지만 이미 2000년대 중반부터 뉴욕 메트로폴리탄 오페라의 'The Met: Live in HD', 영국 내셔널 시어터의 'NT Live' 등을 필두로 '라이브캐스트 시네마 시어터(Livecast Cinema Theatre, 이하 LCT)'가 하나의 비즈니스 모델로 자리 잡은, 다양한 양식의 디지털 플랫폼을 기반으로 공연예술 영역을 꾸준히 확장해 온 해외 시장에 비해 국내 공연계는 준비가 충분하지 않았다. 공연의 영상화 과정에 대한 학습이나 미학적 재구성에 대한 논의를 탄탄하게 다지지 못한 공연단체들은 이미 촬영했던 영상을 온라인으로 공개하거나 예정되어 있던 공연을 무관중 형태로 전향해 영상에 담아내는 방식으로 대응했다. 그러나 코로나19 상황이 장기화되고 영상화에 대한 논의가 다양한 층위로 확대되면서 영상기술 활용의 다변화, 전문 유통 플랫폼 구축, 유료화를 통한 사업 다각화 등에 대해서도 빠른 속도로 관심이 증폭되고 있다.

  공연 영상화의 흐름은 기획 의도와 유통 및 상영 양식의 측면에서 코로나19 이전과 이후가 구분된다. 코로나 상황 이전의 영상화가 현장 관객을 그대로 유지한 채 영화관이나 공연장 등에서 '집단상영'하는 것을 목적으로 라이브 무대를 촬영하여 중계하는 방향으로 진행되었다면, 2020년 이후에는 관객과 거리를 둔 채 미디어 플랫폼을 통한 온라인 스트리밍 유료화와 양식의 확장으로 눈을 돌렸다. 코로나19로 라이브 무대가 위협받는 상황에서 공연계는 그 어느 때보다 미디어 플랫폼의 접점을 찾기 위해 적극적으로 노력하고 있다. 한편, 복제를 통한 대량생산과 반복적 유통이 가능한 영상 미디어로의 확장이라는 이러한 변화가 공연예술의 지속적인 '비용질병 cost disease'의 문제를 완화시킬 수 있을지도 주목되고 있다. 또한 공연의 본질적 가치이자 속성인 라이브니스 liveness 개념의 변화에도 더욱 관심이 모아지고 있다.

2. 공연 vs 영상매체

공연의 필요조건은 라이브니스와 실연 enactment 이다. 그리고 이때의 라이브니스는 보여 주는 객체, 보는 객체, 그리고 두 객체의 공존이 전제된다. 즉 퍼포머와 관객이 동일한 시·공간에 함께 존재하는 것을 의미한다. 실연은 실제로 공연되는 것 이상의 그 무언가인 허위 pretense 를 지칭하는데, 말하자면 연기자와 관객은 모두 이 허위의 형식을 인식하고 있어야 한다. 예를 들어, 연기자는 허위로서 자기 자신이 아닌 캐릭터를 연기하고 있으며, 실제의 장소가 아닌 곳에서 이야기가 전개되고, 관객은 그곳에 없는 사람으로 전제되며, 또한 관객은 단순히 공연을 관람하는 객체만이 아니라는 전제 등을 포함하는 것이다. 따라서 공연의 충분조건은 라이브니스와 실연이 결합되어 있을 때 성립된다. 라이브니스가 전제되지 않은 실연은 영화나 TV 등의 영상매체와 구분되지 않으며, 실연이 결여된 라이브니스는 마치 연설public speaking과 유사한 형식이 되기 때문이다. 요컨대 전통적 의미의 공연은 연기자의 실연을 매개로 같은 공간에 존재하는 연기자와 관객이 상호 영향을 주고받으며 서로를 만족시키는 매체로 정의할 수 있다(Osipovich, 2006). 하지만 코로나19 이후 영상매체를 매개로 더욱 빠른 속도로 다변화되는 공연의 확장은 본질적 의미와 가치에 대한 보다 근원적인 질문을 제기한다.

    공연과 영상매체는 연기자의 행위가 매개한다는 점은 공통적이지만, 두 분야는 라이브니스의 유무를 기준으로 대척점에 위치하기 때문이다. 그리고 이는 공연, 특히 극 예술인 시어터 장르의 속성을 규정하는 연극성theatricality 개념과도 관계된다. 하지만 공연의 생산과 수용의 과정에 영상매체의 개입이 확대되면서 전통적인 라이브니스 개념을 축으로 공연과 영상매체의 구분이 모호해진 지 오래다. 1960년대 이후 텍스트에 가려져 있던 몸의 물질성이 전면으로 부각되고, 몸의 행위에 주목하는 새로운 형식에 대한 실험이 본격화 되면서 예술 간의 경계는 점차 해체되었다. 이어 1990년대 이후 디지털 기술의 발달과 함께 공연에서도 다양한 영상매체가 보다 적극적으로 활용되면서 새로운 형태의 공연이 양산되기 시작하였다. 영상 기술과 라이브 공연이 접목된 미디어 시어터 media theatre 는 점차 극을 이끌어 가는 역할로서 영상매체를 확대하여 활용하였고, 미디어를 통해 중계되거나 기록된 공연의 제작은 편집과 재생산의 과정을 거쳐 새로운 미디어 산물로 양산되었다. 이와 같이 영상매체가 공연에 적극적으로 개입하게 되면서 두 양식을 구분해 왔던 전통적인 라이브니스 개념은 서서히 해체되기 시작하였는데, 이는 발터 베냐민 Walther Benjamin 이 제기한 아우라 Aura 개념과도 궤를 같이한다. 일회적이고 일시적인 사건으로서 예술의 경험과 지각을 전제하는 아우라는 시·공간의 한계를 지나고 있는 공연에서 잘 드러나는 특징이다. 하지만 영상매체의 개입은 공연의 복제와 재생산을 가능하게 하면서 전통적 의미에서의 공연의 아우라는 해체되기에 이르렀다. 두 양식 간 지속적인 상호작용은 공연과 영상매체의 생산과 수용을 보다 다층적으로 구분지어야 할 필요성을 제기한다. 따라서 미디어 환경의 변화와 더불어 진화하는 공연은 전통적인 연극성의 개념보다는 확장된 라이브니스 개념을 중심으로한 매체성 mediality 의 관점에서 이해할 필요가 있으며, 이는 전통적 공연의 속성과는 배치되는 매개적

mediated 경험을 포함한다는 의미를 강조함으로써 연극성보다 더 넓은 의미로 이해할 수 있다.

3. 고전적 라이브니스 개념

라이브니스는 연기자와 관객의 시·공간적 현존과 상호작용을 전제하는 공연예술을 설명하는 데 가장 적합한 개념이다. 하지만 엄밀히 말해 라이브니스는 녹음이나 녹화 기술이 태동한 이후, 그 반대의 개념으로서 부각되며 명확해진 개념이다. 모든 문화예술 콘텐츠가 라이브를 기반으로 생산되고 수용되던 시기에는 굳이 라이브라는 개념을 구분하여 사용할 필요가 없었기 때문이다. 19세기 중반에 발명된 녹음기술은 1920년 무렵 라디오 방송이 시작되면서 본격적으로 주목받았으나 초기의 녹음기술은 라이브 공연을 보강하는 기능으로 사용되었다. 하지만 점차 라디오 제작진들 사이에서 라이브 공연과 녹음된 공연을 구분할 필요성이 대두되기 시작하였고 용어에 대한 정의가 이루어졌다. 그리고 이 시기에는 녹음된 음악을 사용하는 것에 대해 부정적인 가치가 투영되면서 라이브와 녹음은 대척점에 놓이며 구분되었고, 이러한 개념적 이분화는 현재까지도 유지되고 있다(Auslander, 2012). 이렇듯 녹음기술과의 대조 속에서 개념화되었다는 것은 라이브니스의 개념이 그 자체로 고유한 존재론적 의미로부터 정의되었다기보다는 미디어 환경의 변화 속에서 규정되어 왔다는 것을 알 수 있다. 따라서 라이브니스의 개념은 고정적인 것이 아니며, 재구성될 가능성을 내포한다.

라이브 공연으로부터 비롯한 개념이니만큼 라이브니스는 공연의 본질과 밀접하게 맞닿아 있다. 전통적인 공연의 형태, 즉 연기자와 관객이 같은 시·공간에서 즉각적으로 주고받는 상호작용을 아우슬랜더(Auslander, 2008)는 '고전적 라이브니스classic liveness'라고 지칭한다. 하지만 앞서 언급한 대로 디지털 기술이 공연에 깊게 개입하며 공연이 매체 기술에 의해 기록되거나 저장, 재생산되면서 라이브 공연이나 공연의 라이브성에 대한 기존의 관점은 점차 설득력이 약해지고 있다. 미디어 시어터는 시간의 흐름을 재구성하며, 녹화된 공연을 TV·비디오테이프·DVD 등의 형태로 시청하거나 소장하는 것이 가능해지면서 반복적인 재생이 가능해졌기 때문이다. 이처럼 공연과 라이브니스가 맺고 있는 내적인 연계 고리가 약화되고 라이브니스가 공연만의 전유물이 될 수 없다는 관점이 확산되면서, 1990년대 이후로 미디어화와 공연의 라이브니스를 둘러싼 논의가 본격화되었다. 공연을 둘러싼 라이브니스에 대한 주요 논의는 상이한 관점을 제시한 두 이론가 페기 펠런(Peggy Phelan, 1996)과 필립 아우슬랜더(Philip Auslander, 1999)의 논의로 집약된다. 존재론적 가치로부터 공연의 생존 전략을 내세우는 펠런은 라이브니스에 대해 다음과 같은 입장을 견지한다.

> 공연의 생명은 현재에만 존재한다. 공연은 저장되거나 녹화되거나 기록될 수 없으며 반복적인 재현의 순환 체계에 참여할 수 없다. 그러한 경우에는 그것은 더 이상 공연이 아닌 다른 무언가로 전환된다. 공연이 재생산의 경제학에 진입하고자 한다면, 그것은 그 자체의 존재론의 전제를 배반하고 약화시키게 된다. 마치 주체성의 존재론과 같이, 공연의 존재는 사라짐을 통해(disappearance) 비로소 그 자체가 된다. **Phelan, 1996, p. 146.**

펠런은 공연의 존재론적 가치가 '사라짐'과 '비움 emptiness'에서 비롯한다고 주장한다. 공연 작품은 다시 공연될 수는 있지만 같은 형태로 반복될 수는 없으며, 엄격한 존재론적인 관점에서 공연의 재생산은 불가능하기 때문이다. 기계복제의 시대, 공연의 정체성과 존재성을 재확인하려는 견지에서 전통적 개념에서의 라이브니스는 공연의 존재론을 구성하는 가장 핵심적인 요소가 된다. 또한 공연의 현재성, 즉각성, 현존성은 라이브니스의 성취 여부를 결정짓는 기본적인 덕목이며, 이는 공연 과정에서 역동적으로 이루어지는 관객과의 소통, 즉 객석과 무대 사이에서 이루어지는 개인적, 집단적 활동을 바탕으로 한다. 따라서 펠런의 주장은 영상매체와 구분되는 공연의 본질에 대한 성찰로서 의미를 지닌다. 필자 또한 공연의 라이브니스가 복제 불가능한 경험이라는 그의 주장에는 동의한다. 하지만 다양한 방식으로 라이브 무대와 미디어 테크놀로지가 결합하는 환경에서 그의 관점은 매체로서의 공연에서 새로운 가치를 발견하는 데 유용한 설명이 되지는 못한다. 라이브니스는 태생적으로 미디어 환경의 변화와 함께 정의되었으며, 확고불변한 개념이 아니라 상황에 따라 확장되거나 변화할 수 있는 유동적인 개념이기 때문이다. 미디어 기술의 발달과 함께 공연은 영상매체와 조합되거나 영상매체로 재매개됨으로써 사라지지 않고 다양한 방식으로 존재하는 것이 가능해졌으며, 새로운 미디어 산물은 나름의 가치를 생산하며 존재하고 있다. 또한 라이브니스가 공연에만 국한되는 것이 아니라 다른 미디어에도 적용 가능한 개념이라는 점에서 그의 주장은 더욱 설자리를 잃는다. 따라서 라이브니스에 대한 담론은 단순한 유무 여부를 따지는 것이 아니라 보다 다양한 층위로 확장할 필요가 있다.

펠런이 한정된 생명력과 관련되어 라이브를 정의했다면, 아우슬랜더는 리코딩 미디어와의 연계 속에서 라이브를 개념화했다. 공연이 매체에 의해 압도된 환경에 절대적인 영향을 받는 문화예술 산물이라는 점을 인정한 그는 미디어화된 문화에서의 공연을 인지할 필요가 있음을 역설한다. 그는 문화경제학적 관점에서 라이브 공연과 대중매체는 엄연히 라이벌 관계에 있으며 영상매체가 지배하는 시대의 도래와 함께 문화적 맥락에서 라이브 공연의 환경을 이해하고자 했다. 라이브니스와 매체화에 대한 존재론적 차이와 관련해 근본적인 질문을 던지는 한편 라이브니스와 영상화를 상반된 개념이 아니라 상호 의존적이며 중층적으로 관련을 맺어온 관계로 바라보는 그의 논지는 디지털 미디어 시대 공연의 확장을 이해하는 데 중요한 단초를 제공한다. 라이브니스는 특정 매체에 국한된 개념이 아니라 역사적, 문화적, 경제적 구성체로서 기술적인 매체의 확산과 관련 속에서 획득될 수 있는 특성이며, 다른 매체들과 마찬가지로 공연 또한 재생산(녹화 또는 녹음)의 경제학 안에서 존재 가능한 것이기 때문이다(Auslander, 1999).

4. 미디어 환경의 변화와 라이브니스

미디어 환경의 발전과 함께 라이브니스 개념은 라디오와 TV를 포함한 중계기술의 발달로 그 범주를 확대한다. 예컨대, TV는 라이브성을 매개하는 미디어로 출발했다. TV를 통한 실시간 중계가 가능해지면서 사용된 '라이브 브로드캐스트'라는 용어가 생겨났으며 이는 라이브니스 개념을 확장했다. 다만, 이때의 '라이브'는 공연에서 전제하는 라이브니스와는 층위가 상이하다. 물리적으로 관객(시청자)이 같은 공간에 위치하지 않는 방송은 전통적인 의미의 라이브 개념을 충족하지 못함에도 불구하고 이 용어를 모순적으로 받아들이지 않는다. TV의 전송 기능이 향상되면서 녹화와 편집 과정 없이 실시간으로 화면을 전송함으로써 촬영 현장과 시청자 사이의 공간적 거리감이 사라지며, 라이브 공연과 유사하게 TV의 이미지는 현장 분위기를 생생하게 전달하기 때문이다. 즉 전통적인 라이브 공연을 전제로 사용되었던 라이브니스의 개념은 라디오와 TV를 통한 라이브캐스트의 등장과 함께 시간적 공존만을 만족시키는 형태로도 사용되기 시작하였다. 기술의 발달과 더불어 사용되기 시작한 또 다른 용어는 '라이브 리코딩 live recording'이다. 라이브와 리코딩을 한 개념으로서 인식하는 것은 라이브 브로드캐스트보다 더 모순적인 단어 조합임에도 불구하고 실황 녹화된 프로그램의 보급이 늘어나면서 이것 역시 큰 거부감 없이 사용되는 용어가 되었다. 라이브 리코딩은 라이브 브로드캐스트에 견주었을 때 연기자와 관객의 공간적 공존만이 아니라 시간적 공존조차 즉각적으로 만족시키지 않으며 추후 경험에 기반을 둔다는 한계를 지닌다. 하지만 라이브 리코딩 형태로 공연을 보거나 듣는 관객들은 그 공연에 참여한다는 인식을 갖게 되며 현장에 있는 관객들을 통한 대리 경험의 관계를 형성한다. 즉 실황 녹화(음)된 공연의 라이브니스는 물리적인 조건이 아니라 정서적인 경험에 의존하게 된다. 관객은 저장된 공연을 감상함으로써 특정한 공연에 실제 참석해 있던 관객들과의 간접적인 상호작용을 통해 그 공연에 자신도 참석해 있다는 느낌을 갖게 된다(Auslander, 2012).

그리고 이 점은 라이브 현장의 실황 녹화가 아니라 스튜디오에서 녹음되거나 녹화된 매체 콘텐츠와는 분명하게 구분되는 지점이다.

이와 같이 기술의 발전과 함께 '라이브'로 인식되는 범위가 점차 확대되고 왔음을 발견할 수 있다. 요컨대 실황 녹화된 공연을 관람하는 수용자는 라이브 브로드캐스트의 관객과는 층위가 다른 라이브니스를 경험하게 되는 것이다. 하지만 시각적 감각에 호소하는 한계를 지닌 2차원의 TV 이미지는 무대 위 연기자의 육체성과 무대의 물질성을 담아내는 3차원적인 라이브 공연에 비해 수용자의 집중력을 지속적으로 유지하기 어려운 측면이 있다(백로라, 2008). 따라서 다양한 매체로 재매개되는 공연 콘텐츠의 라이브니스는 각 매체의 특성과 생산 양식, 수용 환경을 고려하여 다각적인 탐색을 통해 논의될 필요가 있다.

미디어 환경의 지속적인 변화와 함께 라이브니스에 대해 확장된 논의들은 연이어 등장했다. 닉 쿨드리(Nick Couldry, 2004)는 라이브니스가 미디어를 넘나들며 구축된다고 간주하고, 인터넷과 모바일 미디어의 라이브니스를 보다 정교하게 정의했다. '온라인 라이브니스online liveness'는 물리적인 현존이 아닌 사회적인 현존social co-presence에 기반한 개념으로서 작은 규모의 온라인 채팅방에서부터 웹사이트 뉴스의 전 세계적인 수용자층에 이르기까지 인터넷에 근간해 사회적 존재를 공유하는 관계에서 관찰된다. 인터넷을 기반으로 한 커뮤니케이션은 무한히 확장되며 무수히 많은 대화 참여자를 생성할 수 있다. 이들은 물리적으로 같은 시간에 함께 존재하는 이용자들이지만, 라이브 브로드캐스트와 마찬가지로 공간적 공존은 확보되지 않는다. 하지만 인터넷 이용자 사이의 즉각적인 상호작용은 TV의 경우와 유사하게 라이브니스 경험으로 간주된다. 즉, 온라인 라이브니스 개념에서는 물리적인 공존이라는 공간적 요소보다 시간적 요소가 더 중요하게 작용한다는 것을 확인할 수 있다.

쿨드리(Couldry, 2004)가 설명한 두 번째 유형인 '그룹 라이브니스group liveness'는 온라인 라이브니스에서 한 단계 더 나아간 개념이다. 예컨대, 휴대폰에 저장되어 있는 친구 집단에 적용되는 라이브니스로 지속적으로 통화와 문자메시지를 주고받는 사람들 사이에 형성되는 라이브니스다. 이는 수용자가 아니라 사회적 집단의 공존에 바탕을 둔 개념이기에 일반적인 라이브니스의 정의와는 다소 간극이 있지만, 학교나 집, 사무실 등 서로 떨어진 공간에서 휴대폰을 통해 함께 공존한다는 인식을 지속적으로 나눌 수 있다는 점에서 그룹 라이브니스를 공유하게 된다. 이러한 형태의 라이브니스는 공연에서 제시하는 행위자와 관객 사이의 상호작용에 국한되지 않고, 미디어 테크놀로지를 통한 불특정 다수와의 연결된 느낌을 공유하는 것을 의미한다. 즉, 디지털 기술로 재매개된 라이브니스는 물리적 공간이나 거리와는 무관하게 시간적, 정서적 차원을 기반으로 작동 가능하다(Couldry, 2004).

이상의 논의에서 확인할 수 있는 것은 라이브니스 개념이 라이브 공연예술에 국한되지 않고 다양한 개념과 층위로 확장되고 있다는 사실이다. 라디오, TV, 인터넷, 모바일 등 미디어 기술이 발전함에 따라 라이브니스에 대한 수용자의 경험과 정서, 인식의 체계는 함께 변해 왔다. 인터넷 웹사이트나 모바일 애플리케이션 등은 수용자의 행위에 대해 실시간으로 응답하는 것이 가능하지만, 엄밀히 말해 공간적 공존은 물론 시간적 공존조차 온전히 전제하지 않는다. 하지만 수용자가 이것을 '라이브'로 인식할 수 있다면 이 또한 라이브니스로서의 가치를 지니게 된다고 할 수 있다.

이렇듯 인터넷을 중심으로 미디어 환경이 재편되면서 아우슬랜더(Auslander, 2012)는 자신의 기존 논의를 발전시켜 수용자의 정서적인 경험을 강조하며 '디지털 라이브니스digital liveness' 개념을 정의한 바 있다. 컴퓨터, 웹사이트 또는 가상의 공간에서 수용자의 행위에 즉각적으로 반응하는 것은 디지털 라이브니스를 충족하기 위한 필요조건이기는 하지만, 실시간으로 운영된다고 해서 반드시 수용자에게 라이브로 인식되는 것은 아니다. 디지털 테크놀로지에 기반한 작업 중에는 수용자에게 라이브 이벤트로서 받아들여지는 것도 있고, 그렇지 않은 경우도 있기 때문이다. 즉, 라이브니스는 수용자와 실시간으로 소통하고자 하는 디지털 기술의 의도를 수용자가 받아들일 때 구축된다. 수용자에게는 나와 다른 사람 간에 관계 또는

'무언가에 관여되어 있다being involved with something'는 인식이 중요하게 작용한다. 말하자면, 디지털 라이브니스는 특정 사물 또는 매체의 특성이나 그로 인한 효과가 아니라 수용자가 사물 또는 매체와 연결되어 있는 상호작용이자 그것을 받아들이고자 하는 의지와 관계되는 개념이다(Auslander, 2012).

요컨대, 매개된 라이브니스의 핵심은 기술적 매개를 기반으로 다른 사람과 지속적으로 연결되어 있다는 것에 대한 인식으로 정의할 수 있다. 즉, 매체 기술에 기반을 둔 라이브니스의 구성에는 시·공간적 요소보다 수용자 요소(또는 관객성)가 더욱 중요하게 작용함을 알 수 있다. 딕슨(Dixon, 2007)은 이와 유사한 논의로서 라이브와 녹화된 양식 또는 공연과 영화 등 상이한 매체의 양식이 각기 다른 수용자 반응을 양산한다는 점에 주목하며 미디어의 존재론적 차이를 강조한다. 진화하는 미디어 환경에서 라이브니스는 물리적인 조건보다는 정서적·인지적 차원이 강조되는 관객성에 보다 초점이 맞춰지며, 따라서 즉각적인 수용자의 반응을 촉구하는 기술의 기능이 중요하게 작용한다. 매튜 리즌(Matthew Reason, 2004) 또한 수용자의 소통과 연계된 라이브니스에 주목하며, 관객의 지각 혹은 언어가 구성하는 라이브니스를 역설한 바 있다. 즉, 관객은 함께 관람하는 다른 관객과의 관계, 연기자와의 상호작용, 그리고 라이브 공연의 가치를 함께 나눔으로써 공연의 라이브니스를 인식한다. 한편, 클레어

리드(Claire Read, 2014)는 영상화의 양상이 다양해지면서 공연의 개념과 공연 기록의 개념이 뒤섞이기 시작했다는 의견을 내놓기도 했는데, 이는 영상화된 공연이 새로운 형태의 미디어로서의 가치를 평가받아야 할 필요를 방증하는 것이기도 하다.

다층적으로 진행되어 온 논의로부터 라이브니스가 반드시 연기자와 관객이 동일한 시·공간에 존재할 때 형성되는 상호작용에 의해 구성되는 것은 아님을 확인할 수 있다. 특히 디지털 기술에 기반하여 매개된 라이브니스를 구축하는 데에는 다른 사람과 연결되어 있으며 함께 존재한다는 수용자의 인식이 중요하게 작용한다. 라이브니스 담론이 이처럼 다양한 층위에서 전개되는 양상은 독립된 영역으로서 존재하던 예술 장르가 퍼포먼스, 미디어 아트, 미디어 퍼포먼스 등의 영역에서 서로 결합되고 뒤섞이면서 장르 고유의 정체성을 확인하는 동시에 결핍된 요소를 보완하고자 노력하는 움직임으로 간주할 수 있다. 즉, 전통적인 공연이 고전적 라이브니스의 개념을 극대화하는 방법을 통해 정체성을 유지한다면, 미디어 이미지의 현존성과 즉각성을 강조하는 현대의 공연은 이미지의 라이브성을 강조함으로써 관객에게 라이브니스 경험을 제공한다. 라이브니스 담론이 시사하는 또 다른 특성은 라이브니스 개념이 관객과의 소통을 통해서만 확인될 수 있는 추상적인 개념이라는 점이다. 즉, 관객의 체험과 인식 정도는 라이브니스의 성취 여부와 긴밀하게 관련된다(백로라, 2011).

5. 공연 영상화와 라이브니스

공연은 미디어 환경의 변화 속에서 상호 매체적으로 발전해 왔다. 영상매체로 재매개된 공연은 펠런(Phelan, 1996)의 지적과 같이 소멸 perishable이라는 공연의 본성을 거스른다. 하지만 미디어 기술의 개입을 전제한 논의에서는 라이브니스의 확장되는 가치가 디지털 기술을 활용한 공연의 본질을 변화시킨다고 간주한다(Auslander, 2012). 즉, 매체화의 과정에서 공연의 존재론적 개념은 변화되거나 확장되고 있다(Read, 2014). 따라서 영상화된 공연은 고적전 라이브니스의 개념을 해체하고 새로운 의미를 더함으로써 수용자에게 다양한 층위의 라이브니스 경험을 제공하게 된다.

    국내에서는 코로나19의 영향으로 라이브 무대의 위기를 맞은 2020년에 이르러 공연 영상화 사업에 대한 논의가 본격화되고 있지만, 공연을 영상으로 옮겨 유통함으로써 시·공간의 물리적 제약과 유통구조의 한계를 완화하고자 했던 노력은 어제 오늘의 일은 아니다. 공연 영상화의 역사는 영화가 처음 탄생했던 20세기 초로 거슬러 올라간다. 기술은 발명되었으나 막상 담아낼 콘텐츠가 부족했던 영화는 연극 무대를 빌려 빈틈을 메웠다. 대표적으로 1900년대 프랑스의 "필름 다르Film D'art"에서는 주요 연극 작품을 필름에 담아 선보였다. 연극 무대를 그대로 카메라에 담아낸 형식에 지나지 않았으나 공연장 이외의 공간에서 관객들이 연극을 감상할 수 있는 기회를 제공했다는 점에서 의미 있는 시도였다. 여기에서 한 단계 더 발전해 연극 작품을 스튜디오로 옮겨서 찍는 형태로 이어졌으나, 이 또한 서로 다른 두 매체의 효과적 결합을 통해 공연의 물리적 한계를 극복했다기보다는 단순한 교차점에서의 시도에 지나지 않았다. 한편 TV는 생방송으로 진행되었던 초기 시절 2차원의 공간을 담아낸 카메라 위치로 인해 마치 공연을 관람할 때 사용하는 오페라글래스와 유사하게 정면을 바라보는 이미지만 생성이 가능했기에 시청자들은 가정에서 TV를 통해 더욱 가깝게 라이브 공연을 관람하는 것과 같은 경험을 즐길 수 있었다. TV에서도 무대를 화면으로 옮긴 프로그램들이 다수 제작되었다. 특히 1940~1960년대가 브로드웨이 뮤지컬의 황금기였던 만큼 TV에서도 뮤지컬에 대한 관심이 높아 TV 뮤지컬이 새로운 장르로 주목받기도 했다. 이후 미디어 기술이 점차 발전하면서 공연 무대를 녹화해 상영하거나 비디오테이프 또는 DVD 등으로 유통하는 형태도 지속적으로 증가했다.

하지만 공연의 영상화가 새로운 분기점을 맞았던 계기는 2006년 뉴욕 메트로폴리탄오페라가 시즌 공연 'The Met: Live in HD' 시리즈를 영화관에서 실시간으로 생중계한 것이다. 뒤이어 2009년 론칭한 영국국립극장The Royal National Theatre의 NT Live인 'LCT'는 연극과 뮤지컬 장르로까지 확장되었다. 이후 런던의 로열오페라하우스, 로열셰익스피어컴퍼니, 볼쇼이발레단 등 많은 공연단체가 라이브캐스트 또는 생중계의 녹화본으로 영상화된 공연을 제공함으로써 더 많은 관객과 만나고 있다.

한편 온라인 스트리밍을 목적으로 구축된 공연 영상화 플랫폼도 점차 확대되었다. 2008년 론칭한 베를린필하모닉오케스트라의 '디지털 콘서트 홀Digital Concert Hall', 2014년부터 HD 콘텐츠를 제공 중인 오스트리아의 빈국립오페라극장과 같이 온라인 스트리밍 플랫폼을 구축해 시즌 프로그램을 유료 서비스하는 공연단체들도 속속 늘고 있다. 이와 같이 관객들이 라이브 무대와 객석의 물리적 환경을 넘어서 가까운 상영관 또는 개인 컴퓨터나 TV, 모바일 기기 등을 통해 고품질의 영상화된 공연을 실시간으로 즐길 수 있는 통로가 확장되는 양상은 2000년대 중반 이후 꾸준히 증가하는 추세다. 국내에서는 2013년부터 예술의전당에서 운영하는 '싹 온 스크린SAC On Screen'을 제외하고는 코로나19 상황 이전까지 공연의 영상화 사업이 크게 관심을 받지는 못했다. 하지만 글로벌 팬데믹 이후 형성된 비대면 문화를 기반으로 빠르게 확산되고 있는 추세다. 특히 2020년 이후 국내는 물론 해외 투어공연의 제한으로 인해 관객과의 소통이 어려워진 공연계에서는 실시간 온라인 스트리밍 서비스 확대로 새로운 활로를 더욱 활발히 개척하고 있다. 하지만 존재론적 가치인 동시에 전통적 라이브니스 개념의 차원에서 무대와 객석 간 괴리와 매개된 경험은 공연의 정의에 대한 본질적 물음을 더욱 깊이 있게 제기한다.

6. 라이브니스의 해체와 재구성

필자는 영상매체로 재매개된 공연을 라이브 공연의 속성인 연극성과 수행성 논의에서 발전된 매체성의 범주로 이해하며, 공연의 매체적 속성이자 고전적 라이브니스를 구성하는 세 가지 특성인 ① 시간적 요소, ② 공간적 요소, ③ 관객성을 라이브니스의 작동요소로 상정한다. 전통적 공연의 라이브니스 개념이 위 세 가지 요소를 모두 충족하고 있다면, 라디오나 TV, 인터넷, 모바일 등의 매체 기술에 기반을 둔 매개된 라이브니스는 연기자와 관객의 공간적 공존이 결여된 대신 시간적 요소와 정서적 경험에 바탕을 둔 관객성 개념이 강화되며 변형되었다. 특히 관객의 인식과 경험은 매개된 라이브니스를 구축하는 데 매우 중요한 요소임을 확인할 수 있다. 따라서 관객성을 보다 세분화하여 '현장성의 대리 경험(이하 현장성)'과 '수용 경험의 공유'로 구분한다. 현장성의 대리 경험은 공간적 요소는 배제되지만 현장의 라이브 관객과의 상호작용을 통해 자신도 라이브 공연에 연결되어 있거나 참여하고 있다는 인식을 갖게 되는 것이며, 수용경험의 공유는 상영관에서 영상화된 공연을 함께 관람하는 관객과의 상호작용을 통해 구축된다. 코로나19 이후 증가한 온라인 스트리밍 공연에서는 관객성 개념이 온라인 인터랙션 기반으로 보다 세분화되어 개발되고 있는 추세다. LCT를 포함한 영상화된 공연은 라이브 공연과는 성격이 다른 라이브니스를 확보하고 있으며, 필자는 이러한 양상을 공연의 매체적 속성이 확장하고 있다고 간주한다. 그리고 이때 재매개된 매체 자체의 특성, 생산방식, 수용환경 등이 영향을 끼친다.

① **시간적 요소**: 동일한 시간에 공존
② **공간적 요소**: 동일한 공간에 공존
③ **관객성**:
    ③-**1 현장성(의 대리 경험)**: 라이브 관객과의 상호작용
    ③-**2 수용 경험의 공유**: 수용 현장 관객과의 상호작용

전통적인 의미의 라이브 공연은 위의 네 가지 요소를 모두 충족한다. 연기자와 관객이 물리적으로 함께 존재하며, 관객은 연기자와의 즉각적인 상호작용을 통해 공연에 몰입하며 다른 관객들과 관극의 경험을 공유한다. 이에 비해, 영상매체로 재매개된 공연에서는 연기자와 관객의 물리적인 공존이라는 조건은 배제된다. 하지만 공간적 요소는

라이브 현장에 존재하는 관객의 유무, 즉 현장성의 대리경험과 느슨하게 연결된다. 따라서 필자는 공간적 요소가 수용자의 정서적 차원에 영향을 끼침으로써 매개된 라이브니스의 작동에 간접적으로 관계된다고 간주한다.

코로나19 이전의 공연 영상화는 'The Met: Live in HD', 'NT Live', '싹 온 스크린'과 같이 공연장 내 현장 관객을 유지한 채로 영화관이나 공연장 등에서의 집단 상영(유료 또는 무료)을 목적으로 제작되는 것이 대부분이었다. 또는 '디지털 콘서트 홀'과 같이 온라인 스트리밍을 목적으로 제작된 경우도 있었으나 이 또한 현장 관객 앞에서 공연된 라이브 무대를 영상으로 옮기는 방식에 기반을 둔다. 라이브 무대를 생중계하여 스크린으로 전달하는 LCT는 TV 생중계 프로그램과 유사한 양식으로 제작되지만 공연 작품의 본질은 훼손하지 않는 것을 전제한다. 다시 말해, LCT는 공연 콘텐츠를 활용한 새로운 콘텐츠를 제작하는 것이 아니라 있는 그대로의 공연을 영상으로 옮기는 작업으로서 진행된다. LCT는 '라이브성'을 내세우며 실시간 중계를 전제하지만 연기자와 관객은 물리적으로 같은 공간에 존재하지 않는다는 점에서 전통적인 라이브 공연과는 다르다. 또한 지연 상영되는 경우에는 고전적 라이브니스의 공간적 요소만이 아니라 시간적 요소도 충족하지 않게 된다. 다시 말해, LCT는 공간적 요소는 배제되지만 시간적 요소와 관객성이 확보된다. 하지만 관객성의 두 가지 요소인 현장성과 수용 경험의 공유를 충족함으로써 LCT는 라이브 공연과 가장 유사한 경험을 제공하게 된다.

한편 초기 TV는 기록 매체인 영화와 비교되면서 스크린의 사이즈, 전국적 수용 가능성, 라이브니스를 전제한다는 특성이 부각되었다(Bourdon, 2000). 특히 녹화와 편집기술이 발전하지 않았던 시기의 TV는 모든 프로그램을 실시간으로 방송할 수밖에 없는 라이브 매체였기 때문이다. 즉, 공연의 라이브니스가 연기자와 관객의 현존과 상호작용을 기반으로 규정된다면, TV의 라이브니스는 즉각적인 전송과 집단 수용, 그리고 그것의 영향력에 대한 담론을 중심으로 전개되었다. 그리고 이는 인터넷과 모바일 매체에도 적용되면서, 라이브니스는 새로운 미디어의 환경에 따라 개념을 확장하고 있다. 코로나19로 인해 라이브 무대의 정상적인 운영이 어려워지면서 다수의 프로덕션이 온라인 스트리밍으로 눈을 돌린 이유도 바로 이러한 변화를 방증한다. 예컨대, 관객을 앞에 둔 라이브 공연이 생중계되는 경우 시간적 요소와 현장성은 충족되지만 수용 경험의 공유는 배제된다. 이러한 방식은 극 장르보다는 주로 음악 공연의 실황을 생중계하는 프로그램이 해당되었으나, 온라인 스트리밍 통로가 증가하면서 다양한 공연 양식으로 확대되는 추세다.

공연의 생중계가 무관중 스튜디오를 전제로 제작되는 경우 시간적 요소는 충족되지만 관객성은 대부분 소멸된다. 2020년 이후 증가한 무관중 공연의 라이브 스트리밍 및 개별 관람도 이와 유사한 형태라고 할 수 있다. SM엔터테인먼트와 네이버가 손잡고 론칭한 온라인 콘서트 플랫폼 '비욘드 라이브Beyond LIVE', 전 세계 팬덤을 확보하고 있는 BTS 등 케이팝K-pop 가수들의 공연을 필두로 실시간 스트리밍 공연이 확대되고 있고, 연극과 뮤지컬 등에서도 공연 영상화의 유료화가 다양한 방식으로 시도되고 있다. 뮤지컬 〈모차르트〉, 〈잃어버린 얼굴 1895〉, 〈어쩌면 해피엔딩〉, 〈엑스칼리버〉, 〈베르테르〉 등의 작품은 영상화를 목적으로 실황 녹화한 공연을 유료 스트리밍했으며, 〈귀환〉과 〈광염소나타〉는 라이브 무대의 온라인 생중계를 진행한 바 있다. 온라인 공연의 경우 관객성의 결핍을 메우기 위해 관객들의 함성을 현장에 전달하거나 다중화상 채팅 기반의 인터랙션 기능을 강화하고 있다. 하지만 실제 공연장 또는 상영관 현장에서의 소통과는 명확히 구별되는 층위이며 아직까지는 안정적 플랫폼을 갖추지 못한 상태다. 한편 실시간 중계를 전제하지 않는 영상의 경우에는 시간적 요소는 전면 배제되나 제작 및 유통 양식에 따라서 관객은 라이브 관객을 통해 현장성을 공유할 수 있으며, 다른 관객과 수용 경험 공유가 가능하다.

필자는 이상의 논의를 바탕으로 재매개된 공연에서 라이브니스의 네 가지 작동요소에 대해 '시간적 요소 > 공간적 요소 > 현장성 > 수용 경험의 공유'의 순서로 가중치를 부여해 분류했다. 라이브 공연 매체성의 물리적인 공존 조건을 충족하는 시간적 요소는 매개된 라이브니스의 경험에서 가장 중요한 작동요소다. 또한 영상화된 공연의 라이브니스에 직접적인 영향을 미치지는 않더라도, 공간적 요소는 라이브 공연의 중요한 매체적 속성으로 공연 현장에 존재하는 라이브 관객을 통한 현장성의 대리 경험과 심리적인 차원에서 연관성을 내포한다. 즉, 영상매체로 재매개된 공연의 관객은 물리적으로 퍼포머와 함께 존재하지는 않지만, 스크린 속 라이브 관객과의 상호작용을 통해 공연 현장 분위기를 경험할 수 있다. 따라서 현장성과 수용 경험의 공유 중에는 공간적 요소가 잠재적으로 관련되는 현장성이 우위에 위치한다. 또한 이 네 개의 작동요소 이외에 필자는 LCT의 사례 연구를 통해 매개된 라이브니스의 수용에 있어 '라이브'에 대한 수용자의 인식이 중요하게 작용한다는 것을 확인할 수 있었다. 영상매체로 재매개된 공연의 라이브니스에 대한 수용자의 인식은 실시간 전송을 기반으로 하는 TV 또는 실시간 스트리밍을 라이브 매체로 인식하는 것 또는 LCT 등 라이브캐스트를 전제하는 공연 영상이 라이브 현장과 동일한 콘텐츠를 제공한다는 것에 대한 수용자의 믿음과 관계된다. 이상의 논의에 따라 영상매체로 재매개된 공연의 라이브니스 층위를 구분하면 〈표 1〉과 같다.

 영상매체로 재매개된 공연 경험은 라이브 공연과는 분명한 차이가 있다. 라이브 공연을 보는 경험은 본질적으로 대체될 수 없기 때

표 1 라이브니스 층위에 따른 영상매체로 재매개된 공연의 유형

No.	재매개 양식	라이브니스 작동요소	사례
1	LCT	시간적 요소 현장성 수용경험의 공유 라이브 인식	The Met : Live in HD NT Live 뮤지컬 〈엑스칼리버〉 / 싹 온 스크린
2	라이브캐스트 공연 (TV / 스트리밍)	시간적 요소 현장성 라이브 인식	CBS '투나잇 온 브로드웨이' 뮤지컬 〈광염소나타〉
3	무관중 라이브캐스트 공연 (TV / 스트리밍)	시간적 요소 라이브 인식	NBC 〈사운드 오브 뮤직 라이브〉 뮤지컬 〈귀환〉 Beyond Live
4	LCT (지연 상영·재상영)	현장성 수용경험의 공유 라이브 인식	The Met : Live in HD / 국내상영 NT Live / 국내상영
5	프리리코드 공연 (집단 상영)	현장성 수용경험의 공유	뮤지컬 〈웃는남자〉 / 영화관
6	LCT (TV/스트리밍)	현장성 라이브 인식 (TV/스트리밍 & LCT)	뮤지컬 〈엑스칼리버〉 / 네이버 TV
7	프리리코드 공연 (TV/스트리밍)	현장성 라이브 인식 (TV/스트리밍)	뮤지컬 〈잃어버린 얼굴 1895〉 / 네이버TV
8	LCT(DVD)	현장성 라이브인식 (LCT)	뮤지컬 〈빌리 엘리어트 라이브〉 / DVD
9	프리리코드 공연 (DVD)	현장성	뮤지컬 〈렌트 라이브〉 / DVD
10	무관중 프리리코드 공연 (DVD)	-	뮤지컬 〈캣츠〉 / DVD

문이다. 하지만 필자는 공연과 영상매체를 이분화하는 속성으로 기능했던 라이브니스의 개념을 일종의 연속체continuum로 인식하여, 영상화된 공연이 매개된 라이브니스를 제공한다는 점을 견지한다. 또한 수용자는 공간적 또는 시·공간적 요소가 배제된 상황에서도 TV나 영화가 아닌 공연의 콘텐츠를 관람했다고 인지한다. 무대를 영상

화하는 과정은 제작진 역시 공연의 연장선상에서 본질을 훼손시키지 않는 것을 가장 큰 원칙으로 삼는다. 이는 영상 콘텐츠 제작을 위해 공연의 요소를 활용하는 것과는 분명히 구분된다. 요컨대, 미디어 환경의 빠른 변화와 코로나19가 촉진한 디지털 플랫폼의 확장 속에서 고전적 라이브니스의 유무는 더 이상 공연과 영상 미디어를 특징짓는 속성으로서 충분한 설명력을 갖지 못한다. 라이브니스의 개념은 확장되며 재구성되고, 공연의 재매개 양식, 수용자의 지각과 인식 등에 따라 영상매체를 통한 공연의 라이브니스에 대한 경험 또한 끊임없이 새로워지기 때문이다.

　미디어 환경은 앞으로 더욱 빠른 속도로 생산과 수용의 양식을 다각화할 것이며, 화질과 음질의 개선을 포함한 미디어 기술은 더욱 빠르고 다양한 층위로 발전할 것이다. 또한 수용자는 영상화된 공연을 통해 라이브 무대와는 다른 미디어로서의 공연을 더욱 다층적으로 경험하게 될 것이다. 아직까지 역사가 짧은 국내의 공연 영상화 사업은 미학적 또는 기술적 퀄리티의 보완과 유통 플랫폼 구축 등 해결해야 할 과제가 남아 있지만, 공연과 영상 미디어의 상호작용은 더욱 활발해질 것으로 전망한다. 또한 이에 따라 라이브니스를 이해하는 이론적인 관점에서도 더욱 새로운 접근이 요구된다.

참고 문헌

백로라 (2008). 현대 공연학 이론의 주요 쟁점과 미디어 테크놀로지 연극 - '라이브니스(Liveness)' 이론과 우스터 그룹(the Wooster Group)의 〈햄릿〉(Hamlet)을 중심으로. 〈한국연극학〉, 제34권, 127~158.

_____ (2011). 미디어 테크놀로지 시대에서의 퍼포먼스의 '라이브니스'. 〈인문언어〉, 제13권, 123~145.

지혜원 (2016). 영상매체로 재매개된 공연의 라이브니스의 재구성. 〈인문콘텐츠〉, 제43호, 289~317.

_____ (2016). 라이브캐스트 시네마 시어터(Livecast Cinema Theatre)의 상호매체적 관계와 매체성에 관한 연구. 〈문화경제연구〉, 19(3), 137~163.

_____ (2016). 공연과 영상매체의 상호매체적 발전에 대한 통시적 접근. 〈미디어와 공연예술연구〉, 11(3), 131~154.

Auslander, P. (1999). *Liveness: Performance in a Mediated Culture*. London and New York : Routledge.

_____ (2008). *Liveness: Performance in a Mediated Culture* (2nd ed.). London and NewYork: Routledge.

_____ (2012). Digital Liveness: A Historico-Philosophical Perspective. *A Journal of Performance Art*, 34(3), 3~11.

Benjamin, W. *Kunstwerk im Zeitalter seiner technischen Reproduzierbarkeit ; Kleine Geschichte der Photographie*. 최성만 (역) (2007). 『기술복제시대의 예술작품: 사진의 작은 역사 외』. 길.

Bourdon, J. (2000). Live television is still alive: on television as an unfulfilled promise. *Media, culture & society, 22*(5), 531~556.

Couldry, N. (2004). Liveness, "Reality," and the Mediated Habitus from Television to the Mobile Phone, *The Communication Review, 7*, 353~361.

Dixon, S. (2007). *Digital Performance: a history of new media in theatre, dance, performance arts, and installatio*n. MA: MIT Press.

Osipovich, D. (2006). What is a Theatrical Performance?. *The Journal of Aesthetics and Art Criticism, 64*(4), 461~470.

Phelan, P. (1996). *Unmarked: the Politics of Performance*. London and New York: Routledge.

Read, C. (2014). 'Live, or almost live…': the politics of performance and documentation. *International Journal of Performance Arts and Digital Media, 10*(1), 67-76.

Reason, M. (2004). Theatre Audiences and Perceptions of 'Liveness' in Performance. *particip@tions. 1*(2).

2.

"공연은
계속돼야 한다
(The Show Must Go On)"

장지영
국민일보 문화스포츠레저부장

1. 들어가며

서커스는 고대 시대부터 사람들의 삶에 존재했다. 동서양에서 명칭이 달랐지만 동물쇼, 곡예, 광대쇼 등이 포함됐다. 그러다가 18세기 후반 영국에서 마상 곡예사 필립 애슬리 Philip Astley의 서커스단이 등장하면서 근대적 의미의 서커스가 비롯됐다.

애슬리 서커스단을 모델로 여러 서커스단이 나오면서 19세기 후반 미국에서 서커스가 엔터테인먼트 산업으로 자리 잡게 됐다. 대륙횡단철도가 완성되면서 서커스단들이 기차를 이용해 미국 전역을 다닐 수 있게 된 것이 큰 역할을 했다. 배우 휴 잭맨 Hugh Jackman이 연기한 영화 〈위대한 쇼맨 The Greatest Showman〉의 주인공 피니어스 바넘(Phineas Barnum, 1810~1891)이 이끌던 '바넘&베일리서커스'와 그 라이벌인 '링링브라더스서커스'는 당시 서커스 엔터테인먼트업계를 대표한다.

그런데 바넘&베일리서커스를 비롯해 당시 서커스단들은 늘 공연이 중단될까 봐 걱정했다. 동물이 우리를 탈출하는가 하면 곡예사가 부상을 당하는 일이 종종 일어났기 때문이다. 그럼에도 서커스단은 어떻게든 공연을 올리기 위해 애썼다. 그렇지 않으면 관객에게 티켓 값을 환불해야 하는 상황에 처할 수 있기 때문이다. 그래서 나온 말이 바로 이 말이다. "공연은 계속되어야 한다 The Show Must Go On".

시간이 흐르면서 이 말의 의미는 넓어졌다. 특히 관객과의 약속은 반드시 지켜야 한다는 공연계 종사자들의 직업적 소명의식을 뜻하는 말로 널리 쓰였다.

하지만 2020년 전 세계를 휩쓴 신종 코로나바이러스감염증(코로나19)은 공연 관계자들의 소명의식이 아무리 높더라도 공연을 할 수 없는 상황을 만들었다. 코로나19 바이러스가 주로 비말로 전염되다 보니 다중이용시설인 공연장이 정상적으로 운영되지 못했기 때문이다. 감염을 줄이기 위한 '사회적 거리두기 social distancing'의 중요성이 강조되고 비대면·비접촉이 '뉴노멀(새로운 표준)'로 자리 잡다 보니 현장성과 대면성이 특징인 공연은 제대로 이뤄질 수 없게 된 것이다.

그럼에도 불구하고 2020년 전 세계 공연계는 팬데믹에서 살아남기 위해 어떻게 하든 공연을 올리려 노력했다. 국가마다 코로나19 상황이 다르긴 하지만 공공과 민간 모두 오프라인 무대를 재개하고 온라인을 활용하려는 방향은 비슷했다. 다만 코로나19라는 전대미문의 시대에 "공연은 계속되어야 한다"는 이제 전통적 소명의식이 아니라 공연계의 절박한 생존의지를 뜻하는 말이 됐다. 그리고 살아남기 위해 전통적인 방식을 고수하던 데서 벗어나 창작과 유통 등 모든 면에서 변화해야 한다는 것도 의미하게 됐다.

2. 코로나19에 문 닫은 공연장과 취소된 공연예술축제

공연예술 Performing Arts 은 무대에서 공연되는 모든 형태의 예술을 지칭한다. 원칙적으로 퍼포머를 통해 공연되는 동안만 존재하는 일회적인 예술로 연극, 음악, 무용 등을 포함한다. 시·공간의 제약이 있지만 퍼포머와 관객 사이의 강력한 상호작용이야말로 공연예술의 매력이다. 다만 고대부터 연극, 음악, 무용 등이 존재했지만 제의적 가치가 컸던 만큼 현대적 의미의 공연예술과는 다소 거리가 있다. 장인에서 예술가가 분리되고 후원 체제에서 시장 체제로 바뀌면서 시민계급이 청중으로 등장한 18세기 후반이야말로 오늘날 공연예술의 실질적인 출발점이다.* 이후 공연장을 기본 축으로 창작-유통-소비의 생태계가 구축됐으며 예술성과 상업성, 영리와 비영리를 넘나드는 산업으로 자리매김했다. 특히 20세기 이후 등장한 공연예술축제는 공연장과 함께 공연시장의 양대 축을 이루게 됐다. 유럽에서 정착된 시스템은 서양 공연예술이 이식된 아시아권에서도 20세기 후반 일본을 시작으로 한국 등에도 조금씩 자리 잡게 됐다.

그러나 코로나19는 이런 공연 생태계의 근간을 흔들어 놓았다. 다중이용시설인 공연장이 3밀(밀폐, 밀집, 밀접) 환경이라 집단 감

---

* 예술가의 위상 변화와 근대적 청중의 탄생에 대해서는 많은 연구가 이뤄져 있다. 본고에서는 국내에 번역된 책들 가운데 『순수예술의 발명』(래리 샤이너 지음, 조주연 옮김)과 『청중의 탄생』(와타나베 히로시 지음, 윤대석 옮김)을 주로 참고했다.

염을 일으키기 쉬운 곳으로 받아들여진 탓이다. 실제로 팬데믹 초기 네덜란드와 독일, 미국 등지에서는 합창단에서 코로나19 집단 감염이 발생한 바 있다. 당시 코로나19에 대한 지식과 정보가 부족했던 상황에서 감염 공포가 커지자 세계 각국에선 속속 공연장의 문을 닫았다. 그리고 여러 나라에서 록다운(봉쇄)이 시행되어 공연예술산업에서 필수적인 예술가와 예술단체의 투어도 중단됐다.

한국의 경우 2019년 12월 30일 중국 후베이성 우한시에서 원인불명의 폐렴 환자 속출 기사가 전 세계에 처음 타전된 이후 한 달 정도 지나면서 공연계가 위축되기 시작했다. 세계보건기구 WHO가 1월 30일 코로나19에 대해 '국제적 공중보건 비상사태'를 선포한 직후 중국을 포함해 아시아 국가들을 경유하는 예술가(단체)의 투어가 중단되기 시작한 것이다. 내한 예정이던 미국 보스턴심포니오케스트라 Boston Symphony Orchestra의 투어 중단 발표가 그 시작이다. 보스턴심포니는 당초 2월 6일 서울을 시작으로 2월 16일까지 대만 타이베이, 홍콩, 중국 상하이에서 연주를 진행할 예정이었다. 하지만 코로나19 팬데믹 우려로 아시아 투어 일정을 전면 취소했다.

보스턴심포니를 시작으로 오스트리아 ORF빈방송교향악단 ORF Vienna Radio Symphony Orchestra, 스위스 루체른스트링페스티벌오케스트라 Lucerne Strings Festival Orchestra의 내한공연이 잇따라 취소됐다. 중국 정부의 공연장 폐쇄 결정과 함께 2월 14일부터 열릴 예정이었던 홍콩아트페스티벌 Hong Kong Art Festival도 전면 취소됐는데 그 여파가 컸다. 특히 매년 2~3월 사이에 한 달간 열리는 홍콩아트페스티벌은 수십여 편의 음악·무용·연극 공연이 열리는데, 참가 단체의 상당수가 중국, 한국, 일본 등을 경유하는 투어 일정을 짜는 경우가 많다. 한국에서 2~3월 이뤄진 내한공연은 크로아티아 피아니스트 이보 포고렐리치(Ivo Pogorelich, 2월 19일)와 우크라이나 피아니스트 발렌티나 리시차(Valentina Lisitsa, 3월 22일) 리사이틀뿐이었다.

2015년 메르스(중동호흡기증후군) 사태 당시 공연장에 관객이 줄고 일부 공연예술축제가 취소됐다. 그러나 메르스의 경우 병원 내 집단 감염이 많고 시중 감염은 적어 공연장 폐쇄로까지 이어지지 않았지만 코로나19는 감염률이 워낙 높아서 국공립 공연장 셧다운까지 나오게 됐다. 2020년 1월 말부터 공연 취소가 이어지는 가운데 문화체육관광부는 같은 해 2월 25일 국립중앙극장 등 5개 국립 공연기관을 휴관하고 국립극단 등 7개 국립예술단체의 공연을 잠정 중단한다고 발표했다. 이후 코로나19 장기화 속에 공연장의 여닫기가 반복되거나 공연의 취소 또는 연기가 이어졌다.

그런데 장르별로 보면 클래식음악과 무용 장르에서 주요 무대가 상당수 사라진 것과 달리 연극과 뮤지컬 장르에선 공연이 계속 이어졌다. 1~2일의 단기간 공공 공연장에서 주로 연주되는 클래식음악 및 무용과 달리 연극과 뮤지컬에선 장기 공연이 대부분인 데다 민간 공연장에서 공연되는 비율이 높기 때문이다. 대형 뮤지컬의 경우 제작비가 워낙 높기 때문에 공연을 중단할 경우 그 피해가 매우 큰 것도 또 다른 원인이다.

해외 공연계 역시 대부분의 국가가 2월 중순부터 공연장을 폐쇄하기 시작했다. 2019~2020 시즌이 대개 5~6월 중 끝나지만 남은 공연을 취소하고 2~3월 사이에 시즌을 종료한 것이다. 극장들이 몰려 있어 세계 공연시장의 양대 산맥으로 불리는 미국 뉴욕 브로드웨이와 영국 런던 웨스트엔드 West End의 타격은 더욱 심각하다. 뉴욕은 코로나 피해가 심각했던 곳으로 3월 12일 뉴욕주의 집합 금지 명령 이후 브로드웨이 극장들이 문을 닫았다.

브로드웨이는 흔히 객석 500석 이상의 상업극장을 가리키며 2020년 기준으로 41개가 속해 있다. 브로드웨이 프로듀서 및 공연장 협회인 '브로드웨이 리그 The Broadway League'는 공연장 폐쇄 조치를 3~4개월 단위로 연장해 왔는데, 2021년 5월 말까지 그 기간이 늘어났다. 100~499석 사이의 극장들이 포함된 오프브로드웨이 Off-Broadway와 100석 미만의 오프오프브로드웨이 Off-off broadway도 마찬가지다.

런던은 웨스트엔드의 39개 중대형 상업극장 외에 국립극장 NT, 로열오페라하우스 Royal Opera House, 바비컨센터 Barbican Centre 등으로 대표되는 비영리 극장들, 소규모 프린지 Fringe 극장들이 몰린 곳이다. 하지만 2020년 3월 16일 정부의 집합 금지 발표 이후 런던의 주요 상업극장이 가입된 런던극장협회SOLT: Society Of London Theatre와 영국 내 165개 극장을 회원으로 둔 영국극장연합UK Theater은 극장 폐쇄를 결정했다.

전 세계 공연장이 폐쇄됐던 상반기에 대형 뮤지컬도 공연했던 한국은 벤치마킹 대상으로 떠올랐다. 특히 영국 출신의 세계적인 뮤지컬 작곡가 앤드류 로이드-웨버Andrew Lloyd Webber가 2020년 4월 말 자국 일간지 〈데일리메일Daily Mail〉과의 인터뷰에서 "〈오페라의 유령〉이 지구상에서 유일하게 한국에서 공연되고 있는 것은 그다지 놀랍지 않다. 안정된 방역시스템과 자발적인 국민 협조 덕분에 가능했다"고 처음 언급한 뒤 〈뉴욕타임스〉 등 여러 매체가 한국을 소개했다(Dailymail, 2020. 4. 27.; New York Times, 2020. 6. 1.).

유럽의 경우 코로나19 상황이 한층 악화돼 국제적 명성의 공연예술축제들도 대부분 취소됐다. 매년 7~8월 유럽 곳곳에서 열리는 수많은 축제에는 적게는 수만 명, 많게는 수십만 명이 모이는 만큼 집단 감염 우려가 크기 때문이다. 영국 에든버러인터내셔널페스티벌Edinburgh International Festival, 독일 바이로이트페스티벌Bayreuth Festival, 프랑스 아비뇽페스티벌Festival d'Avignon 등이 3~4월 사이에 취소를 결정했다. 20년 넘게 한국 공연예술의 해외 진출 관문 역할을 해 온 영국 에든버러프린지페스티벌의 쇼나 매카시Shona McCarthy 총감독은 2020

년 4월 초 성명을 내고 "가능한 선택지를 모두 고려했지만, 취소만이 유일한 대응책이었다"고 밝힌 바 있다.*

유럽에서는 독일과 오스트리아를 중심으로 5월부터 공연장을 조심스럽게 가동하다가 9월부터 시즌을 재개하려는 움직임을 보였다. 유럽 공연계에 희망을 심어준 것이 8월 오스트리아 잘츠부르크 음악페스티벌Salzburg Festival이었다.** 공연예술 축제들이 대부분 취소된 가운데 100주년을 맞은 잘츠부르크페스티벌은 기간과 규모를 축소해 열렸다. 당초 44일간 200편을 선보일 계획이었지만 30일간 60편 정도 선보였다. 객석에 거리두기를 적용했지만 집단 감염 없이 무사히 끝났다. 그러나 여름휴가 시즌이 끝난 뒤 2차 코로나19 유행 국면에 접어든 데 이어 겨울 들어 3차 대유행으로 공연장의 상당수가 다시 문을 닫았다. 이와 관련해 6~7월부터 공연을 재개한 러시아와 일본은 3차 대유행 속에서도 공연을 이어갔다.

코로나19는 인류의 역사에 등장한 여러 감염병 가운데서도 1918~1920년 위세를 부렸던 스페인독감과 자주 비교된다. 스페인독감은 약 5000만 명이 사망한 것으로 추정될 만큼 세계적인 재앙

---

* 2020 Fringe announcement from Shona McCarthy.

** **오스트리아는 코로나 팬데믹 이후 중단했던 문화예술 행사를 5월 말 재개했는데, 유럽 국가들 가운데 가장 적극적이었다. 세계적으로 권위 있는 음악 중심지로서 축제가 관광 등 국가 경제에 적지 않은 영향을 끼치는 것을 고려했으리라 보인다. 특히나 잘츠부르크페스티벌은 유럽의 수많은 음악축제 가운데서도 손꼽히는 위상을 자랑한다. 유럽 언론은 잘츠부르크페스티벌의 개최부터 종료까지 큰 관심을 드러냈다.**

이었지만 대부분의 나라에서 전면적인 공연 제한 조치는 없었다. 당시만 해도 의학지식 및 기술이 발달하지 않았던 데다 지금 같은 공연 생태계가 구축되지 않았기 때문이다. 따라서 코로나19는 국제화 시대에 서로 연결된 전 세계 공연계가 처음으로 접한 미증유의 재앙이라고 할 수 있다.

3. 공연장 재개와 '거리두기' 좌석 논란

코로나19 사태 이후 감염 예방을 위한 '사회적 거리두기'는 전 세계의 규범이 됐다. 의학계는 비말이 날아가는 거리가 대략 1~2m여서 사람과 사람 사이에 2m 이상 거리를 두는 것이 바람직하다고 보며, 세계보건기구 WHO는 최소 물리적 거리를 1m로 권고했다.

  팬데믹 초기 거리두기의 기준을 2m로 정한 나라는 영국, 스페인, 캐나다 등이었다. 그리고 미국은 6피트(약 1.8m), 독일·네덜란드·오스트레일리아 등은 1.5m, 중국·프랑스·오스트리아 등에선 1m로 정해졌다. 한국과 일본은 2m를 기준으로 하되 상황이 여의치 않은 경우 최소 1m 이상을 권고했다. 스페인과 영국은 7월부터 기준을 각각 1.5m와 1m로 완화했다.

  사회적 거리두기는 내내 뜨거운 논쟁을 유발하고 있다. 공연장의 문을 열더라도 좌석을 띄어 앉는 거리두기 적용을 하면 공연을 올릴수록 적자가 누적돼 생존이 어렵기 때문이다. 공연장 내 좌석 띄어 앉기 관련 논란은 3월 하순 한국에서 처음 나왔는데, 다른 나라에서는 공연장이 아예 문을 닫았다.

서울시는 3월 하순 한국소극장협회에 공문을 보내 공연장 방역의 엄격화 조치와 함께 관객 간 거리, 객석과 무대 간 거리 2m를 유지하라고 요구했다. 관객이 바짝 붙어 앉아 있는 소극장은 감염 우려가 크다고 본 것이다. 이에 대해 소극장을 중심으로 한 공연계는 2m 기준이 비현실적이라고 맹반발했다. 기준대로라면 300석 이하 소극장에서 전체 객석의 10% 수준인 30석 정도만 티켓을 팔아야 하기 때문이다.

이후 정부 중앙재난안전대책본부(중대본)는 공연장의 현실을 고려해 철저한 방역하에 관객의 앞, 뒤, 양옆 좌석을 비우는 세부지침(지그재그좌석제)을 마련했다. 하지만 민간의 상당수가 거리두기 제한 없이 티켓을 팔았다. 행정의 구속을 받는 국공립 공연장과 달리 민간 공연장은 중대본의 권고사항인 세부지침을 따르지 않아도 처벌받지 않기 때문이었다. 하지만 국공립 공연장을 대관한 민간단체가 세부지침 준수를 문제로 공연을 취소하는 상황이 발생하기도 했다. 인기 있는 공연일수록 일찌감치 매진돼 기존 예매를 취소하고 거리두기를 적용한 재예매가 어렵기 때문이었다.

공연계는 거리두기를 적용하지 않은 민간 공연장에서 집단 감염이 전혀 발생하지 않았다는 점에서 국공립 공연장의 지그재그좌석제 개선을 요구했다. 또한 함께 공연장에 온 뒤 떨어 앉는 것도 합리적이지 않다고 지적했다. 심지어 확진자 증가로 다중이용시설 운영 중단이 발표된 가운데 서울시 산하 공공극장인 세종문화회관 대극장에서 6월 16일 좌석 떨어 앉기 없이 막을 올린 뮤지컬 〈모차르트!〉는 공연계의 주장에 힘을 실어 줬다. 폐막까지 감염 관련 어떤 문제도 일어나지 않았기 때문이다. 심지어 7월 중 확진자가 다녀간 것이 추적 과정에서 밝혀졌지만, 주변 관객들 모두 음성으로 판정돼 오히려 공연장이 안전한 공간이라는 것을 증명해 줬다.

실제로 실내 공연장은 다중이용시설 중에서도 감염 위험도가 매우 낮다. 마스크를 착용한 관객들이 침묵한 채 무대를 향하고 있기 때문이다. 그럼에도 공연장의 거리두기 기준은 오랫동안 바뀌지 않았다. 정부는 6월 말 코로나19 확산 정도에 따라 거리두기를 1~3단계로 구분했는데, 1단계에서도 여전히 공연장에 '지그재그좌석제'를 적용하도록 했다. 그리고 여름철 2차 확산으로 공연장 내 거리두기를 완화해 달라는 공연계의 요구는 힘을 잃었다. 오히려 8월 문체부 행정명령에 따라 수도권에서 국·공립뿐만 아니라 민간 공연장도 '객석 떨어 앉기'를 의무 시행하게 됐다.

2차 확산이 다소 잦아든 뒤 정부는 11월 들어 3단계로 되어 있던 거리두기를 '정밀 방역' 형태로 세분화해 5단계로 변경했다. 이미 익숙한 1.5단계, 2.5단계를 추가해 1단계는 생활방역, 1.5단계와 2단계는 지역유행, 2.5단계와 3단계는 전국유행으로 분류한 것이다. 코로나19와 장기적 공존이 불가피한 상황에서 거리두기의 지속가능성과 사회적 수용성이 저하된다는 문제를 고려했다.

공연과 관련해 다중이용시설은 중점관리시설과 일반관리시설로 단순화했다. 공연장의 경우 1단계는 좌석을 띄우지 않으며 1.5단계부터 동반자 집단 간 좌석을 띄운다. 2단계와 2.5단계에서는 각각 좌석 한 칸 또는 두 칸 띄우기가 적용되고, 3단계부터는 집합금지 조치가 행해진다. 판매 가능한 좌석으로 볼 때 대략 1단계 100%, 1.5단계 70%, 2단계 50%, 2.5단계 30%, 3단계 0%가 되는 셈이다.

세분화 조치로 공연계는 다시 거리두기 없이 티켓을 팔게 됐지만 한 달도 가지 못했다. 감염자가 연일 수백 명씩 나오면서 수도권이 거리두기 2단계로 올라가더니 12월 초엔 2.5단계가 됐다. 2단계에서 좌석 50%를 판매하며 거리두기 완화를 기대하고 버티던 공연계는 30% 정도 팔 수 있는 2.5단계가 되자 아예 공연을 중단하거나 개막을 연기했다. 대형 뮤지컬의 경우 대체로 손익분기점을 객석의 60~65% 정도로 보기 때문에 공연을 중단하는 게 오히려 손해가 적기 때문이다. OD컴퍼니, 신시컴퍼니 등 국내 대형 뮤지컬 제작사들은 "2.5단계의 두 칸 띄어 앉기 규정을 재고해 달라"는 호소문을 발표하기도 했다.

2021년 들어서도 2.5단계가 유지되면서 대형 뮤지컬 〈몬테크리스토〉, 〈고스트〉, 〈맨오브라만차〉, 〈명성황후〉 등은 재개 날짜를 다시 연기했고, 〈노트르담 드 파리〉 등은 조기 폐막을 결정했다. 견디다 못한 뮤지컬계가 1월 19일 '동반자 외 거리두기'를 적용하는 방향으로 방역 수칙을 재수립해야 한다는 호소문을 발표한 데 이어 영화계와 손잡고 정부의 대책 마련을 촉구하는 공동 성명을 내기에 이르렀다. 다행히 중대본이 1월 31일 수도권의 2.5단계를 2주 더 연장하면서도 공연장과 영화관의 거리두기는 완화했다. 1.5단계와 2단계에서 동반자 외 좌석 한 칸 띄우기로 티켓의 70%를 판매할 수 있게 됐으며, 2.5단계에서는 동반자 외 좌석 두 칸 띄우기 또는 한 칸씩 띄우기로 좌석의 50%까지 판매가 가능하게 됐다.

공연계는 팬데믹 이후 정부의 거리두기 세부지침의 변화에 따라 공연장 여닫기, 티켓 예매 취소와 재예매를 반복해 왔다. 코로나19 종식 전까지는 이런 상황이 계속될 것이다. 다만 해외에서는 거리두기 지침 변화에 따른 혼란을 최소화하기 위해 티켓 판매 시 구역을 지정하고 최종 좌석은 공연장에서 안내받도록 하는 경우가 많았다. 예매와 재예매가 필요 없으며 동행끼리 안내받을 수 있기 때문이다.

사실 해외 공연계에서도 좌석 띄어 앉기는 생존이 걸린 문제였다. 거리두기를 엄격하게 적용할 경우 전체 객석의 20~30% 정도만 팔 수 있어서다. 상황이 좋지 않은 유럽의 경우 공연장들은 거리두기 지침을 엄격히 따르는 편이다. 다만 공연 도중에는 마스크를 착용하지 않아도 된다고 규정한 곳이 꽤 많은데(문학수, 2020. 12. 10.; 노승림, 2020. 8. 31.), 대화를 하지 않기 때문에 비말이 튈 위험이 낮다고 본 것이다. 유럽 공연계에서도 한국과 마찬가지로 공연장 내 거리두기는 어차피 관객이 침묵하는 상황에서 감염 예방 효과는 미미한 반면 공연산업에 미치는 타격은 막대하다는 게 중론이다. 거리두기를 적용하면서 코로나19 팬데믹 이전과 같은 매출을 올리려면 티켓 가격을 3~4배 올려야 하는데, 극소수 부유층만 공연을 볼 수 있게 되거나 공연 제작 기회 자체가 줄어들게 되기 때문이다.

이와 관련 스페인 마드리드에선 스페인 오페라계를 대표하는 '테아트로 레알 Teatro Real'이 2020년 9월 공연장을 재개한 첫날 거리두기 문제로 관객의 항의를 받아 취소되는 사태가 발생하기도 했다. 전체 티켓의 50%만 팔았는데, 티켓 가격이 비싼 1층 중앙석과 2·3층 박스석은 좌석을 넓게 띄워 놨지만 저렴한 좌석은 그렇지 않았기 때문이다. 실제로는 비싼 좌석의 티켓이 많이 팔리지 않은 탓이었지만 예민해진 관객들은 사회적 거리두기가 계급을 나눈다고 분노했다. 결국 극장 측은 다음 날 공연에선 비어 있는 비싼 좌석에 싼 티켓 소지자를 일부 이동시키기도 했다. 비록 일시적인 해프닝으로 끝났지만 거리두기를 적용하면서 수입을 생각할 때 티켓 가격 문제가 만만치 않음을 보여 준 사례다.

영국에선 2020년 6월 런던극장협회, 영국극장연합, 영국무용협회One Dance UK 등 영국 공연단체와 100명의 연출가·작가·배우 그리고 의회 하원의원들이 보리스 존슨Boris Johnson 총리에게 공동서한을 보내 공연산업을 즉각 구제해 달라고 요청했다(SOLT, 2020. 6. 25.). 그런데 이들은 발열 체크, 마스크 착용, 전자출입명부 등 한국의 방역 시스템을 영국 극장가에 도입하는 것에 찬성하면서도 공연장에 거리두기를 적용하는 것은 불가능하다고 강조했다. 수익을 낼 수 없어 공연장과 예술단체 모두 파산 위기에 처하는 등 공연산업의 붕괴로 이어질 수 있다고 봤기 때문이다.

런던 웨스트엔드에서 여러 극장을 운영하는 극장주이기도 한 로이드-웨버는 2020년 7월 팔라디움Palladium 극장(2286석)에서 발열 체크 등 방역을 하면서 거리두기를 적용한 파일럿 공연을 열었다. 영국에서 공연장이 전면 셧다운된 상태였기 때문에 이 공연은 비상한 관심을 모았는데, 결과적으로 공연장의 거리두기 적용은 불가능하다는 공연계의 믿음을 강화시켰다. 뮤지컬 〈오페라의 유령〉, 〈캣츠〉, 〈레미제라블〉 등을 제작한 거물 프로듀서이자 극장주이기도 한 캐머런 매킨토시Cameron Mackintosh는 500석만 관객이 앉은 이 공연에 대해 "참사disaster"라고까지 표현했다(The Guardian, 2020. 7. 29.).

공공 지원이 많은 유럽과 달리 티켓 판매와 개인 후원에 의존하는 미국에선 위기감이 더욱 심하다. 거리두기가 완화되지 않을 경우 공연장 재개가 쉽지 않다는 입장이다. 실례로 객석이 약 3800석인 뉴욕 메트로폴리탄오페라하우스MET에 1.5m 거리두기를 도입하면 400~500석만 활용할 수 있다. 피터 겔브Peter Gelb MET 총감독은 2020년 6월 〈뉴욕타임스〉와의 인터뷰에서 "사회적 거리두기와 오페라는 함께 가기 어렵다. 코로나19로 MET의 생존이 위협받고 있다"고 말했다.

4. 코로나19로 인한 공연계의 피해

공연계는 코로나19로 전례 없는 위기를 겪었다. 공연장 폐쇄 및 공연 취소가 이어졌으며 공연이 열리더라도 좌석 띄어 앉기의 영향으로 제대로 수입을 올릴 수 없었기 때문이다. 2020년 한국 공연계의 피해 규모는 예술경영지원센터 공연예술통합전산망KOPIS* 통계로 확실히 알 수 있는데, 매출과 예매 수 등 대다수 지표가 전년 대비 절반 이상 뚝 떨어졌다.

KOPIS에 따르면 2020년 공연계 총 매출액은 1732억 원, 개

---

* 5년여의 시범기간을 거쳐 2019년 6월 말부터 본격 가동된 공연예술통합전산망은 영화 부문의 영화상영관입장권통합전산망(KOBIS)처럼 그간 산발적으로 흩어져 있던 공연입장권 관련 매출, 예매 수 등 주요 데이터들을 예매처로부터 취합해 보여 준다.

막편수는 5275개로 집계됐다. 공연 매출은 연극·뮤지컬·클래식·오페라·무용·국악·복합 등 KOPIS가 분류한 7개 장르(대중음악 제외)의 입장권 판매액을 합산한 수치다. 2019년도 2405억 원과 비교하면 약 44% 감소한 수치다. 하지만 KOPIS는 2019년 6월 하순부터 의무 집계됐기 때문에 그 이전 수치는 불충분해서 통계로 이용하기 어렵다. 즉 2019년 하반기와 2020년 하반기를 비교해야 정확한 차이를 알 수 있다. 2020년 하반기 총 매출액은 745억 원으로 2019년 하반기 1936억 원에서 절반이 넘는 약 62%가 감소한 수치다.

공연 매출이 급감함에 따라 2017년부터 3년 연속 8000억 원대를 기록했던 국내 공연 시장 규모도 지난해 대폭 감소했을 것으로 추정된다. 공연시설과 단체의 연간 매출액을 합산한 금액으로 계산하는 공연 시장 규모는 공연 편수·횟수 등이 축소됨에 따라 공연장 대관 수입, 배우들의 출연료 수입, 제작사들의 MD상품 수입 등이 대폭 줄어든 것이 분명하다.

장르별로 보면 공연계 매출액의 절반 이상을 차지하던 뮤지컬의 낙폭이 컸다. 뮤지컬은 대극장에서 장기 공연하는 작품이 많기 때문에 전체 매출액을 좌지우지한다. 개막 편수로 볼 때 2019년에는 2247건이 개막했지만 2020년에는 791건에 불과하다. 매출액은 2020년 하반기에 589억 원을 기록해 전년도 같은 시기 1408억 원의 42%에 그쳤다.

뮤지컬 매출액이 급감했지만, 전체 공연계 매출액에서 차지하는 쏠림 현상은 오히려 심화됐다. 2019년 뮤지컬이 전체 공연계 매출에서 차지하는 비중은 71%였지만 2020년에는 83.5%를 기록했다. 뮤지컬도 힘들었지만 코로나19와 함께한 2020년은 다른 장르에 더 혹독했던 시기였다는 것을 알 수 있다. 실제로 개막편수를 볼 때 연극은 30%(504건), 클래식 30%(1021건), 오페라 40%(95건), 무용 47%(255건), 국악 36%(179건), 복합 장르는 75%(416건) 감소했다. 매출액을 보면 더욱 참혹해서 연극 163억 원, 클래식 163억 원, 오페라 16억 원, 무용 16억 원, 국악 4억 원, 복합 장르 4억 원을 기록했다. 매출액 감소가 두드러진 분야로는 무용과 복합 장르로 각각 86%와 80% 감소했다.

2020년 월별 공연 매출을 보면 코로나19의 영향을 좀 더 확실히 알 수 있다. 월별로 보면 △1월 406억 원 △2월 220억 원 △3월 91억 원 △4월 47억 원 △5월 115억 원 △6월 105억 원 △7월 171억 원 △8월 170억 원 △9월 70억 원 △10월 126억 원 △11월 156억 원 △12월 50억 원이다. 1월은 예년과 큰 차이가 없었지만 2월부터 '전염 공포'에 공연장 문이 닫거나 공연이 취소되면서 매출이 급감하기 시작했다. 시중 감염이 다소 진정된 5월부터 매출이 다시 반등하는가 싶더니 8월 2차 확산세 속에 문체부가 민간 공연장에도 '지그재그좌석제'를 의무 적용하면서 9월부터 다시 주춤했다. 특히 공연계의 최대 성수기인 12월 매출이 급감했는데, 2019년 같은 기간 567억 원의 10%도 안 되는 수준이다. 사회적 거리두기가 2.5단계로 격상된 후 '두 칸 띄어 앉기' 방역 수칙이 적용되면서 대형 뮤지컬들이 줄줄이 연기 또는 취소됐기 때문이다.

코로나19로 인한 공연계의 위기는 곧 공연 관련 예술가의 위기이기도 하다. 60세 정년이 보장된 국공립 예술단체 단원을 제외하고 예술가들 대부분 프리랜서여서 공연이 취소되면 개런티를 받을 수 없기 때문이다. 국내에서 예술계 지원이 예술인복지재단의 창작지원금 등 일부를 제외하면 대체로 예술사업을 지원하는 방식인 만큼 배우, 작곡가, 연주자, 무용수 등은 공연에 참가해야 수입을 올릴 수 있다. 그런데 공연이 취소되면서 일자리를 잃은 프리랜서 예술가들이 생계유지를 위해 택배, 대리기사 등 각종 아르바이트에 나서는 상황이 됐다(오세곤 외, 2020; 고승희, 2021. 2. 10.). 12월 10일부터 개정 고용보험법이 시행돼 프리랜서 예술인들도 고용보험에 가입할 수 있게 됐지만 실제로 실업급여를 받는 것은 가입해서 10개월이 지난 이후부터다.

코로나19로 인한 공연계의 피해는 한국처럼 구체적인 통계자료가 나오지 않았어도 전 세계 공통적인 현상이다. 참고로 런던극장협회와 영국극장연합이 2020년 6월 공연계의 위기와 관련해 영국의회에 제출한 자료[*]에 따르면 2018년 기준으로 공연 박스오피스는

---

[*] UK Theatre and Society of London Theatre – Written Evidence(LBC0174).
https://committees.parliament.uk/writtenevidence/3564/pdf/

3400만 장의 티켓이 판매돼 12억 8000만 파운드(약 1조 9600억 원)의 수입을 기록했다. 영국에서 공연산업은 창의산업의 핵심 분야 가운데 하나로 2011~2016년 사이 11% 성장을 기록했으며 공연 관련 인력만 29만 명에 달했다. 영국이 3월 이후 공연장이 사실상 셧다운 상태라는 점에서 2020년 공연계 피해 규모를 짐작할 수 있다. 또한 코로나19로 공연 관련 인력의 70% 이상이 일자리를 잃을 위기라고 당시 자료에 기술됐는데, 실제로는 그 이상일 가능성이 높다.

특히 미국 등 예술에 대한 공공 지원이 적은 나라일수록 공연계의 고통은 크다. 수많은 공연장과 예술단체가 최악의 재정난에 빠져 예술가들과 기획자 및 무대 스태프 등이 해고되거나 대폭의 임금 삭감을 받아들여야 했다(강경루, 2020. 3. 29.). 미국에서 일시 해고는 건강보험이 유지된다는 점에서 한국의 무급휴직과 비슷하다고 볼 수도 있다. 다만 고용 유연성이 높은 미국에선 경영 악화가 지속되면 건강보험이 중단되거나 복직이 안 되는 경우도 적지 않다.

북미 최대 규모 아티스트 매니지먼트 회사인 컬럼비아아티스츠Columbia Artists Management Inc.와 세계적인 공연단체 '태양의 서커스'처럼 파산 신고를 하는 단체들도 여럿이다. CAMI로도 불리는 컬럼비아아티스츠는 1930년 설립 이래 공연계 전반에 막강한 영향력을 끼쳐 왔다. 특히 클래식계에서 지휘자 헤르베르트 폰 카라얀Herbert von Karajan, 바이올리니스트 야샤 하이페츠Jascha Heifetz, 피아니스트 블

라디미르 호로비츠Vladimir Horowitz, 작곡가 이고르 스트라빈스키Igor Fyodorovich Stravinsky 등 거장들이 속했던 곳으로 유명하다. 8월 파산 선고 전에도 세계 각국의 유명 예술가(단체)가 400여 명(곳)이 소속돼 있었다. 또 세계 공연예술의 판도를 바꿨다는 평가를 받아온 '태양의 서커스'도 3월 중순 미국 라스베이거스 등 세계 여러 도시의 공연들을 모두 취소하고 전 직원 4679명 중 핵심 259명만 남겨 놓고 95%를 해고했다. 그리고 6월 캐나다와 미국에 파산보호 신청을 했다.*

5. 바이러스와 공존, 거리두기 실험부터 백신 여권 도입 구상

2020년 9월 9일 중국 베이징 국가대극원이 주최한 '공연예술 베이징포럼'이 열렸다(박민지, 2020. 9. 15.). 코로나19 여파로 온라인에서 진행된 포럼에는 전 세계 유명 공연장과 축제, 예술단체 관계자 90여 명이 참가했다. 포럼의 테마는 2개로 귀결됐다. 첫 번째는 온라인 공연, 즉 공연 영상화와 스트리밍. 두 번째는 공연장의 재개.

    코로나19 팬데믹 여파로 세계 공연계는 대면 공연이 어려워지자 온라인으로 시선을 옮겼다. 팬데믹 초반에는 베를린 필하모닉오

---

* 캐나다 몬트리올에 본사를 둔 태양의 서커스는 전체 지분의 90%를 가지고 있던 창업주 기 랄리베르테(Guy Laliberte)가 2015년 미국의 사모펀드 TPG캐피털과 중국 푸싱 그룹에 80%를 15억 달러에 매각했다. 태양의 서커스의 나머지 10%는 캐나다연기금이 소유하고 있다. 이 때문에 대주주가 있는 미국과 캐나다 모두에 파산신청을 해야 했다.

케스트라와 뉴욕 메트로폴리탄오페라를 시작으로 전 세계 공연장과 예술단체들이 앞다퉈 공연 영상 콘텐츠를 무료로 스트리밍했다. 하지만 코로나 장기화 속에 공연 영상화 및 온라인 공연의 수요와 필요성은 계속 높아졌고, 점차 유료를 택하는 공연장과 예술단체들이 늘어났다. 이 포럼 참가자들의 상당수 역시 공연에 대한 관객의 접근성을 낮춰 준다는 점에서 온라인 공연의 장점에 수긍했다.

하지만 공연예술의 본질은 관객을 상대로 한 라이브라는 점에서 대면 공연이 중요하다는 목소리도 컸다. 온라인 공연은 또 하나의 시장이 될 수 있지만 대면 공연의 대체재는 아니기 때문이다. 실제로 전 세계 공연계는 팬데믹 속에서도 대면 공연 재개를 위해 분투해 왔다. 공연을 계속 이어온 한국 외에 독일과 오스트리아가 5~6월 거리두기를 적용해 대면 공연을 재개하는 등 여러 나라에서 느리지만 공연장의 문을 열고 관객을 만나기 시작했다. 초반엔 좌석의 20~25%를 판매하다가 점차 좌석 조정으로 비율을 높였지만 40~50%에 머무른다. 다만 스페인은 유럽에서도 코로나19 피해가 심각한 곳이었지만 7월 공연장을 재개할 때 좌석의 75%까지 판매할 수 있도록 했다.

그런데 이런 공연장의 거리두기는 공연예술이 지속성을 가질 수 없게 한다. 다행히 여러 나라에서 환기를 잘 하면 밀폐된 공간도 안전하게 이용할 수 있다는 연구 결과들이 속속 나왔다. 공연장과 직접 관련해서는 독일 라이프치히 할레 Halle 의과대학 연구진의 콘서트 실험이 세계의 주목을 끌었다.

2020년 8월 22일 '리스타트19 RESTART-19'라는 이름의 실험은 코로나19 기간 중 콘서트와 스포츠 경기와 같은 대규모 실내 행사에서 바이러스가 어떻게 확산하는지 현실적인 위험 수준을 파악하기 위해서 기획됐다. 작센-안할트주와 작센주가 99만 유로(약 14억 원)를 지원했으며 라이프치히 아레나에서 관람 조건을 달리한 콘서트를 세 차례 열었다. 독일의 싱어송라이터 팀 벤츠코 Tim Bendzko가 공연을 했고, 18~50세의 1212명이 자원했다. 자원자들은 실험 전 코로나19 테스트를 받았으며 마스크를 쓰고 공연을 관람했다. 또 관객 간 거리 측정을 위해 추적 장치도 착용했다. 관객들이 콘서트장 안에서 어디를 가장 많이 만지는지 알아보기 위해 형광소독제도 사용됐다. 할레 의과대학 연구팀이 10월 의학논문 사전 출판 플랫폼 메드아카이브 medRxiv에 공개한 자료에 따르면 실내 공연장에서 '정해진 좌석', '마스크 착용', '환기 시스템'을 준수하는 이상 코로나19의 전파 위험은 크지 않았다(University Hospital Halle, 2020. 8. 22.).

이 연구 결과가 좀 더 일찍 나왔으면 허용됐을지 알 수 없지만, 독일에선 스타 가수 브라이언 아담스 Bryan Guy Adams가 9월 뒤셀도르프 메르쿠어 슈필 아레나(수용인원 6만 6000명)에서 콘서트를 개최하려다 논란 끝에 연기했다. 아담스는 거리두기를 적용해 1만 2000명만 입장시킬 예정이었지만 감염을 우려하는 여론에 밀려 공연을 열지 못했다.

반면 영국에서 사회적 거리두기를 적용한 라이브 콘서트가 여러 차례 열렸다. 8월 뉴캐슬 고스포드 공원에 위치한 버진 머니 유니티 아레나에서 팝가수 샘 펜더 Sam Fender가 콘서트를 연 것이 시작이다. 주최 측은 구간별 2m씩 적정 거리를 유지한 채 펜스가 둘러진 500개의 구역을 설치했고, 관객들에게 일행별로 최대 5명당 한 구간을 배정했다. 회당 2500명 정도가 관람한 셈이다. 관객들은 공연장 안에서 움직이는 동안 마스크를 써야 했지만 자신의 자리가 있는 구역에서는 마스크를 벗고 식음료를 즐길 수 있었다. 펜더의 콘서트 성공 이후 이곳에선 9월까지 '더 리버틴스 The Libertines', '슈퍼그래스 Supergrass', '투 도어 시네마 클럽 Two Door Cinema Club', '밴 모리슨 Van Morrison' 등 뮤지션들의 공연이 이어졌다.

프랑스에선 8월 말 좌석 거리두기 없이도 공연장과 스포츠 경기장에 5000명까지 운집하는 것을 허용하는 정부 조치가 나왔다. 유럽에서 처음으로 사회적 거리두기 없이 공연과 스포츠 등 이벤트를 열 수 있도록 한 것이다. 다만 마스크 착용은 필수이며, 코로나19 상황이 좋지 않은 지역들은 정부 조치에서 제외됐다. 그러나 프랑스나 영국이나 코로나19의 급격한 확산으로 10월 중순부터 통금이 실시돼 공연장도 다시 문을 닫았다.

한국의 경우 실험을 하지 않았지만 코로나19에도 무대를 이어

온 민간의 노력으로 공연장의 감염 위험이 높지 않다는 것을 경험적으로 보여 줬다. 좌석 띄어 앉기를 하지 않은 채 장기 공연된 〈오페라의 유령〉, 〈모차르트!〉 등 대형 뮤지컬이나 5000명에 가까운 인원이 관람한 〈미스터 트롯 콘서트〉*가 대표적이다.

하지만 다양한 거리두기 실험에도 불구하고 여러 나라에서 공연장의 감염 우려를 떨쳐내지 못했다. 그래서 코로나19 상황에 따른 공연장 여닫기와 거리두기 조정을 피하지 못했다. 이에 따라 여러 나라에서 백신 접종 이후 '백신 여권' 제도가 새로운 대안으로 떠오르고 있다. 백신 여권이란 백신 접종 사실을 입증할 수 있는 디지털 증명서로, 코로나19 종식 전까지 해외여행에 가거나 영화관·콘서트장·경기장 등 다중이용시설에 들어갈 때 사용하자는 것이다.

즉 공연과 관련해 백신여권이 도입되면 예술가(단체)의 투어에서 2주간의 자가격리가 면제받을 수 있으며 공연장에서 거리두기를 하지 않아도 된다. 팬데믹 이후 여러 나라에서 의무적 자가격리

---

* 트로트 열풍을 일으킨 종합편성채널 TV조선의 오디션 프로그램 〈내일은 미스터트롯〉 수상자들이 출연하는 〈내일은 미스터트롯 콘서트〉는 코로나19로 두 차례 연기된 끝에 7월 24일~8월 9일(15회 공연) 서울 올림픽체조경기장에서 재개될 예정이었다. 수용인원 1만 5000석의 경기장에 거리두기를 적용해 회당 5200석을 마련했다. 송파구청은 공연을 사흘 앞두고 감염병 위기경보 단계를 '심각'으로 유지하며 관내 공공시설의 5000석 이상 대규모 공연 집합금지 공고를 내렸다. 이후 송파구청장이 직원들과 함께 관내 샤롯데극장에서 뮤지컬을 관람한 것이 보도돼 대중음악과 뮤지컬의 차별 논란, 정부에 비판적인 미디어와 여당 소속 지자체의 갈등설 등이 불거지기도 했다. 결국 송파구청이 방역지침 준수 집합제한 명령으로 완화함에 따라 좌석을 회당 4800석으로 줄여 8월 7~23일(15회) 공연을 진행했다. 논란을 일으키긴 했지만 〈내일은 미스터트롯〉 서울 콘서트는 문제없이 끝나 대형 공연도 방역을 충실히 하면 감염 가능성이 매우 낮다는 것을 증명했다.

를 요구하면서 사실상 중단됐던 예술가(예술단체)의 해외 투어 재개에 백신여권은 가장 현실적인 해결책이라는 것이다.

앞서 일부 국가가 코로나19 감염률이 낮은 국가로부터 입국하는 이들에 대해 음성 확인서를 제출하면 격리 의무를 면제해 주는 패스트트랙을 실시했지만, 예술가(예술단체)는 대상이 되지 못했다. 실례로 2020년 한국에 온 해외 예술가들은 장기간 연습이 필요한 라이선스 뮤지컬의 해외 연출팀이나 국내 오케스트라의 상임 음악 감독을 맡은 해외 지휘자들이었다. 장기 체류가 불가피해 자가격리를 감수한 것이다. 이와 맞물려 코로나19 이후 이동의 어려움 때문에 클래식계에서는 로컬 연주자들에게 확실히 기회가 많아진 것이 주목된다. 즉 국내 연주자, 한국 태생의 연주자들이 2020년 해외 연주자가 사라진 무대를 차지했다.

그런데 2021년 지휘자와 솔로 연주자들 가운데 일부는 자가격리를 감수하고서라도 내한을 결정했다(문학수, 2020. 12. 10.). 100명 안팎의 단원들이 움직이는 대규모 오케스트라는 국경을 넘는 이동이 쉽지 않지만, 지휘자나 솔로 연주자는 개인의 의지만 있으면 가능하기 때문이다. 코로나19의 장기화 속에 무대에 설 수 없었던 예술가들이 자가격리를 감수하고서라도 해외 공연에 나서는 것이다.

팬데믹 이후 전 세계적으로 예술가(단체)의 투어가 중단된 가운데 2020년 11월 빈필하모닉오케스트라의 일본 투어는 이례적인 사례로 기록됐다. 빈필은 11월 5~14일 기타큐슈·오사카·가나가와·도쿄에서 총 8회 공연을 가졌다. 마침 일본에서 거리두기 완화 기간이어서 공연장의 전체 좌석을 팔았다.

당초 빈필은 11월 3~4일 한국을 비롯해 일본, 대만 등 아시아의 여러 나라를 투어하는 공연을 계획했었다. 하지만 코로나19로 국가 간 이동 자체가 어려워진 데다 2주간 자가격리 문제로 투어가 불가능해졌다. 한국과 대만 등은 자가격리 예외를 인정하지 않아 취소됐지만 일본은 자가격리를 면제해 줬는데, 도쿄올림픽 개최를 염두에 둔 일본 정부의 특별 허가가 있었기 때문이다. 다만 전세기로 일본에 간 빈필 단원들은 정기적으로 PCR검사를 받았으며 연주를 제외하고는 호텔에만 머물러야 했다. 일본 내 이동은 신칸센과 버스를 전세 내서 움직였다.

결국 코로나 시대에 예술가(단체)의 투어가 지속성을 가지려면 격리 의무를 면제받는 패스트트랙이 필요하다. 그리고 그 필수조건으로 백신여권이 꼽힌다. 일부 국가에선 이미 정책적으로 추진하고 있는데, 인구당 접종 속도와 비율이 전 세계에서 가장 빠르고 높은 이스라엘에서 2021년 2월부터 백신여권을 발급하기 시작했다. 하지만 백신여권이 백신 접종을 특권화한다는 점에서 차별적이며 개인정보 공개에 따른 인권침해적 요소도 많아서 전 세계적으로 법적·과학적·윤리적 문제를 지적하는 목소리도 많다.

한국에서는 백신 여권 외에 신속PCR(유전자증폭) 검사를 활용해 해외여행과 영화관·공연장 등을 개장하는 방안도 나왔다. 신속PCR검사는 정확도를 유지한 채로 검사 시간을 1시간 이내로 대폭 줄일 수 있는 코로나19 진단검사법이다. 방역과 경제를 동시에 잡을 수 있는 대안으로 떠오른 것이다. 특히 공연장이 밀집된 대학로에서 신속PCR 이동진료소 2곳 정도를 만들면 효과를 기대할 수 있다는 게 문체부의 설명이다. 다만 관객의 자발적 참여와 검진에 따르는 각종 비용 문제를 고려할 때 현실성이 떨어진다는 지적도 있다. 코로나19 종식 시점이 분명하지 않은 상황에서 자가격리와 거리두기에 대한 여러 대안들이 나오고 있지만 실제 적용 여부는 나라마다 다를 전망이다.

6. 생존을 위해 변화 나선 공연예술

코로나19 시대의 공연장은 객석의 띄어 앉기 외에 무대에서도 예술가와 스태프의 감염 우려로 공연을 올리기 어렵다. 그래서 감염 예방을 위해 퍼포머들 사이에 거리를 두거나 프로덕션의 규모를 줄이는 지침까지 나오게 됐다. 소위 '무대 위 거리두기'다. 이와 관련한 세부지침을 가장 먼저 만든 것은 독일이다.

독일 오케스트라협회는 2020년 5월 의료 전문가들의 자문 아래 안전하게 공연하기 위한 권고사항들을 4개 분야로 나눠 작성했다. 코로나19 속에서 지속 가능한 콘서트를 위한 매뉴얼이다. 연주와 관련한 핵심은 연주자 간 간격을 1.5~2m 유지하되 비말이 튀기 쉬운 가수나 관악기 연주자는 3m 이상 간격을 두라는 것이다. 대개 오케스트라는 60~120명 정도의 단원을 가지고 있지만, 세부지침을 적용하면 무대에 50명 정도만 출연할 수 있다. 즉 실내악이나 소편성 관현악곡만 연주 가능하다. 독일 오케스트라협회의 세부지침을 처음 실현한 곳은 베를린필이다. 5월 온라인 생중계를 위한 무관중 콘서트로 공연을 재개한 베를린필은 10여 명이 출연한 실내악을 선보였다.

한국에서는 서울시향이 오스모 밴스케 Osmo Vanska 음악감독의 요구에 따라 엄격한 독일식 기준을 처음 적용했다. 서울시향은 5월 말 정기 연주회에 50명 이하의 단원만 참여시켰으며 프로그램도 모차르트 교향곡 등 소편성 곡으로 교체했다. 서울시향의 방침은 이후 국내 다른 오케스트라들에 영향을 미쳐 연주자 간 거리를 띄우고 소편성 곡을 연주하도록 바꿨다. 다만 다른 나라보다 방역 상황이 훨씬 좋은 한국에서 서울시향이 기계적으로 독일식 기준을 적용함으로써 공연계를 위축시켰다는 지적이 나오기도 했다.

또 독일 등 유럽에서는 감염 우려로 오케스트라 피트 사용이 금지돼 2020년 상반기엔 오페라, 발레, 뮤지컬 등의 공연이 거의 불가능했었다. 이 때문에 유럽 공연장들은 무대 위 피아노를 활용한 반주하에 12명의 성악가나 무용수가 출연하는 소품 공연을 한동안 선보였다. 예를 들어 영국에선 국립극장NT이 코로나19 사태로 문을 닫은 지 7개월 만인 10월 다시 관객을 맞으면서 1인극 〈잉글랜드의 죽음 : 델로이 Death of England : Delroy〉를 올렸다. 또 런던 로열오페라하우스 역시 10월에 다시 문을 열면서 여러 오페라의 장면들로 구성된 갈라 스타일의 작은 공연을 선보였다. 다만 영국은 11월 초 다시 록다운에 들어가면서 공연장들은 다시 문을 닫아야 했다. 그나마 영국보다 사정이 나은 독일이나 오스트리아 등에서도 공연장을 재개하면서 규모가 작거나 축약한 버전의 작품들을 주로 선보이고 있다. 다만 한국에서는 오케스트라가 공연장 피트에 들어가 연주하는 대형 뮤지컬과 오페라가 문제없이 공연됐다.*

전 세계적으로 클래식 음악계는 팬데믹 속에서 라이브 공연을 위해 소편성 곡을 선택하거나 대편성 곡을 축소 편곡하는 것이 붐을

---

* 독일 오케스트라협회 이후 여러 오케스트라들이 비말 실험에 나섰다. 실험 결과 대부분 독일보다 완화된 기준을 마련한 것이 특징이다. 빈필의 경우 연주에서 비말이 퍼지는 범위가 80cm로 이내라면서 단원들의 밀접 배치에도 바이러스 감염이 이뤄지지 않는다는 결론을 내렸다. 빈필은 6월 초 세계 주요 오케스트라로는 처음 코로나19 이후 대면 연주를 시작하면서 연주자 간 거리를 1m로 설정했는데, 이 역시 작품에 따라 유연하게 적용하도록 했다. 덕분에 단원 60명 정도가 무대에 올라와 베토벤 교향곡 5번 〈운명〉 등을 연주할 수 있었다. 이후 빈필은 점점 무대에 올라가는 단원 수를 늘렸으며 2021년 TV로 방영된 전통적인 신년 음악회에서는 무관중이긴 하지만 사회적 거리두기 이전처럼 단원을 배치했다.

이뤘다. 2020년 12월 서울시향의 베토벤 교향곡 9번 〈합창〉 연주는 그런 흐름을 상징적으로 보여 줬다. 원래 12월이면 전 세계에서 〈합창〉이 많이 연주됐지만 코로나19 여파로 대부분 취소되고 실제 공연한 것은 손에 꼽을 정도였다. 한국에선 서울시향이 유일했다. 이 곡은 오케스트라와 합창단이 함께 무대에 서는 대편성 작품이다. 서울시향은 코로나19 이전엔 오케스트라 단원 84명, 합창단원 124명, 솔로이스트 4명 등 212명이 무대에 올랐지만 2020년엔 4분의 1 수준인 60여 명이 올랐다. 이 중 합창단은 24명으로 100명이나 줄어들었다.

또 코로나19 시대에 감염 위험이 있는 실내 공연장을 벗어나 예술가(단체)들이 찾은 곳은 야외다. 예를 들어 관객과 만나는 라이브 공연이 중단된 뉴욕필 단원들은 건물 옥상이나 계단 등에서 버스킹 공연을 펼쳤다. 8~10월 두 달간은 아예 픽업트럭을 활용해 뉴욕 곳곳에서 깜짝 공연을 펼쳤다. 뉴욕필 단원 이외에도 수많은 예술가(단체)들이 코로나19로 고통받는 사람들을 위로하기 위해 발코니 콘서트 등 다양한 야외 이벤트를 펼쳤다.

코로나19 장기화 속에 수익을 얻기 위한 야외무대도 마련됐다. 바로 '드라이브 인 시어터(자동차극장)'다. 드라이브인 시어터는 대형 스크린에 영상이 비칠 때 자동차 라디오의 FM주파수로 소리를 듣는 형태의 극장이다. 코로나19 여파로 영화만이 아니라 오페라, 뮤지컬, 음악, 무용 등 다양한 공연 분야에서도 시도됐다. 바이러스 감염에서 안전하기 때문이다.

영국 잉글리시내셔널오페라 ENO: English National Opera 가 2020년 9월 3주간 런던 북부 알렉산더팰리스공원에서 공연한 푸치니의 〈라보엠 La Boheme 〉과 모차르트의 〈마술피리 Magic Flute 〉는 세계 최초의 '드라이브 인 오페라'로 기록됐다. 이후 미국에서 샌프란시스코 오페라, 샌디에이고 오페라, 산타바바라 오페라, 버밍햄 오페라, 앨라배마 발레 등이 드라이브 인 공연을 가졌다. 컨트리음악 스타인 키스 어반 등 유명 가수들도 잇따라 드라이브 인 콘서트에 나섰다.

드라이브 인 시어터는 예술가나 관객 모두에게 만족스럽지 못하다. 라디오로 소리를 전달하기 때문에 음향을 생생하게 구현하지 못한 데다 공연도 대부분 기존 작품을 축소한 탓이다. 관객도 자동차 창 때문에 무대예술의 생동감을 직접적으로 느끼기 어렵다. 다만 백신 접종으로 대규모 실내외 공연이 이뤄지기 전까지는 드라이브 인 시어터는 예술가(단체)가 수익을 올릴 수 있는 확실한 수단임엔 분명하다.

한편 코로나19라는 미증유의 재난을 맞아 공연계에서는 제작, 유통, 소비, 교육 등 전 분야에서 패러다임의 변화가 필요하다는 지적이 나온다. 온라인을 통한 비대면 관람, 교육, 연습 등이 행해지면서 기존의 공연문화를 되짚어보는 움직임으로 이어진다.

가장 두드러지는 것이 환경 문제에 대한 높은 관심이다. 단기간의 공연 뒤에 폐기되는 수많은 무대 세트와 부산물들만 봐도 공연계는 오랫동안 지구의 환경위기에 무심한 편이었다. 하지만 근래 친환경적인 공연을 만들자는 목소리가 조금씩 힘을 얻고 있다. 대중음악계에선 일찌감치 이런 움직임이 나왔는데, 록그룹 라디오헤드Radiohead나 콜드플레이Coldplay 등이 환경에 미치는 부정적 영향 때문에 투어를 잘 하지 않는 것이 대표적이다. 투어의 기본인 잦은 비행기 탑승이 탄소 배출의 주범이기 때문이다. 라디오헤드가 콘서트 장비를 비행기 대신 배로 운송하는 것은 잘 알려져 있으며, 콜드플레이는 2019년 새 앨범을 내고도 월드 투어를 포기했었다.

공연계에서는 프랑스 현대무용계의 스타 안무가 제롬 벨Jérôme Bel이 2019년 친환경적인 창작을 선언해 화제가 된 바 있다. 비행기 탑승을 거부한 그는 선박과 철도를 이용하며 무용수와 얼굴을 맞대는 연습 대신 스카이프를 최대한 활용하기로 결정했다. 또한 직접 무용수들을 데리고 투어 하는 대신 현지 안무가와 재무대화Restaging를 하겠다고 밝혔다.

실제로 2020년 11월 서울국제공연예술제에서 선보인 〈갈라Gala〉는 제롬 벨의 콘셉트를 구현한 작품이다. 벨과 함께 벨의 조안무가 앙리크 네베스Henrique Neves, 한국 안무가 김윤진·임소연의 협업을 토대로 20명의 한국 프로 및 아마추어 무용수들이 참여했다. 원래 벨은 유럽에서 기차와 배를 이용해 서울까지 온 뒤 한국에서 출연자들을 뽑아 작업할 계획이었다. 하지만 코로나19로 모든 계획이 어

그러지자 스코어 등을 서울로 보낸 뒤 스카이프로 김윤진 및 임소연과 협업하며 작업했고, 결과적으로 친환경적인 성과물이 됐다.

사실 벨의 작업 방식은 그동안 공연계에서 대중적이었다고 할 수는 없었다. 하지만 코로나19 시대를 계기로 지지를 늘려갈 듯하다. 공연계에서 대규모 교류나 투어가 어려워지게 되면서 자연스럽게 콘셉트, 로컬리티가 바탕이 된 협업이 이뤄지고 있어서다.

또한 이동이 어려운 시대에 온라인은 중요한 교류 수단으로서 기능하고 있다. 2020년 7월 개막한 뮤지컬 〈제이미 JAMIE〉는 당초 작곡가 댄 길레스피 셀즈 Dan Gillespie Sells 등 영국 오리지널 창작진이 내한해 한국 배우들과 작업할 예정이었다. 하지만 코로나19로 어려워지자 국내 제작진은 오리지널 창작진과 자주 화상 콘퍼런스콜을 통해 의견을 나누는 한편 공연 관련 영상 피드백 및 배우 오디션 영상을 주고받으며 작품을 준비했다. 또 2020년 8월 개막한 한국과 스웨덴의 공동제작 어린이공연 〈네네네〉는 양측 제작사 문화공작소 상상마루와 제브라단스 ZebraDans가 페이스북 라이브로 영상을 스트리밍하는 방식으로 연습을 진행했다. 〈제이미〉와 〈네네네〉의 성공적인 사례는 환경을 고려해 이동을 최소화하면서 온라인을 활용하는 대안을 제시해 줬다.

7. 나오며

공연예술은 다른 예술 장르보다 보수적이다. 오죽하면 독일 연극학자 한스-티즈 레만Hans-Thies Lehmann은 그의 유명한 저서 『포스트드라마 연극』에서 "20세기에 가장 성공적인 연극은 19세기의 연극"이라고 지적했을 정도다. 20세기 후반 실험적인 포스트드라마 연극이 등장하기 시작했지만 여전히 주류는 희곡을 토대로 한 재현 중심의 드라마 연극이 차지하고 있어서다. 연극만이 아니라 무용, 음악 등 공연예술 전반으로 확장해도 마찬가지다. 실례로 미술이 다양한 실험과 미디어를 활용해 스펙트럼을 넓혀 온 것과 달리 공연예술은 전통적인 형식에서 크게 벗어나지 못했다. 내용 면에서도 오페라나 발레의 가장 인기 있는 레퍼토리는 19세기에 만들어졌다.

  공연예술이 '전통의 수호자'인 것은 기본적으로 공연장을 토대로 생존을 위해 많은 관객을 확보해야만 하는 장르라 위험 부담이 큰 실험을 하기가 어렵기 때문이다. 게다가 인간의 신체를 매개로 삼는데다 수많은 사람들이 협업해야 하는 것도 빼놓을 수 없다.

  시간과 공간의 제한은 바로 이런 공연예술의 특징이자 매력이다. '라이브'이기 때문에 발생하는 예술가와 관객의 상호작용은 다른 어떤 예술 장르에서도 찾아볼 수 없다. 하지만 생산자(예술가)와 소비자(관객)가 같은 공간에 존재하는 데다 노동집약적인 서비스 상품으로서 규격화가 어려워 대량생산이 불가능한 만큼 티켓 가격을 비싸게 만든다. 이런 생산의 비효율과 소비의 제약 때문에 공연예술은 만성적인 적자에 빠질 수밖에 없고, 다른 어떤 장르보다 공공 지원에 대한 의존성이 크다. 물론 브로드웨이나 웨스트엔드로 대표되는 상업적인 공연시장도 존재하지만 공연 생태계 안에서 차지하는 비율은 높지 않다.

코로나19는 근대 이후 지금과 같은 형태로 구축된 공연예술 생태계를 근본적으로 흔들어 놨다. 무엇보다 공연장이 문을 닫은 상황에서 관객을 만나기 위해 공연 실황을 유튜브 등으로 송출하면서 '온라인 공연'이 붐을 이루게 했다. 처음에는 무료였지만 점차 유료화를 시도하는 공연장이나 단체가 늘어나고 있다.

코로나19 장기화 속에 공연 영상화는 유통만이 아니라 창작에도 영향을 미치고 있다. 아예 처음부터 영상 스트리밍을 염두에 두고 공연을 만들기도 하는데, 연기나 연출 등의 변화로 이어지는 것은 물론이다. 인터넷 강국 한국에서는 발 빠르게 실황 대신 온라인 콘텐츠 특성을 반영한 숏폼 콘텐츠, 즉 웹뮤지컬과 웹연극이 등장하기도 했다. 앞으로 공연예술의 매체화와 영상화라는 역사적인 대세에 대해 공연예술의 스펙트럼을 넓히는 것을 넘어 새로운 장르로서 논의할 필요가 있다.

그런데 현장에서 관객과 대면하지 않는 공연예술을 공연예술이라고 할 수 있을까. 시대와 환경의 변화를 공연예술도 반영하지 않을 수 없겠지만 그 핵심이 '라이브'라는 것은 의문의 여지가 없다. 그래서 한국을 비롯해 전 세계 공연계가 팬데믹 이후에도 공연장을 열기 위해 그토록 분투했던 것이다. 세계 오페라의 종가라는 밀라노 라스칼라극장, 발레의 종가인 러시아 상트페테르부르크 마린스키극장과 모스크바 볼쇼이극장이 라이브 공연을 고집스럽게 이어가는 도중 확진자가 수십여 명 나온 것은 참담한 뉴스였다.

비록 팬데믹 상황은 고통스럽지만, 현재 공연계의 각종 문제들을 점검하도록 만드는 순기능도 있어 보인다. 한국의 경우 그동안 성장하는 시장에 가려져 미처 몰랐거나 모른 척했던 문제들이 터져 나왔기 때문이다. 우선 코로나19 사태 속에 띄어 앉기 문제에 따른 예매 시스템의 한계를 체감했으며 공연 취소에 따른 표준계약서 작성의 필요성을 절감했다. 그리고 주조연 배우와 앙상블 배우 간의 출연료 격차 등 공연계의 고질적인 병폐가 코로나19를 계기로 또다시 불거졌다. 그나마 임금 수준이 낮은 단역배우와 기술스태프의 어려움에 대해 최근 뮤지컬계에서 연습비 지급과 상시 보험 가입을 논의하기 시작한 것은 다행이다.

또 코로나19 여파로 국공립 예술단체 단원의 개인레슨과 일탈 문제가 불거진 것도 특기할 만하다. 시민의 세금으로 운영되는 국공립 예술단체와 공공극장은 한국 공연 생태계의 모세혈관 같은 존재다. 하지만 오랫동안 방만한 운영과 조직관리로 공공성과 예술성 면에서 부족하다는 지적을 받았지만 사실상 논외의 대상이 되어왔다. 코로나19 사태를 계기로 수면 위로 올라온 국공립 예술단체와 공공극장의 개선이야말로 건강한 공연 생태계를 만들기 위한 필수 조건이다.

  한국 공연계가 코로나19에서 깨달은 교훈을 디딤돌로 삼아 도약할 수 있을지 좀 더 지켜볼 일이다.

참고 문헌

강경루 (2020. 3. 29.). 뉴욕 메트로폴리탄 오페라 단원·스태프 해고… 美 클래식계 강타한 코로나. 〈국민일보〉. http://news.kmib.co.kr/article/view.asp?arcid=0924130310&code=13140000&sid1=op

고승희 (2021. 2. 10.). 피자배달·방역회사…무대 멈춘 배우들 "오늘도 투잡 뜁니다". 〈헤럴드경제〉. http://biz.heraldcorp.com/view.php?ud=20210210000222

노승림 (2020. 8. 31.). 포스트 코로나, 해외사례로 보는 공연장의 위기&새로운 매뉴얼. 공연예술통합전산망 블로그. http://blog.naver.com/PostView.nhn?blogId=gokams_kopis&logNo=222076215271

문학수 (2020. 12. 10.). 코로나에도 음악은 계속돼야 한다는 열정…2주 격리 기꺼이 감수. 〈경향신문〉. http://news.khan.co.kr/kh_news/khan_art_view.html?art_id=202012102210005

박민지 (2020. 9. 15.). '대면 공연 재개, 영상 필수' 코로나 장기화 속 세계 공연계 흐름. 〈국민일보〉. http://news.kmib.co.kr/article/view.asp?arcid=0015010602&code=61171111

오세곤 외 (2020). [특집] 좌담-코로나19 사태에 따른 연극계 현황과 대응. 〈한국연극〉, 통권 526호.

오현우 (2021. 2. 17.). 美 오케스트라 '코로나 몸살'. 〈한국경제〉. https://www.hankyung.com/life/article/2021021682051

장혜진 (2019. 12. 9.). 제롬 벨의 기후행동. 웹진 〈춤:in〉. 서울문화재단.

최석규 (2020. 12. 10.). 미래를 위한 국제교류·국제이동성 담론과 새로운 표준. 웹진 〈예술경영〉. 예술경영지원센터.

Chris, W. (2020. 7. 29.). Wait for date to fully reopen theatres spells disaster for panto season. The Guardian.

Dailymail (2020. 4. 27.). Phantom of the Opera returns to the stage in South Korea.

Jennifer, S. & Kim, S. (2020. 6. 1.). How 'Phantom of the Opera' Survived the Pandemic. New York Times.

Lehmann, Hnas-Thies (2005). Postdramaticsches theater. 김기란 (역) (2013). 『포스트드라마 연극』. 현대미학사.

Shiner, L. E. (2001). The Invention of Art: A Cultural History. University of Chicago Press, 조주연 (역) (2015). 『순수예술의 발명』. 인간의 기쁨.

SOLT (2020. 6. 25.). SOLT, UK Theatre and 100 actors, writers, directors and leading creative figures call for government support in open letter.

University Hospital Halle (2020. 8. 22.). The Risk of Indoor Sports and Culture Events for the Transmission of COVID-19(Restart-19)

渡邊裕 (2004). 聽衆の誕生. 春秋社. 윤대석 (역) (2006). 『청중의 탄생』. 강.

3.

포맷 저작권과 창작자의 권리

김기륜
한국방송작가협회 저작권 이사

1. 창작자와 포맷 IP의 서막

필자는 지난 38년간 국내에서 방송작가로 활동하면서 약 300개의 프로그램 제작에 참여했다. 중국에서는 저장浙江TV의 〈왕패대왕패 王牌对王牌〉, 〈고능소년단 高能少年团〉, 텐센트(Tencent, 騰迅)의 〈왕자영요 王者荣耀〉 등 총 8개의 프로그램을 제작했다. 경험을 살펴볼 때 현재 한국에 있는 모든 방송사는 한국 콘텐츠, 특히 내수 시장에 집중하는 양상을 보인다.

내수 중심의 방송 시장에 변화를 갖게 한 큰 사건은 2014년 SBS 예능 프로그램 〈런닝맨〉의 판매다. 중국에 판매된 〈런닝맨〉이 대성공을 거두면서 한국 방송계에는 중국을 매개로 한 아시아 시장이 열렸다. 2016년 중국발 사드THADD 문제가 불거지면서 중국으로의 포맷 수출길은 닫힌 상황이지만, 〈런닝맨〉은 분명 중국 방송 시장에 큰 충격을 던졌고, 방송사인 SBS에도 매년 수십억 원의 수익을 가져다주었다.

2019년에 더 큰 규모의 잭팟을 터트린 작품은 바로 MBC 〈복면가왕〉이다. 이미 많은 이들이 알고 있듯이 〈복면가왕〉은 미국 메이저 방송사에서 최고 시청률 7%를 기록했으며, 2020년을 기준으로 전 세계 50개국 이상에 포맷이 판매되었다. 영국의 방송 전문 리서치 기관인 K7 Media가 2017년 발표한 '글로벌 100대 포맷'을 참고해 추정해 볼 때 이것은 세계 랭킹 15~20위권에 진입한 것으로, 그야말로 엄청난 결과이다(정윤경·은혜정·김현수·김가희, 2018). 통상 미국 방송에서 시청률이 1% 이상 나오게 되면 이를 '히트'로 간주하는데, 평균 시청률 3% 이상, 최고 시청률 7%를 거둔 〈복면가왕〉은 오랫동안 이어진 미국 방송 침체기에 화제가 되기에 충분했다.

    한국 방송 프로그램이 미국에서 대성공을 거둔 사례는 단순한 일회성 화젯거리가 아니다. 하지만 아쉽게도 세계 포맷 비즈니스에 대한 정보가 부족한 나머지 한국에서는 그 가치를 크게 느끼지 못한 듯하다. 세계 방송 시장에서 〈복면가왕〉 포맷 판매는 방탄소년단의 성공만큼이나 큰 사건이며, 이는 경제적 성과뿐만 아니라 세계 포맷 비즈니스 시장에서 한국의 위상에 큰 변화를 준 사건이다. 건국 이래 처음으로 세계의 주요 미디어 관계자들이 또 다른 한국형 포맷 프로그램에 관심을 보이고 있지만, 정작 우리는 해외로 판매할 프로그램이 많지 않다고 말한다. 예능 프로그램 포맷 제작비는 드라마에 비해 저렴하고, 한 번 만들어 두면 무한한 수익 창출이 가능하다. 포맷 판매에 유리한 장르로는 음악쇼, 퀴즈쇼, 게임쇼, 요리쇼, 오디션 프로그램 등을 들 수 있다.

    우리는 언론을 통해 한국 방송 프로그램 포맷을 '중국에 팔았다', '태국에 팔았다', '미국에도 팔았다'라는 기사를 종종 접하게 된다. 포맷을 판매했다니 경제 활동이 이루어진 것인데 과연 그 거래에는 어떤 의미가 있으며, 문제점은 무엇인가? 이 글에서 방송 포맷은 드라마가 아닌 비드라마 포맷, 즉 예능, 교양, 기타 방송 콘텐츠로 간주하고자 한다.

먼저 예능 프로그램의 '원작권'이라 할 수 있는 예능 포맷의 권리 생성에 대해 알아보자. 새로운 예능 프로그램이 탄생하는 과정에서 원작 기획은 크게 세 가지로 나뉜다. ① 프로그램 기획 단계에서 PD가 프로그램 기획안을 작성하는 경우, ② 작가가 기획안을 만들어 오는 경우, ③ PD와 작가가 함께 기획 작업에 참여하여 기획안을 완성하는 경우다. 어떠한 경우든 신생 프로그램이 탄생하는 기획안에 참여하는 창작자는 PD와 작가다. PD는 방송사 직원이거나 외부 프로덕션의 프리랜서 PD이며, 작가 대다수는 프리랜서로 활동한다.

포맷 기획서를 통해 획득되는 지적재산권 IP: Intellectual Property 은 방송사 직원, 프리랜서 등 창작자에게 그 권리가 있으며, 이는 전 세계적인 차원에서 법적으로 명확한 사실이다. 그러나 한국 방송사 PD는 방송사에 고용된 직원이라는 이유로 이들이 만든 프로그램이 '업무상 발생한 저작권'에 속해 창작자의 권리를 인정받지 못한다. 프리랜서인 작가 역시 창작자로서 권리를 인정받지 못하고 방송사가 그 권리를 독식하는 것이 현실이다. 그동안 방송사들은 이른바 '슈퍼 갑'으로서 방송 산업의 발전이라는 명분을 내세워 창작자의 권리를 외면해 왔다.

방송 프로그램 기획과 제작 과정에서 발생하는 희한한 관계에 대해 예를 들어 보자. A라는 작가가 100% 만든 기획안이 프로그램 제작을 준비하고 있다. 작가 A는 본인과 코드가 맞는 프로듀서 A'를 만나게 된다. 이후 프로듀서 A'가 방송사 제작 프로세스에 따라 프로그램 편성이 결정되었다고 언급한 후, 작가 A가 쓴 기획안을 프로듀서 A'가 편성함으로써 방송이 제작된다. 방송사는 통상 6개월에 한 번씩 개편을 한다. 프로그램 담당 PD의 인사이동이 이루어지는 시간이다. 이때 프로듀서 A'가 인사이동으로 자리를 옮기게 되면, A 작가가 기획한 프로그램에 B' 프로듀서가 들어와 "나는 내가 함께 작업하는 B 작가들이 있으니 미안하지만, A 작가님께서는 프로그램을 그만두셔야 할 것 같다. 앞으로 B 작가들이 담당한다"라고 통보한다. 작가 입장에서는 소위 말해 '죽 쒀서 남 준 꼴'이 되는 셈이다. 결국 원작을 기획한 작가는 6개월간 프로그램 원고료만 받은 채 작업을 중도에 종료하고 만다. 프로그램 원고료는 통상 메인 작가의 경우 회당 약 100만 원에서 200만 원 사이인데 작가의 연차와 능력에 따라 회당 원고료가 결정된다.

그런데 여기서 매우 큰 문제점이 발생한다. 원작 포맷을 만든 작가 A의 포맷 권리가 무시된다는 점이다. 작가 A는 위의 과정에서 경제적 손실은 물론, 매우 큰 정신적 충격을 받게 된다. 포맷 저작권은 물론 인격권과 재산권 모두를 인정받지 못한 셈이 된다. 창작자에게 작품은 자식과도 같다. 내가 낳은 자식을, 내가 원하지 않는데 갑자기 다른 사람에게 주어야 한다면 마음이 어떨까? 위의 상황이 발생하면 프리랜서 작가 A는 하루아침에 실업자가 되고 프로그램까지 빼앗기고 만다. 이러한 일들이 방송 제작 현장에서 반복되고 있지만, 방송사에 종사하는 그 누구도 이 문제점에 대해 심각하게 생각하지 않는다. 전에 없던 프로그램을 백지 상태에서 만들어 내는 것과, 다른 사람이 만들어 놓은 프로그램의 제작에 참여하는 것에는 아주 큰 차이가 있다. 새로운 발견이나 발명에 대한 인정은 당연한 일이다. 그 가치를 인정하지 않는 방송 환경을 이제는 바로잡아야 한다.

　그동안 이러한 일들이 반복된 이유는 창작자 권리와 포맷 권리 모두를 방송사의 것으로 생각했기 때문이다. 특별히 예능 프로그램의 포맷 권리인 지식재산권 IP에서 이제는 창작자의 지분을 인정해 주어야 한다. 여기서 창작자란 작가, 프로듀서, 외주 프로덕션을 말한다. 작가, PD, 외주 프로덕션 등 창작자의 권리를 방송사가 일정 부분 나누어야 한다.

2. 메이저 시장을 향한 포매팅의 중요성

한국에서 제작 중인 텔레비전 방송 프로그램 장르는 크게 드라마, 예능, 시사교양으로 나눌 수 있는데, 그 권리의 인정 여부와 범위는 각기 다르다. 드라마의 경우 작가가 원작의 권리를 소유한다. 어문저작물에 해당하는 드라마 대본 역시 저작권이 분명해 그 권리를 인정받으며, IP 지식재산권이 명확하게 존재하므로 드라마 작가의 재산권이 안정적으로 확보된다. 이와 달리 예능이나 시사교양 프로그램은 포맷 저작권이 불확실하며, 저작권을 인정받는 데 있어 가능한 것과 불가능한 것이 존재한다.

포맷 저작권을 법적으로 인정하는 국가도 있으나, 아직 그를 인정하지 않는 국가도 존재한다. 유럽과 미주에서는 2000년대부터 국가 간 포맷 거래가 활발하다. 포맷을 사고파는 거대한 포맷 시장이 형성되어 있으며, 연간 수십조 원에 이르는 전체 포맷 시장 규모가 매년 확대되고 있다.

포맷 저작권은 독창적인 아이디어(독특한 표현 장치)를 구조화한 것으로, 아이디어가 국가, 언어와 관계없이 다양한 플랫폼에 구현될 수 있도록 하는 글로벌 제작 노하우의 결정체다. 이 가운데 '아이디어'는 그 자체만으로는 법적 보호를 받지 못하며 권리가 있다고 볼 수 없다. 아이디어가 법적으로 권리를 인정받고 저작권을 주장할 수 있는 조건을 갖추기 위해서는 이 아이디어에 창작성이 있는, 구체적이고 유니크한 표현이 포함되어 있어야만 한다.

세부적으로 몇몇 프로그램을 통해 포맷 저작권을 인정받을 수 있는 사례를 살펴보자.

① **〈히든싱어〉**: 출연자들이 한 명씩 들어가는 밀실 구조의 방 안에서 노래 한 곡을 소절 단위로 나누어 부르면서 누가 원조 가수인지 맞히는 음악 프로그램.

② **〈복면가왕〉**: 출연자들이 다양한 특수 가면을 쓰고 얼굴을 가린 상태에서 노래해 누가 노래를 부르는지 알 수 없는 상태에서 경연하는 음악 프로그램.

③ **〈더 보이스〉**: 심사위원 서너 명이 회전의자에 앉아서 가창 도전자의 노래를 듣다가 가창이 마음에 들면 의자의 버튼을 누름과 동시에 의자가 180도 돌아가고, 비로소 가창 도전자의 얼굴을 볼 수 있는 음악 프로그램. 특히 '회전의자'와 같이 창의적이고 유니크한 세트 장치가 돋보이는 프로그램.

④ **〈공포의 쿵쿵따〉**: MC 군단이 노래를 부르며 단어 이어 맞추기를 하다가 틀리면, 출연자들 뒤에 배치된 벌칙 세트장의 문이 열리며 다수의 벌칙단이 등장해 집단 벌칙을 주거나 코믹 분장 등을 하는 프로그램.

⑤ **〈슈퍼 TV 일요일은 즐거워〉의 코너 〈위험한 초대〉**: 플라잉 체어라는 특수의자를 이용, 특별 게스트가 언급한 금지 행동이나 금지 단어를 지정해 이를 어기면 게스트가 의자 뒤로 튕겨 나가 물에 빠지거나, 테이블 앞 또는 출연자 머리 위에 설치된 워터 펌핑 장치에서 물이 쏟아지는 벌칙이 가해지는 프로그램.

이처럼 특수한 표현 장치들이 있어야만 포맷으로 인정받을 수 있다. 한국에서는 2017년 11월 10일 대법원에서 SBS 〈짝〉을 포맷의 잠재적 보호 대상으로 지목하고 그 가능성을 '부분적'으로 인정한 바 있다. 이는 현재의 저작권법으로 볼 때 포맷 저작권이라는 명시적 인정은 아니지만, 편집저작물에 가깝다는 의견이다.* SBS 〈짝〉은 당시 법정에서 제한적이나마 편집저작물로서 그 권리를 인정받은 최초의 작품이다.

하지만 예능 프로그램이라고 해서 반드시 포맷 권리를 지닌다고 볼 수는 없다. 유니크한 구성이나 표현 장치가 있어야만 포맷 저작권이 있다고 할 수 있다. 전 세계적으로 대 히트를 거둔 프로그램 대부분은 1998년에서 2000년 초에 제작되었으며, 그사이에 어마어마한 시장이 생겨났다. 세계 100대 포맷 상위권에 있는 프로그램은 지금으로부터 약 20년 전부터 생성되어 최대 100개국 이상에 판매되고 있다. 이는 지식재산권 IP를 통한 경제적인 수입이 20년 동안 지속적으로 발생해 왔음을 의미한다. 포맷을 한 번 판매하게 되면, 매년 각 국가별로, 방영 횟수별로 포맷료를 받을 수 있다. 세계 100대 포맷은 주로 영국, 미국, 네덜란드, 프랑스, 이스라엘이 차지하고 있으며, 아시아 프로그램으로는 일본에서 제작한 4개의 작품이 있다. 〈Ninja Warrior〉(1997), 〈Hole in the Wall〉(2006), 〈Total Blackout〉(2010), 〈Dragon's Den〉(2001)이 그에 해당한다.

---

* 저작권법 제2조 편집저작물은 편집물로서 그 소재의 선택, 배열 또는 구성에 창작성이 있는 것을 말한다.

세계 100대 포맷 중 1위는 〈Who Wants to Be a Millionaire?〉이며, 이는 1998년 영국에서 제작되어 전 세계 100개국 이상에 팔린 퀴즈 포맷 프로그램이다. 이어서 2위는 〈Deal or no deal〉(2000년 제작, 네덜란드, 엔데몰샤인Endemol Shine Group), 3위 〈Got Talent〉(2006년 제작, 영국, 프리맨틀), 4위 〈The Voice〉(2011년 제작, 네덜란드, 탈파Talpa Media Group), 5위 〈Family Feud〉(1976년 제작, 미국, 프리멘틀), 6위 〈Survivor〉(1997년 제작, 영국)이다.

대중에게 잘 알려진 국내 방송 프로그램 〈1대100〉의 포맷 판매 사례를 살펴보자. KBS에서 10년간 방영되었던 〈1대100〉은 네덜란드의 엔데몰샤인Endemol Shine이 2000년에 제작해 포맷 권리를 가진 프로그램으로 지금까지 약 50개국에 포맷이 판매되었다. 당시만 해도 KBS, MBC, SBS와 같은 지상파 방송사에서는 해외 포맷을 구입하지 않았고, 방송사 PD들 역시 해외 포맷을 구입해 제작하는 것을 꺼렸다. 당시 엔데몰 아시아 담당자는 한국 지상파 시장에 진출하고 판매 활로를 개척하기 위해 회당 약 250만 원이라는 낮은 가격에 포맷권을 판매했으며, 이후 매년 재협상을 통해 포맷 사용료를 조금씩 올렸다. 회당 포맷료를 10년 평균 약 500만 원으로 계산한다면, 총 26억 원(연 52주 방송×500만 원×10년)이 엔데몰에 지급되었음을 추정할 수 있다. 첫 회 녹화 시 플라잉 PD가 녹화 진행 상황을 확인하고 간 이후 10년간 지속적인 거래가 이루어졌고 매회, 매주 포맷료

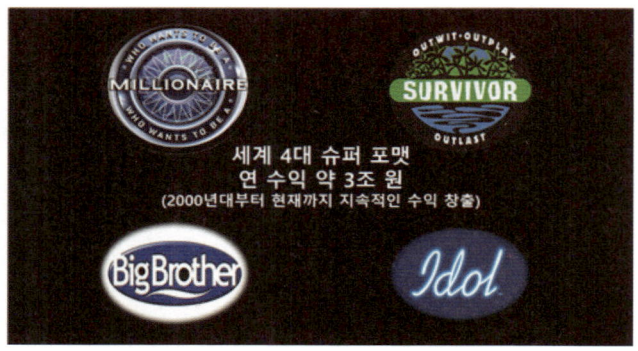

그림 1　세계 4대 슈퍼 포맷 〈Who Wants to Be a Millionaire?〉, 〈Survivor〉, 〈Big Brother〉, 〈Idol〉 대표 이미지.

출처: 정윤경·은혜정·김현수·김가희 (2018).

가 엔데몰에 입금되었던 것이다. 이처럼 포맷 IP 판매는 지속적으로 거래가 발생해 방송사뿐만 아니라 국가적으로 큰 관심과 지원이 필요한 지적 비즈니스 영역이라 할 수 있다.

　　1998년 〈Who Wants to Be a Millionaire?〉, 1999년 〈Big Brother〉, 2000년 〈Survivor〉는 세계적인 슈퍼 포맷으로, 이들의 등장은 세계 포맷 비즈니스의 문을 활짝 여는 계기가 되었다.^{그림 1} 세계 포맷 비즈니스는 다른 산업에 비해 그 역사가 짧은 편이다. 약 20년 이라는 단기의 역사를 지닌 포맷 시장은 진입 장벽이 높지 않고, 그 가능성은 매우 큰 시장이다.

　　국내 지상파 방송사들은 수년 전부터 적자 위기에 놓여 있다.

이 위기는 전통 미디어가 독점했던 광고 수입을 뉴미디어와 플랫폼 사업자 등과 나누면서 시작되었다. 한국 방송 시장 광고량은 인구 및 경제 규모에 따라 어느 정도 크기가 정해져 있다. 이에 적자 위기의 해법을 세계 시장에서 찾을 필요가 있다.

그동안 한국 콘텐츠는 방송, 음악, 영화를 넘나들며 높은 가능성을 보여 주었다. 2002년 드라마 〈겨울연가〉의 일본 진출과 2012년 가수 싸이 열풍, 2014년 예능 〈런닝맨〉 중국 진출(2010년 국내 방송 시작), 2017년 방탄소년단의 세계적 인기의 시작, 2019년 〈복면가왕〉 포맷의 미국 진출, 2020년 영화 〈기생충〉의 글로벌 선전 등 많은 역사적인 사건들은 한국 콘텐츠의 힘을 보여 주었다.^{그림 2} 특히 2019년 〈복면가왕〉 포맷의 미국 메이저 방송 진출은 한국 방송 역사에서 아주 큰 의미를 지닌다.

〈복면가왕〉의 원작 포맷 기획안은 박원우 작가에 의해 탄생해

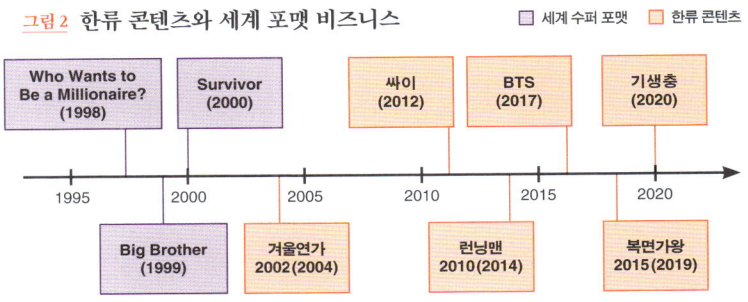

그림 2 **한류 콘텐츠와 세계 포맷 비즈니스**

출처: 필자 제공.

KBS에 제출되었다. 당시 KBS 내부에서는 연예인 출연자가 얼굴을 가리고 노래를 하는 것에 회의적이었는데, 이미 타 방송사보다 음악 전문 프로그램 방영 비율이 높다는 점, 음악 프로그램 제작비가 많이 든다는 점에서 편성은 결국 불발되었다. 이후 박원우 작가는 자신의 기획안을 MBC에 가져갔고, 〈복면가왕〉은 특집 파일럿 방송 후 정규 편성을 받게 된다.

〈복면가왕〉의 미국 진출 에피소드도 남다르다. MBC 정규 편성 이후 몇 년간의 숙성 과정을 거치던 중 미국에 있는 한 태국 음식점에서 태국에 포맷 판매되어 현지 제작된 〈복면가왕〉이 방영되었다. 이를 본 미국 유명 프로듀서의 딸이 자신의 아버지에게 〈복면가왕〉의 재미를 알렸고, 이를 계기로 미국 진출이 시작되었다. 이 시점에서 우리는 두 가지 사항을 짚어볼 필요가 있다. 첫째, 국내 방송사가 세계 시장 개척에 다소 소홀했다는 점이다. 국내 방송사들은 포맷이 있는 프로그램 개발에 소홀했고 판매에도 소극적이었다. 세계 시장의 문이 열린 이 순간을 지켜내기 위해서라도 새로운 프로그램을 지속적으로 개발하고, 이를 오랫동안 유지해 나가야 할 것이다. 둘째, 창작자의 지분 문제다. 〈복면가왕〉 기획안을 만든 이는 박원우 작가인데, 포맷 권리에 작가의 지분은 몇 퍼센트를 차지할까? 정답은 0%이다. 물론 〈복면가왕〉이 MBC에서 파일럿으로 제작되는 과정에서 담당 PD의 아이디어와 기타 생산적인 의견이 더해지고,

그 결과 더 좋은 프로그램이 탄생했다고 말할 수 있다. 하지만 원작 포맷 기획안을 쓴 작가에게 포맷의 권리가 아무것도 없다는 사실은 문제 삼을 만하다.

현재 한국에서 제작 중인 프로그램 모두가 포맷 저작권이 있는 것은 아니다. 포맷 저작권이 있는 프로그램을 중국이나 동남아시아에 판매하는 것과 미국, 유럽과 같은 세계 시장에 판매하는 것에는 차이가 있다. 미국, 유럽 시장에 내보낼 수 있는 한국 포맷 프로그램이 많지 않다는 사실은 새로 판매할 것이 없다는 뜻이기도 하다. 〈복면가왕〉, 〈너의 목소리가 보여〉, 〈히든싱어〉, 〈꽃보다 할배〉, 〈마이 리틀 텔레비전〉, 〈냉장고를 부탁해〉 등 중국과 미국, 유럽에 이미 판매된 포맷 이후 현재 상황에서 더 이상 판매 가능한 프로그램을 발견하기 어렵다.

2020년 한국 방송가에는 트로트 열풍이 일었지만, 트로트는 미국이나 유럽 메이저 시장에 쉽게 내보낼 수 있는 프로그램이 아니다. 엄밀히 말하면, 중국에서 한국 포맷을 사는 것과 미국, 유럽에서 한국 포맷을 사는 일은 무척 다르다. 먼저 중국의 경우, 한국 포맷 구매는 포맷과 프로그램의 브랜드를 사는 것으로 보아야 한다. 예를 들어 〈나 혼자 산다〉는 오리지널 포맷권을 확보한 이른바 '한국 정품'이 프로그램 마케팅 효과가 있다고 판단하기 때문에 중국에는 어필할 수 있다. 그러나 미국과 유럽에서는 〈나 혼자 산다〉와 같은 프로그램 포맷을 구매하지 않을 것이다. 혼자 사는 연예인의 모습을 관찰 형식으로 촬영하여 보여 주는 이 프로그램은 포맷의 권리가 있다고 보기 어려우며, 포매팅을 고려한 독특한 표현 방식과 장치가 있다고 판단하기도 어렵다. 아이디어나 콘셉트는 있지만 포매팅은 없다고 보는 것이다. 하지만 리얼리티 프로그램일지라도 유니크한 표현 장치를 개발해 포매팅한다면 포맷권을 주장할 수 있을 것이다. 달리 말해, 포맷을 살 만한 특별한 가치나 노하우를 프로그램 안에 장착시키려는 노력이 필요하다.

그렇다면 리얼리티 프로그램에 속하는 관찰 예능 〈꽃보다 할배〉는 어떻게 미국에 판매되었을까? 미국에서는 원로 연예인들의 무전여행기를 담은 프로그램의 포맷 권리를 꼭 사야 하는지, 이와 관련해 포맷 권리가 있는지 의문을 가졌을 것이다. tvN에서 〈꽃보다 할배〉 포맷 판매에 참여한 관계자의 말에 따르면, 〈꽃보다 할배〉에는 전 세계적으로 포맷의 권리를 인정하는 데 중요한 역할인 '유니크한 제작방식(포매팅)'이 있었으며, 이를 어필했다고 한다. 〈꽃보다 할배〉의 포매팅은 크게 다섯 가지로 볼 수 있다. 하나, 반드시 짐꾼이 있어야 한다. 둘, 첫 번째 숙소는 반드시 자력으로 찾아가야 한다. 이때 제작진은 전혀 도움을 주지 않는다는 절대 원칙이 요구된다. 셋, 인아웃In-out 항공 티켓이 있으므로 정해진 일정을 반드시 지켜야 한다. 넷, 출연자가 하고 싶은 미션(여행), 그리고 제작진이 요구하는 미션이 매일 한 개씩 있어야 한다. 다섯, 하루 일정이 끝나고 반드시 속마음 인터뷰를 해야 한다. 이렇듯 포맷 판매 관계자들은 〈꽃보다 할배〉만의 유니크한 표현 방식이 있다는 점을 강조했다. 또한 tvN이 다년간에 걸쳐 다수의 미국 포맷을 수입해 온 것 역시 글로벌 포맷 비즈니스 세계에서 긍정적으로 작용했을 것이라는 게 관계자들의 전언이다.

현재 한국 방송은 리얼리티 프로그램의 지나친 편중으로 인해 미국과 유럽에서 인정받을 만한 포맷 프로그램의 개발이 부족한 상황이다. 2020년 코로나19 팬데믹 영향으로 〈마이 리틀 텔레비전〉이 미국에 판매되었지만, 포맷을 판매할 수 있는 프로그램은 거의 없다고 해도 과언이 아니다. 국내에서 매년 제작되는 방송 프로그램은 약 250개에서 300개에 달하는데, 이 가운데 포맷권(포매팅)이 인정될 수 있는 프로그램은 매우 적다. 적어도 30% 정도는 포맷 권리가 형성되어 있는 프로그램을 제작해야 한다는 것이 필자의 판단이다.

10년 전부터 편성되기 시작한 한국의 리얼리티 프로그램은 대개 소수의 연예인 출연자를 중심으로 그들의 삶을 보여 주는 데 집중한다. 솔직하고 자연스러우며 때로는 세련된 연예인들의 삶을 담은 이야기는 시청자와 제작자 모두가 선호하는 장르로 발전해 왔다. 하지만 출연진의 구성이나 조합만 다를 뿐, 신규 예능 프로그램의 90%가 리얼리티 프로그램으로 제작되고 있다는 점에서는 명확한 한계가 나타난다. 결혼 안 한 노총각 연예인, 이혼한 연예인, 혼자 사는 연예인, 연예인과 장인 장모, 가상 부부 등 출연자만 다를 뿐 일상을 보여 주는 유사한 관찰 예능들이 주류를 이룬 지 이미 오래되었다.

이러한 리얼리티 프로그램은 특별한 포매팅을 하지 않기에 국내 시청자용, 즉 내수용 프로그램일 확률이 매우 높다. 국내에서 인기를 얻은 일부 프로그램이 중국과 동남아시아에서 판매되기도 하지만, 미국이나 유럽을 비롯한 세계 시장에 판매할 수 있는 글로벌 포매팅이 적용된 포맷의 모습을 지니고 있다고 보기는 어렵다.

한편 리얼리티 프로그램으로 편중된 방송 제작은 다양성의 문제를 제기한다. 10년이 넘는 시간 동안 너무도 많이 양산된 리얼리티 프로그램은 한국 제작자와 미디어 관계자들의 시선을 일방향으로 몰고 갔다. 도제식 제작 노하우를 전수하는 데에도 문제가 있다. 세계 시장에 판매 가능한 프로그램 제작이 제한되는 것뿐만 아니라 프로그램 제작 인력 양성에도 구멍이 생길 수 있기 때문이다. 단순한 리얼리티 프로그램일지라도 해당 프로그램만의 표현 방식, 즉 고유의 포매팅이 개발되고, 이를 세계 시장에 내놓을 만한 제작 노력이 동반되어야 한다. 이러한 노력은 크리에이터(PD, 작가)와 방송사, 나아가 IP(지식재산권)를 통한 사회 전반의 경제적 이윤을 발생시키며, 지식재산권의 권리를 영구적으로 확보하는 결과를 가져다줄 것이다.

인구 5000만, 내수 시장의 크기는 정해져 있다. 한정된 광고

총액과 시장 규모 안에서 지상파와 종편, 케이블, 뉴미디어, OTT 등 여러 주체가 파이를 나누어야 하는 상황이다. 국경 없는 미디어 전쟁은 이미 오래전에 시작되었고, 세계 각국은 원하든 원치 않든 이 미디어 전쟁에 참전해야 한다. 우리는 국내 시청률을 확보하는 데 충실하면서도 해외 비즈니스를 통해 더 넓은 활로를 개척함으로써 국내 시장의 파이를 늘려 나가야 한다. 이를 위해서는 세계 시장에서 인정받을 수 있는 포매팅 프로그램과 국내 시청자 선호도가 높은 리얼리티 프로그램을 3:7의 비율로 제작할 필요가 있다. 세계 미디어 비즈니스 시장에서 새로운 수익을 창출함으로써 방송 적자를 줄여 나갈 수 있기에 지식재산권의 지분 확보 방법에 있어 정부의 도움이 필요하다.

    2000년 이후 시간과 공간의 장벽이 허물어지고 인터넷, 모바일 등 최첨단 디지털 환경이 급속도로 변화하면서 콘텐츠 실시간 구매와 같은 즉각적인 반응과 행동이 이루어졌고, 그 수익 역시 연이어 발생하게 되었다. 이제 관성에 의존해 제작되는 방송 콘텐츠는 적자라는 비명에서 헤어나오기 어려울 것이다. 새로운 시장으로 나아가는 일은 바로 IP를 인정받는 포맷 프로그램의 개발이다. IP를 기반으로 포맷 프로그램 개발에 힘쓰고 멀티 콘텐츠 비즈니스 프로그램을 발굴함으로써 시장을 확장한다면 한국 방송 산업에도 갈 길이 보일 것이다.

3. 포맷 저작권과 창작자의 권리

앞서 언급했듯이 방송사는 그동안 원작 포맷 저작권이 있는 창작자의 권리를 도외시해 왔다. 그 이유를 저작권법을 통해 추정해 볼 수 있다. 먼저 창작자는 저작권법에 근거해 저작인격권과 저작재산권을 갖는다. 사용자는 저작물 이용 시 창작자의 이용 허락을 받아 사용료를 지불해야 하지만, 한국 저작권법에는 「영상 제작물에 관한 특례」 조항이 있다. 세부적으로 저작권법 제99조와 제100조는 다음과 같은 사항을 명시하고 있다. "영상 제작자의 영상 제작물 제작에 협력할 것을 약정한 자가 그 영상 제작물에 대하여 저작권을 취득하는 경우 특약이 없는 한 그 영상 제작물의 이용을 위하여 필요한 권리는 영상 제작자가 이를 양도 받은 것으로 추정한다." 영상 제작자인 방송사의 제작 영상물에 참여하는 다수의 창작자가 수없이 많은 영상 제작물을 제작하는 관계로, 원활한 방송 제작 환경을 조성하기 위해, 즉 영상 제작자의 사업 편의성을 위해 특례조항을 만들어 그 혜택이 방송사에 제공된 것이다.

이러한 조항은 저작권의 권리 100%를 방송사에 주었다기보다는 방송의 특수성과 사업성을 감안한 것으로 추정된다. 따라서 원저작권자의 권리 모두가 방송사에 양도된 것이 아니라는 사실에 주목해야 한다. 방송사는 저작권 사용에 따른 이용 허락을 받은 것이므로 원저작자에게 일정의 사용료를 지불해야 한다. 물론 앞서 밝혔듯이 원저작자에게 주어지는 사용료 지불은 100%의 권리가 아닌, 권리 일부에 해당한다.

세계 미디어 산업의 선두주자인 영국, 프랑스의 여러 방송사는 이미 2003년에 제작과 편성의 기능을 분리했다. 방송사는 주로 편성을 담당하는 한편 프로덕션이 제작 주축이 되었으며, 프로덕션과 작가들이 중심을 이루는 창작 법인에 저작권을 넘겨주었다. 방송사의 저작권이 프로덕션으로 옮겨 가면서 IP 소유 시스템이 창작자 중심으로 개선되었다. 영국에서는 2003년 OFCOM이 설립된 이후 '새로운 거래 협정 Terms of Trade'이 주창되어 방송 제작 산업이 크게 성장했다. 방송사가 제작사에게 IP를 인정하기 전까지 영국 제작 프로덕션 역시 어려움을 겪었지만(김명중·윤승욱, 2016). 방송사가 IP를 제작사에게 나누어 준 이후부터 방송 환경은 달라지기 시작했다. 따라서 영국과 프랑스에서 저작권은 제작사나 창작자를 중심으로 한 회사에 귀속되어 있으며 방송사들도 이를 자연스럽게 받아들이고 있다. 영국 정부는 저작권이 창작자와 제작 프로덕션에게 주어질 때 방송 산업의 창의력이 고취될 수 있다고 믿었다.

이처럼 창작자와 창작 집단 중심으로 IP 선순환 구조가 형성되면서 엔데몰샤인 Endemol Shine, 탈파 Talpa, 프리멘탈미디어 Fremantle Media, 바니제이 Banijay 등 세계적인 포맷 콘텐츠 회사들이 미국과 유럽을 중심으로 자리 잡기 시작했다. 한국 역시 포맷 프로그램을 지속적으로 개발할 수 있는 창작 집단을 양성하고 이를 지원할 필요가 있다. 〈복면가왕〉 이후 국내에서도 포맷 비즈니스 전문 회사들이 생겨나고 있는데, 먼저 〈복면가왕〉 창작자인 박원우 작가가 대표를 맡은 디턴Diturn이 있다. 디턴은 작가 중심의 포맷 크리에이터 회사로 미국의 NBC유니버설과 'First Look'이라는 계약을 맺었다. 박원우 작가에 따르면, 이 계약은 디턴에서 기획하거나 확보한 포맷 기획안을 NBC유니버설이 가장 먼저 볼 수 있는 권리에 관한 계약이다.

또한 SBS의 자회사로 탄생한 포매티스트FormatEast는 매년 '크리에이티브 랩Creative Lab'이라는 글로벌 세미나를 개최해 실력이 검증된 예능, 시사교양 작가를 매년 10명씩 선발한다. 포맷티스트는 경력 30년 이상의 멘토들과 해외 유명 포맷 프로듀서들을 초빙해 선발된 10명을 대상으로 약 5개월간 페이퍼 포맷 개발을 지원하고 방송 전문 인력을 육성한다. 2019년부터 진행된 크리에이티브랩에서는 매년 50편 이상의 포맷 페이퍼가 개발되어 현재 1000편이 넘는 페이퍼 포맷을 확보했으며, 이를 세계 시장에 판매하고 있다. 2020년 MBN에서 방영된 〈로또싱어〉 역시 크리에이티브랩에서 개발된 작품으로, 미국 지상파 FOX STUDIO와 포맷 계약을 체결했다. CJ 글로벌사업팀의 포맷 비즈니스 담당을 거쳐 현재 FRAPA(세계포맷인증보호협회) 이사로 재직 중인 황진우 대표는 2020년에 글로벌 콘텐츠 제작 유통사인 썸씽스페셜Something Special을 설립했다. 이곳 역시 최근 〈Battle in the Box〉라는 페이퍼 포맷을 미국에 판매한 바 있다. 이러한 포맷 비즈니스 전문 회사의 탄생에는 10년 넘도록 이어진 한국콘텐츠진흥원의 든든한 지원이 있었다.

한편 국내 방송사 중 가장 먼저 포맷 비즈니스 사업의 가치를 알아본 곳은 바로 CJ ENM이다. CJ ENM은 그간 방송 포맷을 가장 많이 수입하고 수출한 기업이다. 한때 지상파 방송사 일각에서는 외국 프로그램을 구매해 방송을 제작하는 CJ ENM의 행보에 소속 PD들의 기획력을 의심하거나 이해할 수 없다는 시선을 보내기도 했다. 하지만 이들은 판매라는 경제 논리를 적용하기 위해 구매가 먼저 필요하다는 것을 알고 있었고, 이러한 노력으로 오늘날 국내외에서 가장 많은 포맷 교류를 불러일으킨 장본인이 되었다. 〈SNL〉, 〈탑기어〉, 〈더 보이스〉, 〈갓 탤런트〉 등 해외 포맷을 많이 사들이면서 글로벌 포맷 네트워크를 구축한 것이다. 창작자에게 포맷 프로그램 개발 기회를 많이 제공하는 만큼이나 향후 포맷 IP 권리를 창작자와 나누는 데도 CJ ENM의 선도적인 역할을 기대해 본다.

4. 국내 방송계의 페이퍼 포맷과 포맷 저작권의 현주소

2020년 하반기 TV조선의 〈이사야사〉, SBS플러스의 〈48+ 좋은 친구들〉, wavve의 〈어바웃 타임〉, MBN의 〈로또싱어〉 등은 창작자(작가, PD, 외주 프로덕션)에게 포맷 저작권의 지분을 나누어 준 대표적인 사례다. 이처럼 창작자에게 저작권 지분을 배분한 것은 상생이라는 의미에서 더 큰 시장을 열어 가는 길이 된다. 이러한 사례들과는 달리, 창작자가 만든 양질의 기획안이 국내 방송사에서 포맷 저작권으로 인정받지 못한다면, 페이퍼 포맷의 형태로 외국 방송사나 제작사에게 포맷 저작권을 판매할 수도 있다. 물론 해당 기획안이 외국에서 인기를 얻게 된다면, 한국 방송사는 그를 역으로 구매해야 하는 입장이 될 수도 있다.

한국에서 가장 큰 규모의 창작 집단인 한국방송작가협회(이하 협회)에서도 2021년부터 '방송포맷저작권센터'를 설립했다. 국내 포맷 저작권 등록, 포맷 아카데미 교육 등 방송 포맷과 관련된 사업들이 본격적으로 시작됐다. 협회에서는 향후 방송 포맷 등록 센터를 설립해 포맷이 형성된 기획안들을 등록할 수 있는 포맷 저작권 등록 업무를 진행할 예정이다. 이 포맷 등록 센터에서 탄생한 기획안에는 포맷권이 형성되어 있어 포맷 등록 심사 결과와 등록 절차, 그리고 등록된 포맷 간에 발생할 수 있는 분쟁 조정 활동을 FRAPA와 협력할 예정이다. 또한 협회는 2020년 복제전송저작권협회의 예산 지원을 받아 국내 최초로 15주 차 방송 포맷 아카데미 교육을 실시했다. 세계 시장에 판매 가능한 포맷의 기획·개발과 관련한 교육 일체를 담당하는 포맷 저작권 아카데미 교육 사업에는 SBS 포매티스트의 김일중 이사, 썸씽스페셜의 황진우 대표, 〈복면가왕〉의 포맷 원작자인 박원우 작가가 강사로 참여했다.

멈춰 있는 포맷 저작권의 시계는 언제 작동하게 될까? 세계 포맷 저작권 시계는 멈춤 없이 흘러가고 있지만, 한국의 시계는 여전히 움직이지 않는 것처럼 보인다. 세계 시장에서 인정받는 한류 콘텐츠의 위상만큼이나 콘텐츠 IP에 대한 인식 제고가 필요하다. 여기에는 창작자와 시장을 염두에 둔 다방면의 고려가 함께해야 할 것이다.

참고 문헌

김명중·윤승욱 (2016). 〈방송포맷산업 현황, 전망 및 육성방안 연구〉. 문화체육관광부.
정윤경·은혜정·김현수·김가희 (2018). 〈방송포맷 성공 사례분석 및 방송포맷 육성방안 수립〉. 한국콘텐츠진흥원.

지은이

강준만 | 전북대학교 신문방송학과 명예교수

한국의 정치평론가이자 사회학자, 언론학자다. 성균관대학교를 졸업하고 미국 조지아대학교에서 석사학위를, 위스콘신대학교에서 박사학위를 받았다. 현재 전북대학교 신문방송학과 명예교수로 재직 중이다. 2005년에 제4회 송건호언론상을 수상하고, 2011년에 한국출판마케팅연구소 '한국의 저자 300인', 2014년에 〈경향신문〉 '올해의 저자'에 선정됐다. 분야와 경계를 뛰어넘는 전방위적인 저술 활동을 해왔으며, 주요 저서로는 『한국 현대사 산책』(전 18권), 『한국 근대사 산책』(전 10권), 『대중문화의 겉과 속』(전 3권), 『한국인 코드』, 『한국 대중매체사』 외 다수가 있다.

김예란 | 광운대학교 미디어커뮤니케이션학부 교수

디지털 미디어 환경에서 진행되는 커뮤니케이션 문화와 사회 현상을 세밀하게 관찰하고 밀도 있게 연구하며 가르친다. 서울대학교 언론정보학과를 졸업하고 런던대학교 골드스미스칼리지에서 박사학위를 받았으며, 현재 광운대학교 미디어커뮤니케이션학부 교수로 재직 중이다. 주요 저서로는 『마음의 말』, 『말의 표정들』, 『미디어와 공동체』(공저) 등이 있으며 여러 편의 글을 발표했다.

박한선 | 정신과 전문의·신경인류학자

인간의 마음, 특히 아픈 마음이 어떻게 나타났는지에 대해 관심이 많다. 경희대학교 의과대학을 졸업하고 분자생물학 전공으로 석사학위를 받았으며, 호주국립대학교 인문사회대에서 석사학위를, 서울대학교 인류학과에서 박사과정을 수료했다. 성안드레아병원 과장·사회정신연구소 소장을 거쳐 동화약품 연구개발본부 이사 등을 지냈다. 현재 서울대학교 인류학과 강사 및 서울대학교 비교문화연구소 연구원으로 있다. 지은 책으로는 『재난과 정신 건강』, 『내 마음은 왜 이럴까?』, 『정신과 사용설명서』 등이 있다.

권성민 | 카카오엔터테인먼트 PD

자신의 일과 삶을 자주, 깊이 생각하며 글로 정리하는 단단한 제작자다. 연세대학교 신문방송학과를 졸업하고 MBC 예능 PD를 거쳐 현재 카카오엔터테인먼트 PD로 재직 중이다. MBC 예능 〈가시나들〉, 〈두니아~처음 만난 세계〉, 〈마이 리틀 텔레비전 V2〉를 연출했으며, 에세이 『살아갑니다』, 『서울에 내 방 하나』를 썼다. 현재 카카오엔터테인먼트에서 '카톡 토크쇼' 〈톡이나 할까?〉를 만들며 말하기의 다른 방법과 다른 감각을 일깨우는 데 초점을 맞추고 있다.

이호수 | SK텔레콤 고문

인공지능을 포함한 ICT 기술과 혁신 모델, 가치 창출에 많은 관심을 지녔다. 서울대학교 공대와 KAIST에서 전자공학을, 미국 노스웨스턴대학교에서 박사학위를 받았다. 이후 뉴욕 소재 IBM WATSON 연구소에서 지식기반 시스템, 모바일 컴퓨팅 분야의 연구를 수행했으며, 글로벌 기업을 대상으로 이노베이션 컨설팅 서비스 활동을 했다. 삼성전자에서 소프트웨어 센터와 미디어솔루션 센터장, SK텔레콤에서 IT서비스 및 ICT 분야 사업을 총괄했으며, 현재 SK텔레콤 고문으로 있다.

노창희 | 미디어미래연구소 센터장

미디어 미래연구소 방송통신정책센터 센터장이다. 단국대학교 영어영문학과를 졸업하고 중앙대학교에서 언론학 석·박사학위를 받았으며, 경희대학교 경영대학원 겸임교수를 지냈다. OTT와 방송 시장 전반에 대해 오랜 기간 애정 어린 시선으로 연구하고 컨설팅 해왔다. 지은 책으로는 『스트리밍 이후의 플랫폼』이 있으며, 〈아주경제〉에 미디어 산업에 대한 글을 정기 기고하고 있다.

백욱인 | 서울과학기술대학교 기초교육학부 교수

미디어가 사회에 미치는 영향력을 전방위로 분석해온 사회학자다. 사이버스페이스, 디지털 문화를 국내에 처음 소개하며 연구 주제로 다룬 1세대 디지털 사회 연구자로 통한다. 현재 서울과학기술대학교 기초교육학부 교수로 있다. 주요 저서로 『번안사회』, 『인터넷 빨간책』, 『디지털이 세상을 바꾼다』 등이 있고, 엮은 책으로는 『2001 싸이버스페이스 오디쎄이』, 『속물과 잉여』 등이 있다.

지혜원 | 연세대학교 커뮤니케이션대학원 객원교수

영상미디어와 교차하는 공연예술의 확장에 대해 연구하고 있다. 중앙대학교 신문방송학과를 졸업하고 연세대학교 신문방송학과 석사, 컬럼비아대학교에서 공연예술경영으로 석사학위MFA를 받았으며, 연세대학교 커뮤니케이션대학원에서 박사학위를 취득했다. 국내외 여러 뮤지컬 작품의 기획·제작과 공연장 운영 업무에 참여했으며 경희대학교 경영대학원 공연예술경영MBA 주임교수를 지냈다. 현재 연세대학교 커뮤니케이션대학원 객원교수로 재직 중이다. 저서로는 『브로드웨이 브로드웨이: 뮤지컬 본고장에 살아 있는 예술경영』이 있다.

장지영 | 국민일보 문화스포츠레저부장

서울대학교 고고미술사학과와 동대학원에서 미술사로 석사학위를 받았으며, 성균관대학교 공연예술협동과정 박사과정을 수료했다. 국민일보 사회부, 체육부, 국제부, 문화스포츠레저부장을 거쳐 현재 국민일보 문화부 공연예술담당 기자로 있다. 2009년부터 도쿄대학대학원 문화자원학과에서 1년간 연수한 경험이 있다. 틈나는 대로 공연을 보며 살아 있는 글쓰기에 매진하는 열정적인 공연 칼럼니스트다.

김기륜 | 한국방송작가협회 저작권 이사

38년간 방송작가로 활동했다. KBS 〈출발드림팀〉, MBC 〈일요일 일요일 밤에〉, 중국 절강위성TV의 〈왕패대왕패〉, 〈고능소년단〉, 텐센트의 〈왕자영요〉 등 300여 개 프로그램을 제작했으며, 한국방송작가협회 저작권 이사이자 포맷 저작권 전문 크리에이터로 왕성하게 일하고 있다.

한국국제문화교류진흥원(KOFICE)

한국국제문화교류진흥원은 국가 간 문화교류를 통해 해당국에 대한 올바른 인식과 이해를 도모하고자 2003년에 설립된 문화체육관광부 산하 국제문화교류 전담기관입니다.

해외 한류커뮤니티 지원, 민관 협력 해외사회공헌, K컬처 페스티벌 등 대중문화 중심의 한류 사업과 더불어 지역 우수 문화교류 콘텐츠 발굴 지원, 개도국 문화지원 역량 강화, 국제문화교류 전문인력 양성, 주한외교단 문화교류 네트워킹, 수교계기 행사 등 국제문화교류 사업을 통해 우수한 한국문화를 세계의 많은 이들과 공유하고 있습니다.

39개국 43개 지역의 해외통신원 운영으로 세계 속 한류 정보를 신속하게 제공하는 한편, 국내외 현장 전문가들과 협업하는 일도 빼놓지 않습니다. 『한류백서』, 『해외한류실태조사』, 『한류의 경제적 효과 연구』, 『글로벌 한류 트렌드』, 『한류NOW』 등 연간·분기·격월간 조사연구 간행물 발간으로 꾸준하고도 폭넓게 글로벌 문화 흐름을 진단합니다. 도서의 깊이에 사안의 시의성을 더한 『한류에서 교류로』(정책서), 『한류, 다음』(권역특서), 『모음』(월간 해외문화정책 동향)은 한류에 대한 새로운 관점과 해석을 제시하고, 지속가능한 한류를 지지하는 또 하나의 방법입니다.

코로나19 이후의 한류

1판 1쇄 인쇄 2021년 4월 30일
1판 1쇄 발행 2021년 4월 30일

발행인	정길화
발행처	한국국제문화교류진흥원(KOFICE)
주소	03920 서울시 마포구 성암로 330 DMC첨단산업센터 A동 203호
전화	02-3153-1786
팩스	02-3153-1787
전자우편	research@kofice.or.kr
홈페이지	www.kofice.or.kr
지은이	강준만 전북대학교 신문방송학과 명예교수
	김예란 광운대학교 미디어커뮤니케이션학부 교수
	박한선 정신과 전문의·신경인류학자
	권성민 카카오엔터테인먼트 PD
	이호수 SK텔레콤 고문
	노창희 미디어미래연구소 센터장
	백욱인 서울과학기술대학교 기초교육학부 교수
	지혜원 연세대학교 커뮤니케이션대학원 객원교수
	장지영 국민일보 문화스포츠레저부장
	김기륭 한국방송작가협회 저작권 이사
기획·편집	최경희, 김아영
디자인	213호
인쇄	상지사PNB

ISBN 979-11-85661-96-4

*이 책의 전부 또는 일부를 인용하려면 반드시 출처(한국국제문화교류진흥원)를 밝혀주시기 바랍니다.
*집필 내용은 한국국제문화교류진흥원의 공식 의견과 다를 수 있습니다.